중국과 아세안 II

중국과 아세안

China and ASEAN II

민귀식 엮음

Interdependence and Economic Cooperation

상호 의존과
경제협력

II

한울
아카데미

차례

서문 11

제1부 중국·아세안의 무역·투자·교류

제1장 **중국과 아세안의 교역 현황과 배경**_ 남대엽 ——————————— 17
  1. 중국과 아세안의 경제협력사 17
  2. 중국·아세안 무역의 증가 배경 22
  3. 중국과 아세안의 무역 현황 27

제2장 **중국의 대아세안 해외직접투자의 역사와 특징** _ 남대엽 ————— 38
  1. 동남아시아의 지경학적 특징과 중국 38
  2. 중국의 대아세안 해외직접투자의 증가 46

제3장 **중국의 해외 진출 플랫폼, 중국·아세안 산업단지의 조성 현황과 성과** _ 박소희 ——— 56
  1. 중국 해외산업협력단지의 개념과 의미 56
  2. 전체 중국 해외산업협력단지의 조성 현황과 성과 58
  3. 아세안 내 주요 중국 해외산업협력단지의 조성 현황과 성과 61
  4. 결어 및 시사점 76

제4장 **중국인 관광객과 동남아시아 관광산업의 성장** _ 쩐 티 퇴이(Tran Thai Thuy) ——————— 82
  1. 동남아시아를 방문하는 중국인 관광객은 얼마나 되는가? 82
  2. 동남아시아 국가들은 중국인 관광객을 어떻게 유치하고자 하는가? 90
  3. 향후에도 동남아시아 국가들은 중국인 관광객을 지속 환영할 것인가? 101

제2부 아세안과 일대일로

제5장 **동남아시아 국가와 중국의 일대일로 네트워크는 어떻게 형성되고 있는가?:
중국의 지정학으로 바라본 동남아시아 네트워크 협력** _ 정혜영 ——————— 109
  1. 중국 일대일로 네트워크의 지정학은 무엇인가? 109
  2. 세계 패권 장악을 위한 중국의 지정학은 유리한가? 111
  3. 중국은 동남아시아 일대일로 네트워크 구상을 통해 무엇을 얻으려 하는가? 116

　　4. 동남아시아에서의 일대일로 지정학적 구도와 세력 경쟁 함의는 무엇을 말해주는가? 125

　　5. 동남아시아 지역에서 중국 일대일로 건설은 성공 가능한가? 132

제6장　**중국의 대아세안 인프라 자금 지원 현황과 특징** _ 김선진 ───────── 136

　　1. 아세안의 MPAC 정책 137

　　2. 아세안 인프라 개발 수요와 현주소 140

　　3. 중국의 대아세안 일대일로 정책과 투자 현황 143

　　4. 중국의 대아세안 인프라 투자 자금 출처와 특징 149

　　5. 정리하며 153

제7장　**AIIB의 대아세안 자금 지원 평가와 BRI와의 관계** _ 김선진 ───────── 156

　　1. AIIB의 사업 현황과 특성 157

　　2. AIIB의 전체 지역 및 아세안 자금 지원 159

　　3. AIIB의 남아시아·유라시아 자금 지원 171

　　4. AIIB와 일대일로(BRI) 자금 융통의 관계 176

　　5. 정리하며: 아세안 내 AIIB와 BRI의 연계성 평가 178

제8장　**중국의 아시아 해양 물류 네트워크 구축 전략** _ 민귀식 ───────── 183

　　1. 해상 실크로드의 부활 183

　　2. 해상 실크로드와 물류산업 187

　　3. 해상 실크로드 공간 범위와 주요 항구 191

　　4. 중국·아세안 경제협력과 해상 물류 네트워크 194

　　5. 남아시아의 지정학적 위치와 중국의 물류 네트워크 198

　　6. 일대일로 핵심 사업 중·파키스탄 경제회랑 202

　　7. 중국 해상 물류 네트워크 연계 특징 204

　　8. 해양 물류 증가에 따른 중국의 항구 지위 변화 207

제9장　**중·미얀마가 추진하는 일대일로 국제 협력의 전략적 기회, 건설 발전과 위험 평가**

　　_ 장웨이위(張偉玉) ───────── 213

　　1. 들어가는 말 213

　　2. 미얀마의 역사적 기회로서 일대일로 이니셔티브 215

　　3. 중·미얀마 '인(人) 자형' 경제회랑 건설 현황 및 진전 220

　　4. 중·미얀마 일대일로 국제 협력의 리스크 및 평가 223

　　5. 중·미얀마 일대일로 국제 협력에 대한 정책 제언 230

　　6. 결론 234

표·그림 목록

표 1-1   세계 주요 지역의 경제성장률 추세 18
표 1-2   중·아세안 경제협력 과정 25
표 1-3   아세안의 주요 무역 상대국 비중 29
표 1-4   아세안 개별 국가의 대중국 무역의존도 30
표 1-5   2010년 아세안의 대중국 10대 수출입 상품 32
표 1-6   2019년 아세안의 대중국 10대 수출입 상품 32
표 1-7   아세안 주요국의 대중국 수출의존도 36
표 1-8   아세안 주요국의 대중국 수입의존도 36
표 2-1   아세안 해외직접투자 유입 중 국가별 비중 49
표 2-2   국가별 중국의 대아세안 해외직접투자 비중 50
표 2-3   아세안 개별 국가의 대중국 해외직접투자 의존도 51
표 2-4   산업별 중국의 대아세안 해외직접투자 비중(2018년 말 기준) 53
표 3-1   시기별 중국 해외산업협력단지의 추진 형태와 의미 변화 57
표 3-2   중국 상무부가 인정한 20개 국가급 해외산업협력단지 60
표 3-3   태국 내 주요 중국 해외산업협력단지 62
표 3-4   태국 태·중 라용 공업단지 입주 기업에 대한 우대 정책 63
표 3-5   베트남 내 주요 중국 해외산업협력단지 64
표 3-6   베트남 롱장 공업단지 입주 기업에 대한 우대 정책 65
표 3-7   캄보디아 내 주요 중국 해외산업협력단지 67
표 3-8   캄보디아 시아누크빌항 경제특구 입주 기업에 대한 우대 정책 68
표 3-9   인도네시아 내 주요 중국 해외산업협력단지의 조성 현황 69
표 3-10   중국·인도네시아 경제무역협력구 입주 기업에 대한 우대 정책 70
표 3-11   중국·인도네시아 쥐룽 농업산업협력구 입주 기업에 대한 우대 정책 72
표 3-12   중국·인도네시아 종합산업단지 칭산단지 입주 기업에 대한 우대 정책 73
표 3-13   라오스 내 주요 중국 해외산업협력단지의 조성 현황 75
표 3-14   라오스 비엔티안 사이세타 종합개발구 입주 기업에 대한 우대 정책 75
표 3-15   아세안 내 주요 해외산업협력단지 비교 77
표 4-1   2017년 및 2018년, 해외여행 상위 10대 국가의 관광객 규모 및 여행 지출 비교 83
표 4-2   2014~2016년 중국인 관광객이 선호하는 10대 해외 방문지 87
표 4-3   2018년 아세안 국가를 방문한 역외국가의 관광객 송출 규모(각국의 관광시장 규모) 87
표 4-4   2018년 베트남 관광 경제에 공헌한 상위 10대 관광객 송출국 100
표 5-1   중국의 일대일로 네트워크 구상 내용 118
표 5-2   중국의 대륙부 동남아시아 국가와 일대일로 연계점 선정과 협력 방식 120
표 5-3   중국의 해양부 동남아시아 국가와 일대일로 연계점 선정과 협력 방식 124
표 5-4   중국 일대일로 협력 10대 무역국 130

표 6-1 아세안 연계성 우선 사업 15개 항목 138
표 6-2 아세안 연계성 사업 계획과 성과 139
표 6-3 아시아 지역별 인프라 개발 투자수요(2016~2030) 141
표 6-4 아시아 산업별 인프라 개발 투자수요(2016~2030) 141
표 6-5 아세안 주요국 인프라 경쟁력 순위 및 지수 142
표 6-6 아세안 물류 경쟁력 지수(LPI) 143
표 6-7 아세안 지역 일대일로 프로젝트 협력 145~146
표 6-8 아세안 지역 육상 실크로드 고속철도 건설 협력 146
표 6-9 아세안 지역 해상 실크로드 항구 건설 협력 147
표 6-10 일대일로 프로젝트의 주요 투자 대상국과 신규 수주 계약 규모 148
표 6-11 중국 해외 인프라 투자 자금 출처 150
표 7-1 아세안 지역 내 AIIB 승인사업 현황 165
표 7-2 아세안 지역 내 AIIB 후보사업 현황 167
표 7-3 남아시아 지역 내 AIIB 사업 승인 현황 172
표 7-4 유라시아 지역 내 AIIB 사업 승인 현황 174
표 7-5 중국 해외 인프라 다자 개발 금융 플랫폼 176
표 8-1 일대일로 연선 국가 중 중국의 10대 무역국(2017) 186
표 8-2 중국·해상 실크로드 연안 지역의 무역 구성비 변화 189
표 8-3 중국·해상 실크로드 연안 국가 연계 주요 항구 192
표 8-4 중국 자본이 진출한 해상 실크로드 연안 지역 항구 193
표 8-5 해상 실크로드 통항 국가의 중국 해운 수송 비중 205
표 8-6 해상 실크로드 연안 지역의 해운 물량 수위 국가와 항구 207
표 9-1 동남아시아 국가 일대일로 오통지수 215
표 9-2 1988~2020년 중국·미얀마 무역액 219~220

그림 1-1 중국과 아세안 GDP 및 세계 경제에서의 비중 18
그림 1-2 중국 원자재 수입의 전략적 요충지 믈라카해협 22
그림 1-3 중국과 아세안의 무역 교역량과 무역의존도 23
그림 1-4 가중치를 활용한 아세안 개별 국가의 대중국 무역의존도 30
그림 1-5 2019년 아세안 개별 국가의 대중국 수출 비중 34
그림 1-6 2019년 아세안 개별 국가의 대중국 수입 비중 34
그림 2-1 아세안 화교 분포 지도 39
그림 2-2 20세기 초 서구 열강과 동남아시아의 무역 구조 41
그림 2-3 아세안 경제에서 화상의 영향력 44
그림 2-4 중국과 아세안의 해외직접투자 유입액 추이 47
그림 2-5 중국의 대아세안 해외직접투자 총액 및 비중 47
그림 2-6 가중치를 활용한 아세안 개별 국가의 대중국 해외직접투자 의존도 51

그림 3-1   중국 해외산업협력단지 수 증가 추이(2006~2018) 59

그림 4-1   코로나19 팬데믹 이전 세계를 여행한 중국인 관광객 규모 83

그림 4-2   2017년 해외여행 지역별 중국인 관광객 분포 84

그림 4-3   2017년과 2018년 태국 내 중국인 관광객의 월별 방문객 수 변화 비교 96

그림 5-1   1904년 매킨더가 '역사의 지리적 중심축'에서 주장한 중심 지대(pivot area) 114

그림 5-2   2019년 중국과 인도차이나반도의 개선된 노후 철로 상황 119

그림 5-3   해양 실크로드의 동남아시아 핵심 거점지 7개 항구 123

그림 5-4   2017년 동남아시아 국가들의 미·중 무역 비중 비교 130

그림 6-1   중국의 아세안 산업별 인프라 투자 규모와 비중 151

그림 6-2   중국의 아세안 지역별 인프라 투자 규모 152

그림 7-1   AIIB 승인사업 산업별 규모와 건수 161

그림 7-2   AIIB 승인사업 연도별 규모 161

그림 7-3   AIIB 후보사업 산업별 규모와 건수 161

그림 7-4   AIIB 후보사업 연도별 규모 161

그림 7-5   AIIB 승인사업 단독 대 협조융자 규모와 건수 163

그림 7-6   AIIB 후보사업 단독 대 협조융자 규모와 건수 163

그림 7-7   AIIB 승인사업 정부보증 대 비정부보증 규모와 건수 163

그림 7-8   AIIB 후보사업 정부보증 대 비정부보증 규모와 건수 163

그림 7-9   AIIB의 아세안 연도별 승인사업 규모와 건수 165

그림 7-10   AIIB의 아세안 국가별 승인사업 규모와 건수 165

그림 7-11   아세안 지역 내 AIIB 후보사업 규모와 건수 167

그림 7-12   아세안 지역 내 국가별 AIIB 후보사업 규모와 건수 167

그림 7-13   아세안 지역 내 AIIB 승인사업 단독 대 협조융자 규모와 건수 168

그림 7-14   아세안 지역 내 AIIB 후보사업 단독 대 협조융자 규모와 건수 168

그림 7-15   아세안 지역 내 AIIB 승인사업 정부보증 대 비정부보증 규모와 건수 168

그림 7-16   아세안 지역 내 AIIB 후보사업 정부보증 대 비정부보증 규모와 건수 168

그림 7-17   AIIB의 남아시아 연도별 승인사업 규모와 건수 172

그림 7-18   AIIB의 남아시아 국가별 승인사업 규모와 건수 172

그림 7-19   AIIB의 유라시아 연도별 승인사업 규모와 건수 175

그림 7-20   AIIB의 유라시아 국가별 승인사업 규모와 건수 175

그림 7-21   BRI 자금 조달 기관 177

그림 8-1   중국의 해상 실크로드 루트와 3대 거점 지역 192

그림 8-2   해상 실크로드 연선 국가의 주요 협력 대상 항구 197

그림 8-3   중국의 주요 항구 등급 209

그림 9-1   중·미얀마 '인(人) 자형' 경제회랑 221

그림 9-2   중·미얀마 일대일로 국제 협력 위험 평가 225

『중국과 아세안 I: 긴장과 협력의 이중성』 차례

제1부 남중국해에서의 안보 긴장
제1장 남중국해에서 미·중 회색지대 전략 경쟁
제2장 아세안 국가들의 헤징과 대미·대중 군사 외교
제3장 남중국해 문제와 중·아세안 관계
제4장 미·중 전략 경쟁에 대한 베트남·필리핀의 대응

제2부 중국·아세안의 상호 인식과 협력
제5장 동남아시아 국가들의 대중국 인식 기원과 연혁
제6장 중국과 아세안의 공급망 협력에 관한 연구
제7장 중국·인도네시아 관계의 변화와 전망

제3부 일대일로와 신남방 정책
제8장 신남방 정책과 일대일로 협력 속의 '아세안 중심' 경로
제9장 중국의 아세안 공공외교 전략이 한국에 주는 함의
제10장 해양 실크로드의 전개와 동남아시아 화교의 역할
제11장 탈중국을 위한 대만 남향 정책의 지속과 변화
제12장 차이잉원의 재집권과 양안 관계 전망

서문

   국제 정세가 급변하고 있다. 국내외 정세가 늘 위기이고 엄중한 시기라는 말이 그친 적이 없지만, 최근의 흐름은 글로벌 차원의 새판 짜기에 따른 긴장 강도가 다르다는 것을 실감하게 한다. 현재 국제 정세는 무역 마찰과 지역 블록화라는 비교적 낮은 수위의 갈등에서 특정 국가 배제라는 극단적 현상으로 노골화되고, 가장 높은 수준의 충돌인 전쟁이 일어났지만 국제기구는 아무런 역할을 하지 못하고 있고, 동시에 글로벌 성장을 이끌던 국제분업체제가 심하게 흔들리면서 위험 사회로 빠져들고 있다.

   첫째, 장기화되고 있는 러시아와 우크라이나의 전쟁은 단순한 두 나라의 영토분쟁이 아니다. 우크라이나의 나토 가입 여부라는 지정학적 충돌이 극단적으로 표출되었고, 푸틴의 심리적 불안 역시 지정학 변화에 따른 봉쇄 압박에서 유래한다. 미국과 유럽이 이미 이 전쟁의 당사자가 되었고, 에너지 수요가 급증하는 겨울철로 접어들면서 서구 시민들도 이 영향에서 벗어날 수 없게 되었다. 또한 전장과 멀리 떨어진 아시아도 연루될 개연성이 갈수록 커진 가운데, 우리는 전쟁 무기 수출을 통해 러시아와 적대적인 관계가 형성되어 대외 안보 환경이 급격히 나빠지고 있다. 결국 이 전쟁은 이미 사라졌던 냉전이라는 개념으로 설명하기에는 좀 더 복잡한 양상의 국제 관계가 형성되었음을 말하는 하나의 지표가 되었다.

둘째, 미국이 동맹국을 동원해 도전 세력을 억압하는 소위 '스파이더맨 전략'에 대해 중국과 러시아가 밀착하면서 세력 재편의 한 축을 굳건하게 형성했다. 즉, 미국은 중국을 견제하기 위해 쿼드(Quad)를 구축했고, 다시 인도·태평양경제프레임워크(IPEF)와 반도체동맹(CHIP4) 그리고 글로벌 공급망(GVC) 재편을 통해 중국의 기술 추격을 따돌리고 중국 중심의 제조업 공급사슬을 재편하려고 한다. 이에 중국과 러시아는 전략적 관계를 더욱 확대하고 에너지 동맹을 통해 유라시아에서의 주도권을 더욱 강화하고 있다. 또한 중국이 에너지 수요를 매개로 이란 및 사우디아라비아와 관계를 심화하고, 일대일로 사업을 다시 강력히 추진하겠다는 선언도 미·중 경쟁을 격화시킬 가능성이 있다.

셋째, 20차 당대회를 통해 드러난 국제질서를 재편하려는 중국의 의지는 글로벌 긴장도 감내하겠다는 선언으로 해석될 수 있다. 시진핑이 주석 임기제를 폐지할 정도로 무리한 정치 시스템을 변경한 명분이 바로 '사회주의 현대화' 완성과 '강군몽(强軍夢)' 건설 그리고 '새로운 발전 구도' 구축이었다. 이 가운데 군사력 강화를 통해 영향력을 확대하겠다는 강군몽은 주변 국가에 직접적인 위협으로 다가온다. 특히 남중국해에서 영해 갈등을 빚고 있는 나라는 심각한 안보 위기에 빠질 가능성이 높아졌고, 양안 관계를 둘러싼 미·중 대결은 매우 격렬한 방향으로 진행될 수 있다. 그러나 자유무역이 축소되는 조류에 대항해 새로운 발전모델을 제시하겠다는 의지는 개발도상국가에 희망을 주는 메시지를 통해 영향력을 확대하려는 시도라고 할 수 있다.

넷째, 경제를 정치와 분리한다는 전제 위에 구축된 세계화와 국제분업체제가 심각한 위협에 놓여 있다. 국제분업에 의한 생산성 증가는 지난 30년 동안 글로벌 성장을 이끈 핵심이었다. 이를 통해 전 지구적 성장과 물가안정 및 저금리를 유지할 수 있었고, 개발도상국이 발전의 토대를 제공했으며 동시에 선진국의 안정적인 소비 패턴을 보장해 왔다. 글로벌 공급망은 저임금을 찾아 자연스럽게 국경을 넘어 이전했고, 물류비용이 낮아지면서 세계를 하나의 시장으로 만들었다. 이렇게 시장 변화와 기술 발전에 따라 이전하던 글로벌 공급망이 이제 정치 논리에 따라 재편되면서 여러 나라가 경제 안보 위험에 빠지는 시대를 맞이했다. 특히 바이든이 추진 중인 '반도체 동맹'은 시장 논리를 무시하는 전형적인 정치 논리이자 '기술 무기화'를 보여주는 대표적인 사례이다. 이는 단지 중국을 배제하기 위한 차원을 넘어 미래산업의 핵심 기술을 미국이 독점하려는 패권적 발상을 숨김없이 드러낸 것이다.

이렇게 글로벌 공급망은 항상 변해온 것으로 결코 새롭게 등장한 현상이 아니다. 다만 최근에는 각국의 임금 인상 속도와 생산효율 격차가 커지고 자동화 기술의 발전으로 생산기지를 이전하려는 요인은 확대되었다. 그 결과 '세계의 공장'으로 불리던 중국에서 많은 기업이 동남아시아로 이전했다. 의류산업은 방글라데시로 대거 옮겨 가기도 했다. 자동화가 가능한 산업은 보조금을 늘리는 본국으로 회귀하는 현상도 나타났다. 이제 생산요소 가운데 임금이 아닌 시장과 정부 정책을 더 중시하는 시대가 열린 것이다. 그래서 글로벌 공급망 이전에 작용하는 힘은 매우 다양해졌는데, 경제 안보 담론이 시장을 뛰어넘는 흐름이 더해지면서 상황이 더 복잡해지고 있다.

이 책은 이런 위기 사회에서 공급망 변화 경향을 읽고, 중국과 아세안이라는 중요한 생산기지와 시장을 연계해 동시에 살피려는 시도로 시작되었다. 이 두 지역은 남중국해 문제로 인한 안보 긴장 속에서도 경제협력을 확대하고 있고, 세계 공급망에서도 가장 중요한 기지이기도 하다. '인도차이나'로 불릴 정도로 중국의 영향력이 큰 아세안은 정치적 긴장과 경제적 협력이라는 대비되는 전략을 구사한다는 점에서 한국에게도 많은 시사점을 주는 지역이다. 2018년 이 프로젝트를 진행할 때는 한국 정부도 신남방 정책을 중시했기 때문에 우리 연구는 더욱 적절해 보였다. 그런데 연구가 진행되는 동안 코로나19를 겪으면서 경제 안보에 대한 위기는 증폭되고, 비시장 요인에 의한 글로벌 공급망 이전은 충분한 논의와 분석을 거치지 못한 채 진행되고 있다.

이런 급박한 변화를 충분히 반영하지 못한 측면은 있지만, 이 책이 설명한 목표는 상당 부분 달성하고 있다고 본다. 첫째, 남중국해에서 벌어지는 미·중 패권 경쟁 양상을 분석하고, 아세안 각국이 어떻게 대응하는가를 본다. 둘째, 아세안이 주도권을 행사하기 위해 어떤 전략을 펼치는가를 보고, 그 가운데 지정학적 위상을 어떻게 활용하는가를 분석해 한국이 아세안에 진출할 때 참고할 만한 정책적 함의를 도출한다. 셋째, 중국과 아세안이 체결한 경제협력 내용을 세밀히 관찰해 한국의 신남방 정책이 성공할 수 있는 조건을 제시한다. 넷째, 중국이 해양 실크로드 전략을 선포한 이후 아세안과 물류 등 새로운 협력을 추진하는 내용을 세밀히 평가한다. 이런 목표를 달성하기 위해 두 권을 동시에 출판한다. 제1권은 『중국과 아세안 I: 긴장과 협력의 이중성』으로 정치 안보를 중심으로 구성했다. 제1부 남중국해에서의 안보 긴장, 제2부 중국·아세안의 상호 인식과 협력, 제3부 일대일로와 신남방 정책이 바로 그것이다. 제2권은 『중국과 아세안 II: 상호 의존과 경제협력』으로 제1부 중국·아세안의 무역·투자·교류, 제2부 아세안과 일대일로를 통해 경제 부분을 집중적으로 다루고 있다.

우리 연구팀은 보다 충실한 분석을 위해 국내 전문가를 필자로 모셔서 동남아시아 연구의 내용을 보강했고, 중국 학자와 베트남 학자에게 원고를 의뢰해 당사국의 입장을 전할 수 있도록 했다. 흔쾌히 집필에 참여하고 투고 이후 오랫동안 기다려주신 외부 필진에게 감사의 말씀을 드린다. 그리고 연구과제를 지원해 준 한국연구재단에 감사드린다. 또한 여러 가지 어려움을 감내하고도 출판을 결정해 주신 한울엠플러스(주) 김종수 사장님과 윤순현 부장님, 편집을 담당해 주신 김우영 님에게 감사의 말씀을 드린다.

2022년 11월
한양대학교 중국문제연구소에서
필자들을 대표해 엮은이 민귀식

제1부

중국·아세안의 무역·투자·교류

제1장

중국과 아세안의 교역 현황과 배경*

남대엽 | 계명대학교 중국어중국학과 조교수

1. 중국과 아세안의 경제협력사

세계 경제에서 동남아시아국가연합(ASEAN, 이하 아세안)의 중요성이 부각되고 있다. 2008년 세계 금융 위기 이후 뉴노멀(new normal)로 정의되는 세계 경제의 저성장 기조하에서 아세안은 5% 내외의 견조한 성장세를 유지하고 있다. 세계 경제의 성장 엔진이라 불리는 신흥경제국 중에서도 중국을 제외하면 최근 아세안의 고도성장은 매우 높은 수준이라 평가할 수 있다.

이에 따라 세계 경제에서 아세안이 차지하는 위상도 상승했다. 1990년 3725억 달러 수준이었던 아세안의 경제 규모는 2019년 3조 1761억 달러로 9배 가까이 증가했다. 같은 기간 아세안이 세계 경제에서 차지하는 비중도 1.6%에서 3.6%로 확대되었다. 참고로 같은 기간 중국의 경제 규모는 약 36배 증가해 2019년 14조 2280억 달러를 기록했으며, 세계 경제에서 차지하는 비중은 1.7%

---

* 이 글은 필자의 「중국-아세안 개별 국가간 수출입 추세와 특징」, ≪KIEP CSF≫(2019); 「GVC 관점에서 바라본 동북아시아 3국의 대아세안 수출경쟁력 연구」, ≪중국지역연구≫, 제7권, 제1호(2020); 「아세안 개별 국가의 대중국 경제의존성 분석」, ≪현대중국연구≫, 제23권, 제3호(2021)의 일부 내용을 수정·보완한 것이다.

그림 1-1 중국과 아세안 GDP 및 세계 경제에서의 비중 (단위: 10억 달러)

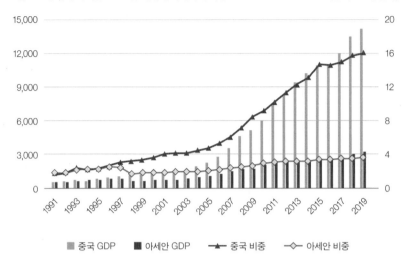

자료: UNCTAD.

표 1-1 세계 주요 지역의 경제성장률 추세 (단위: %)

	1992~1995	1995~2000	2000~2005	2005~2010	2010~2015	2014~2019
World	2.8	3.6	3.2	2.5	2.9	3.0
OECD	2.5	3.4	2.2	0.7	1.8	2.2
G20	2.8	3.6	3.1	2.2	2.9	3.0
BRICS	4.8	5.3	7.3	8.3	6.1	5.4
ASEAN	7.7	1.6	5.3	5.1	5.1	4.9

주: 연간 평균 성장률.
자료: UNCTAD.

에서 16.2%로 증가했다.

이같이 높은 경제성장의 배경으로는 6억 5000만 명의 거대한 인구와 낮은 평균 연령(전체 인구의 60% 이상이 40세 이하), 상품 및 서비스·자본의 이동이 자유로운 단일시장을 지향하는 아세안공동체(ASEAN community)의 노력 그리고 글로벌밸류체인(global value chain)의 확대 등이 복합적으로 작용하고 있다.

1) 아세안의 탄생과 경제발전 과정

아세안은 1967년 인도네시아, 필리핀, 태국, 말레이시아, 싱가포르 등 5개 국가가 공산주의에 대응하기 위한 정치 협력체의 성격으로 출범했지만 베트남이 공산화된 이후에는 경제협력이 주요 의제로 떠올랐다. 당초 5개 국가의 산업은 식민지 시대의 유산인 고무 농장과 쌀, 주석 등 1차 상품에 대한 의존도가 매우 높은 상황이었다. 이 같은 배경에서 아세안 주요국들은 원자재 가격의 급등락에 따라 국내 경제가 흔들리고 경상수지 적자 및 외화 부족 문제가 가중되자 수출 촉진보다는 수입 억제에 초점을 맞춘 수입 대체형 공업화를 추진한다. 1960~1970년대 싱가포르, 말레이시아를 중심으로 미국 텍사스인스트루먼트, 인텔의 반도체 공장이 들어오고 태국에는 마쓰시타를 필두로 일본계 기업들의 진출이 줄을 이었다.

그러나 이 같은 수입 대체형 공업화로도 경상수지 적자 문제는 해결되지 않았다. 글로벌 기업들의 투자는 증가했지만 단순한 가공, 조립 공장들이 설립되면서 글로벌 경쟁력을 갖춘 로컬 기업을 육성하는 데 한계가 있었다. 그리고 1970년대 석유파동 등으로 인플레이션과 함께 국내 경제가 어려워지자 아세안 국가들은 수출 주도형 공업화로 전략을 선회한다.

다국적기업 주도의 수출 주도형 공업화는 강력한 효과를 발휘했다. 1980년대 플라자 합의 이후 일본계 자본이 아세안으로 밀려들어 오기 시작했다. 그리고 대미 통상 압력 심화 및 국내 인건비 상승을 회피하고자 하는 한국과 대만계 자본도 아세안으로 유입되었다. 동아시아 국가들은 아세안의 낮은 임금을 활용해 노동집약형 경공업 제품 생산에 투자했고 이는 아세안 경제를 호황으로 이끌었다. 이 당시 한국은 인도네시아와 태국에 주로 투자했으며, 대만은 말레이시아와 태국 투자를 확대했다.

2) 아시아 금융위기와 동아시아의 대응

하지만 문제는 환율 관리에서 발생했다. 높은 경제성장률과 수출 증가에도 불구하고 고정환율제 또는 국가 차원에서 환율을 조정하는 크롤링 페그(crawling peg) 제도를 채택했던 아세안 국가들은 명목 환율과 실제 가치의 차이가 벌어지며 헤지 펀드의 공격 대상이 되었다. 그리고 1997년 7월 태국을 시작으로 인도네시아, 필리핀, 말레이시아, 한국 등에서 환율 가치의 폭락과 함께 달러 유출이 발생하며 IMF 긴급 구제금융을 신청하게 되었다.

아시아 전역으로 전파된 금융위기는 아세안의 공동 대응과 내외부 경제체와의 협력을 강화하는 주요 계기가 되었다. 우선 아세안은 내부의 경제협력을 위해 다양한 노력을 지속해 왔다. 1990년대 냉전이 종식된 후 베트남(1995년), 라오스, 미얀마(이상 1997년), 캄보디아(1999년) 등 인도차이나반도의 후발국들이 아세안에 가입하며 정치 안보적 안정성을 확보했다. 그리고 1992년 싱가포르 제4차 정상회의에서 아세안자유무역지대(ASEAN Free Trade Area: AFTA)를 창설하는 데 합의했다. 그리고 2003년 발리 선언을 통해 2020년까지 아세안 경제공동체(ASEAN Economic Community: AEC) 구축을 선언했으며, 2007년 세부 선언에서는 이를 5년 앞당겨 2015년 12월 아세안 경제공동체가 출범되었다. 아세안 경제공동체는 제품, 서비스, 투자, 자본, 고급 인력의 자유로운 이동이라는 5대 원칙을 토대로 아세안을 하나의 시장 및 생산 거점으로 조성하겠다는 목표를 세우고 있다.

한편 아시아 금융위기는 아세안과 동아시아 3국의 경제협력을 촉진시켰다. 글로벌 경제의 세계화가 급속히 진행되는 과정에서 태국에서 시작된 금융위기가 아세안을 넘어 한국과 주변국에 영향을 미쳤으며 이에 대한 공동 대응의 필요성이 제기되었기 때문이다. 이에 따라 아세안은 1997년 쿠알라룸푸르에서 개최된 정상회의에 동아시아 3국(한국, 중국, 일본)을 초대하면서 주변국과의 경제협력을 타진했다. 그리고 이 같은 노력은 2020년 12월 역내 포괄적 경제 동반자 협정(Regional Comprehensive Economic Partnership, 이하 RCEP)의 최종 서명으로 이어졌다.

3) 아세안을 바라보는 중국의 시각 변화

중국도 빠르게 성장하고 있는 아세안을 주목하고 있었다. 냉전 시대 정치 및 안보의 측면에서만 아세안을 바라봤던 중국은 1979년 개혁개방 이후 아세안의 경제적 중요성에 초점을 맞추기 시작했다. 역사적으로 아세안에는 중국의 영향이 깊게 배어 있다. 동남아시아라는 기준도 인도의 동쪽이자 중국의 남쪽이라는 해석이 가능하며, 아세안의 다문화적인 포용성에는 인도, 이슬람, 중국의 문화가 혼재되어 있다. 그리고 식민지 시대와 제2차 세계대전이 끝나고 냉전이 시작되며 태평양 방면으로의 진출이 막힌 중국에게 아세안은 매우 중요한 정치, 안보적 요충지로 부상했다. 남북으로 분단된 베트남과 라오스, 캄보디아 등 인도차이나 반도의 대륙부 아세안 국가들은 사회주의 진영의 성패를 좌우하는 격전지가 되었기 때문이다. 베트남 전쟁에서 북베트남이 세계 최강 미국을 상대로 승리한 배경에 중국과 소련의 막대한 지원이 있었다는 것은 잘 알려진 사실이다. 하지만 1970년대 소련과 사이가 틀어진 중국이 미국과 손을 잡고 1991년 소련이 해체되면서 아세안의 정치 안보적 의미는 감소하고 경제적 중요성이 부각되기 시작한다.

지정학적으로도 아세안은 중국의 성장에 필수적이다. 말레이시아, 싱가포르, 인도네시아가 공유하고 있는 믈라카해협은 중국의 경제성장에 필수적인 원유와 원자재를 수입하는 주요 통로다. 특히 국내 수요 원유의 절반을 해외에 의존하는 중국은 믈라카해협을 통해 원유의 80%를 수입한다. 만약 미국과의 분쟁이 격화될 경우 미국의 우방인 싱가포르가 믈라카해협을 봉쇄하면 중국 경제에도 치명타가 될 수 있다. 따라서 중국은 아세안에도 매우 큰 공을 들이고 있다. 이하에서 소개되는 일대일로(一帶一路) 구상뿐만 아니라 2020년 체결

그림 1-2 중국 원자재 수입의 전략적 요충지 믈라카해협

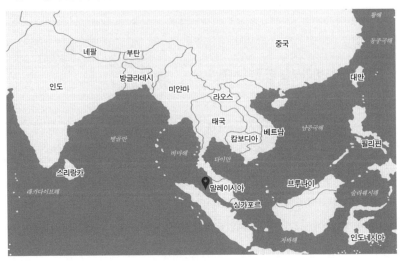

된 RCEP 등도 중국의 경제 안보를 보호하기 위한 중국의 선제적 조치로 이해된다.

2. 중국·아세안 무역의 증가 배경

1) 상호 최대의 무역 상대 지역

이 같은 배경에서 중국과 아세안의 무역도 크게 증가했다. 특히 2001년 중국이 WTO에 가입하고 2005년 중·아세안 FTA가 발효되면서 두 지역 간 무역 거래량은 폭발적으로 성장했다. 수치적으로 살펴보면 2000년 329억 달러를 기록했던 상품 및 서비스 무역 거래량은 2019년 4672억 달러를 기록해 13배 증가했다. 이에 따라 두 지역은 서로에게 최대 무역 상대국으로 올라섰다. 중국 정부 발표에 따르면, 우선 중국을 중심으로 아세안은 2019년 미국을 제치

그림 1-3 중국과 아세안의 무역 교역량과 무역의존도 (단위: 10억 달러)

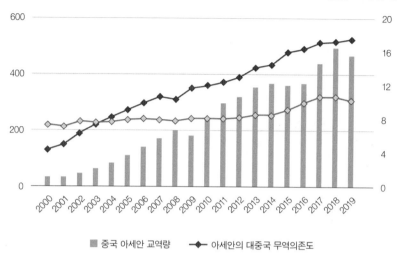

■ 중국 아세안 교역량 ◆ 아세안의 대중국 무역의존도

자료: ADB(2020.9).

고 중국의 2대 무역 상대국으로 올라선 후 2020년에는 코로나19 사태와 같은 대외 환경의 악재 속에서 EU를 뛰어 넘어 중국의 최대 무역 대상 국가가 되었다. 아세안 입장에서 중국은 12년 연속 최대 무역 상대국의 지위를 유지하고 있다. 명실공히 두 지역은 경제적으로 최고의 상호 파트너가 되었다고 할 수 있다.

무역의존도 변화에는 다소 차이가 느껴진다. 우선 아세안을 중심으로 대중국 무역의존도는 2000년 4.4%에서 2019년 17.5%로 크게 증가했다. 그에 반면 중국의 대아세안 무역의존도는 같은 기간 7.4%에서 10.2%로 증가하는 데 그쳤다. 그만큼 중국의 무역 규모가 크고 수출입 대상국이 다원화되어 있기 때문으로 분석된다.

그렇다면 중국과 아세안 사이의 교역이 크게 증가한 배경은 무엇일까? 그 해답은 중국과 아세안 경제 규모의 성장, 중국·아세안 FTA, 글로벌밸류체인의 확대, 일대일로 구상 등에서 원인을 찾을 수 있다.

2) 경제 규모의 성장

기본적으로 두 지역 사이의 무역이 크게 증가한 것은 중국과 아세안의 경제 규모가 증가했기 때문이다. 경제학에서 국제무역을 살펴볼 때 주로 사용되는 중력이론(gravity theory)에 따르면 양국 간의 무역은 각국의 경제 규모와 지리적 거리에 의해 매우 효과적으로 설명된다. 중국은 1978년 개혁개방 이후 40년간 연평균 9% 이상의 고도성장을 지속했으며, 아세안 역시 신흥경제국으로서 견실한 성장을 유지하고 있다. 그리고 베트남·라오스·미얀마는 중국과 국경을 맞대고 있으며, 말레이시아·인도네시아·필리핀·싱가포르 등 해양부 아세안 국가들은 중국의 남부 해안과 매우 인접해 있다. 따라서 두 지역의 경제 규모 확대와 지리적 근접성은 중·아세안 교역이 급증한 원인을 설명할 뿐 아니라, 향후에도 이 같은 현상이 지속될 것을 예고해준다.

3) 자유무역협정 체결

두 번째로 두 지역이 맺은 자유무역협정에서 원인을 찾을 수 있다. 중국은 2001년 WTO에 가입하기 이전부터 아세안과의 FTA 체결을 논의하기 시작해 2002년 11월 '중국·아세안 포괄적 경제협력에 관한 기본 협의'를 체결하고 2005년에는 상품 무역에 관한 FTA, 2007년에는 서비스 무역에 관한 FTA, 2010년에는 전면적 관세 인하 및 투자 협정을 발효했다. 그리고 2020년 중국은 아세안과 주변 5개 국가(한국, 중국, 일본, 호주, 뉴질랜드)를 하나의 자유무역지대로 만드는 RCEP의 최종 서명을 주도하며 아세안과의 경제협력에 큰 공을 들이고 있다. 중국과 아세안의 교역량 추세를 보면 2001년 중국의 WTO 가입을 거쳐 2005년 상품 무역에 관한 FTA가 발표되면서 본격적으로 증가한 사실을 확인할 수 있다.

표 1-2 중·아세안 경제협력 과정

연도	내용
2000	4차 아세안 +1 FTA에 관한 연구 조사 제안
2002	'중국·아세안 포괄적 경제협력에 관한 기본 협의' 체결
2005	중·아세안 상품 협정 발효
2007	중·아세안 서비스 협정 발표
2010	중·아세안 전면적 관세 인하 및 투자 협정 발효
2011	RCEP 협상 개시
2013	중·아세안 정상회의에서 '2+7 협력 프레임워크' 제안, 중·아세안 투자 협력 펀드 창설
2013	시진핑 주석 '일대일로 구상' 최초 언급
2015	중·아세안 FTA 개정 의정서 채택
2015	중국 정부 '일대일로 구상' 공식 발표
2020	RCEP 최종 타결 및 서명

자료: 필자 작성.

4) 글로벌밸류체인의 확대

세 번째로 이 같은 자유무역협정은 아세안의 글로벌밸류체인 편입에도 큰 영향을 미쳤다. 글로벌밸류체인이란 생산에서 판매에 이르는 7개 부문(R&D, 디자인, 조달, 제조, 물류, 마케팅, 서비스)이 세계적으로 연계된 분업 체계를 이야기한다. 여기에서 아세안은 낮은 임금과 천연자원을 경쟁력으로 기존 중국에 집중되었던 글로벌 기업의 공장들을 빠르게 받아들이고 있다. 베트남에 진출한 삼성과 LG의 제조 공장들이 대표적이다. 2010년 이후 중국 내 한국 업체들은 대형 설비에 기반한 장치산업(LCD, 반도체 등)은 중국에 남겨두고 생산 원가가 중요한 산업(휴대폰, 백색 가전 등)은 아세안, 특히 베트남으로 빠르게 이전하고 있다. 베트남은 2007년 WTO에 가입하고 이후 무역에서 IT 제품의 관세 철폐를 규정한 정보기술협정(Information Technology Agreement, 이하 ITA)에도 가입하면서 글로벌밸류체인 중 '제조 허브'로서의 경쟁우위를 강화해 나가고 있다.

WTO가 발표한 보고서에서도 글로벌밸류체인에서 중국과 아세안이 차지하고 있는 위상의 변화를 확인할 수 있다. 이 보고서에 따르면 2000년 이후 지역 내 글로벌밸류체인의 생산 허브로서 미국과 독일의 역할이 둔화된 가운데, 아시아에서 중국의 비중이 매우 크게 확대되었다. 한편 이 보고서는 미국의 공산품 무역 적자 비중을 근거로 멕시코와 아세안이 글로벌밸류체인에 빠르게 편입되고 있다고 설명한다. 미국 무역 적자 중 중국의 비중이 2013년 72.6%를 정점으로 2017년 56.1%까지 축소된 반면, 아세안은 2000년 11.5%에서 2017년 14.7%로 확대되었기 때문이다. 이 같은 현상에서 중국에서 생산된 부품과 중간재가 아세안으로 수출되어 조립 완성된 후 선진국으로 수출되는 가공무역을 추정할 수 있다.

향후에는 미·중 무역 전쟁의 여파로 이 같은 추세가 더욱 가속화될 수 있다. 중국의 고임금과 미·중 무역 전쟁의 장기화 조짐으로 아세안이 중국의 대체지로 급부상하고 있기 때문이다. 베트남, 인도네시아, 태국, 말레이시아 등 다수의 아세안 국가들은 중국으로부터 이전해 오는 공장을 유지하기 위해 매우 파격적인 인센티브 정책을 경쟁적으로 발표하고 있다.

인도네시아는 과거 포스코의 60억 달러 규모의 투자에 대해 세금 면제를 결정한 바 있으며, 2018년 조코 위도도 2기 행정부는 미·중 무역 전쟁의 여파로 중국에서 이전해 오는 다국적기업의 투자 유치를 확대하기 위해 투자 규모에 따라 5~20년간에 걸쳐 50~100% 규모의 세금 면제 정책을 발표했다. 베트남도 2019년 '외국인투자 중장기 정책 방향 의결'을 발표하고 첨단기술, 고부가가치 산업 분야 관련 해외 기업의 투자를 유치하기 위한 파격적인 혜택을 약속했다. 특히 첨단기술 투자 기업에 대해서는 최초 4년간 세금 면제, 이후 9년간 50% 감면, 사업 개시 연도로부터 15년간 10% 우대 세율 적용 등이 포함되어 있다.

5) 일대일로 구상과 공급 측 개혁

네 번째로 중국은 기존의 대외 정책을 통합 및 확대 재편하기 위해 2015년

'일대일로 구상'을 제안하며 아세안과의 정치, 경제 협력 관계를 일대일로의 틀 안에 편입시켰다. 아세안은 중국의 인접 지역 중 거대한 인구와 함께 가장 높은 경제성장률을 기록하고 있는 잠재적 성장 가능성이 매우 높은 지역이다. 따라서 중국이 제시한 해상 및 육상 실크로드 연결을 위한 6대 경제회랑 중 철도와 도로 연결을 통해 지역 내 국가들 간 물류, 자금, 정보 및 인적자원 교류 확대를 목적으로 삼고 있는 '중국·동남아시아 경제회랑'은 중국이 가장 중요시하고 있는 일대일로 프로젝트 중 하나로 평가된다. 중국은 아세안과의 물류 인프라를 연결해 보다 긴밀한 경제공동체를 구성하고 이를 활용해 중국이 추진하고 있는 '공급 측 개혁'을 촉진할 계획이다.

'공급 측 개혁'이란 2015년 시진핑 주석이 언급한 이후 '중국 제조 2025'와 함께 중국 경제 운용의 가장 중요한 원칙이 되고 있는 정책이다. 주요 목표는 국내 총수요를 합리적인 수준까지 확대하는 동시에 공급 측면의 구조적 개혁을 강화하고 공급 체계의 효율성 제고를 통해 성장 동력을 지속 강화하겠다는 것이 정책의 핵심이다. 이를 위해 중국 정부는 국내 철강, 석탄 등 공급과잉 산업에 묶여 있는 노동력과 자본 등의 생산요소를 신흥 첨단 산업의 영역으로 이전시킬 계획이다. 구체적으로는 공급과잉 해소를 위한 산업 구조조정 및 좀비기업 퇴출 등의 목표를 담고 있다. 따라서 폐쇄 설비 이전과 공급과잉 제품들의 판로가 절실하게 요구되는 상황에서 중국의 뒤를 이어 글로벌 생산 네트워크의 제조 허브로 성장하고 있는 아세안과의 경제협력 및 인프라 연결이 매우 중요하다. 즉, 중국은 아세안과의 일대일로 경제협력을 통해 국내 공급과잉 산업의 구조조정을 촉진하고 해외 판로를 개척하겠다는 구상을 세우고 있다.

3. 중국과 아세안의 무역 현황

두 지역의 무역을 종합적으로 살펴보면 중국과 아세안은 상호 최대 무역 상대국의 지위를 차지하고 있는 가운데 중국이 아세안을 대상으로 무역 흑자를 얻고 있다. 2019년 아세안은 상품 무역으로 총 312억 달러의 무역 흑자를 기록했지만, 중국과의 무역에서는 1029억 달러의 적자가 발생했다. 이는 굉장히 빠르게 증가한 수치이다. 중국과 아세안의 무역은 줄곧 중국이 흑자를 기록하는 양상이었지만, 2010년에만 해도 중국의 흑자 규모는 104억 달러에 불과했다. 불과 10년도 안 되어 흑자 규모가 10배 가까이 증가한 것이다. 참고로 한국은 아세안의 2대 무역 적자국으로 2019년 한국은 아세안과의 상품 무역을 통해 377억 달러의 흑자가 발생했다.

이를 다시 아세안을 중심으로 살펴보면 중국과의 무역 비중이 매우 빠르게 확대된 것을 확인할 수 있다. 2000년 아세안의 최대 교역 상대국은 미국(16.1%), 일본(15.3%), EU(13.5%) 등이었으며, 중국은 4.3%에 불과해 한국(3.9%)과 유사한 수준이었다. 하지만 2001년 중국이 WTO에 가입하고 2005년 중국과 아세안의 FTA가 발효되면서 아세안의 교역에서 중국이 차지하는 비중은 2010년 11.5%를 기록하며 최대 교역 상대국의 지위를 차지했다. 그리고 이후에는 기타 지역과의 격차를 벌려 2019년 중국은 2위 미국(10.5%)을 크게 앞서는 18.0%의 비중을 차지하고 있다. 전체적으로 미국, EU, 일본의 비중을 중국이 차지한 것으로 해석할 수 있다.

1) 아세안 개별 국가의 대중국 무역의존도: 베트남, 캄보디아, 싱가포르 高

다음은 아세안 개별 국가들의 대중국 무역의존도를 살펴보았다. 특히 개별 국가 경제의 구조적 특성을 감안해, 무역의존도를 가중치로 활용해 중국과의 교역이 아세안 국가에 미치는 영향력을 중심으로 살펴보았다. 예를 들어 2015~2019년 미얀마는 대중국 무역의존도가 35.0%에 달하지만 전체 경제에서 무역이 차지하는 비중은 47.0%에 불과해 상대적으로 대중국 경제의존도가 낮다(16.5)고 판단할 수 있다. 그에 반면 싱가포르는 같은 기간 대중국 무역의존도가

표 1-3 아세안의 주요 무역 상대국 비중 (단위: %)

국가	2000	2010	2019
중국	4.3	11.5	18.0
미국	16.1	10.4	10.5
EU	13.5	9.3	10.0
일본	15.3	10.3	8.0
한국	3.9	4.9	5.6

자료: ASEAN Statistical Yearbook.

13.6%에 불과하지만 국가 경제의 무역의존도 207.2%로 매우 높아 종합적으로 싱가포르 경제의 대중국 무역의존도는 28.1로 계산할 수 있다.

이상의 방법으로 살펴본 아세안의 대중국 무역의존도는 2015~2019년 베트남, 캄보디아, 싱가포르가 가장 높으며 말레이시아도 아세안 평균을 상회한다. 여기에 라오스, 미얀마, 태국 등도 상대적으로 대중국 무역의존도가 높다고 알려진 한국을 상회하고 있다. 그에 반면 국가 경제의 무역의존도가 낮은 인도네시아와 필리핀은 상대적으로 무역에 의한 중국의 영향을 적게 받는다고 평가할 수 있다.

두 번째 특징은 2010년대 이후 해양부 선발 아세안 국가들에 비해 대륙부 후발 아세안 국가들의 대중국 무역의존도가 빠르게 확대되고 있다는 점이다. 2000~2009년 기간 선발국의 대중국 무역의존도 평균은 11.5에서 2010~2019년 15.3으로 증가한 반면, 같은 기간 후발국의 대중국 무역의존도는 8.3에서 21.9로 상승했다. 후발국의 공통점은 중국과 지리적으로 인접하고 상대적으로 경제 규모가 작다는 특징을 가지고 있다. 이 같은 추세는 향후에도 중국에 대한 경제 교류와 협력에 대한 기대감과 함께 중국으로부터의 경제 보복에 대한 우려를 높일 수 있다.

표 1-4 아세안 개별 국가의 대중국 무역의존도   (단위: %)

	2000~2004	2005~2009	2010~2014	2015~2019
싱가포르	6.6	10.2	11.1	13.6
태국	6.5	10.3	13.2	16.1
말레이시아	6.2	10.6	13.8	16.5
인도네시아	6.1	10.1	13.3	18.9
필리핀	4.1	8.6	11.8	16.3
캄보디아	5.8	9.4	17.4	23.1
라오스	7.5	11.4	23.5	25.7
미얀마	7.7	9.9	25.6	35.0
베트남	11.0	14.6	19.0	20.7
브루나이	4.7	3.2	4.7	10.1
아세안 평균	6.6	9.8	15.3	19.6
한국	13.4	19.5	20.9	23.4

주: 아세안 평균은 아세안 10개 국가의 산술평균.
자료: UNCTAD; ASEAN Statistical Yearbook.

그림 1-4 가중치를 활용한 아세안 개별 국가의 대중국 무역의존도

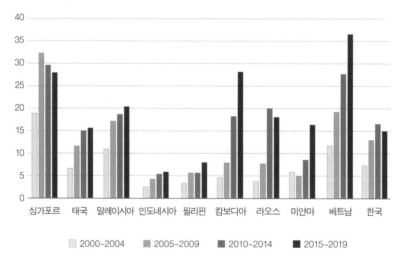

자료: UNCTAD; ASEAN Statistical Yearbook.

2) GVC 배경하에 전자 제품의 중간재와 부품 교역

그러면 이제 두 지역이 주로 어떠한 상품을 거래했는지 살펴보자. 두 지역 간 최대 수출입 품목(HS Code 2단위 기준)은 매우 유사하다. 전기기기, 보일러 기계류, 광물성 연료 에너지, 플라스틱과 그 제품 등이 상호 수출입 품목 1~4 위를 차지하고 있다. 이는 상호 두 지역이 전자 제품의 중간재와 부품을 수출입하며 글로벌밸류체인하에서 긴밀하게 연결되어 있음을 보여준다.

그리고 5위에서부터 다소 차이가 발생한다. 아세안은 비교 우위를 보유하고 있는 고무와 그 제품, 과실·견과류, 귀금속, 동식물성 유지 등을 주로 중국에 수출한다. 그에 반면 중국은 철강, 일반차량, 편물 등을 수출한다. 우리가 일반적으로 아세안의 주요 수출품이자 중국의 주요 식재료로 알고 있는 팜유(동식물성 유지)의 수출 비중이 과거에 비해 크게 감소한 것이 특징이다.

3) 아세안 주요 6개국과 중국의 무역 현황

아세안은 하나의 국가가 아니다. 경제 규모와 인구, 산업구조, 부존자원의 차이 등이 상이한 10개 국가의 연합체이다. 따라서 아세안의 개별 국가와 중국의 교역 구조를 살펴볼 필요가 있다. 특히 아세안 경제의 주요 축이며 전체 무역의 96%(2019년)를 차지하고 있는 6개 주요 국가(싱가포르, 베트남, 말레이시아, 인도네시아, 태국, 필리핀)와 중국과의 교역 관계를 짚어보고자 한다.

우선 아세안 국가 중 대중국 수출 규모가 가장 큰 싱가포르를 살펴보자. 상품 무역을 기준으로 2019년 싱가포르의 대중국 수출액은 516억 달러로 아세안의 대중국 수출의 25.6%의 비중을 차지하고 있다. 하지만 싱가포르의 전체 수출 중 중국이 차지하는 비중은 13.2%로 상대적으로 낮은 편이다. 이는 싱가포르의 대외 교역 규모가 매우 크다는 반증이다. 주요 수출 품목은 전기기기(비중 30.8%), 보일러 기계류(12.7%), 플라스틱과 그 제품(10.7%) 등이 있다. 싱가포

표 1-5 2010년 아세안의 대중국 10대 수출입 상품

순위	수출			수입		
	제품	HS Code	비중(%)	제품	HS Code	비중(%)
1	전기기기	85	25.6	전기기기	85	25.8
2	보일러 기계류	84	16.7	보일러 기계류	84	22.4
3	광물성 연료 에너지	27	15.0	광물성 연료 에너지	27	6.4
4	고무와 그 제품	40	8.5	철강	72	3.6
5	플라스틱과 그 제품	39	5.4	플라스틱과 그 제품	39	3.0
6	동식물성 유지	15	5.1	철강 제품	73	2.8
7	유기화합물	29	5.0	유기화합물	29	2.7
8	광·슬래그·회	26	1.8	고무와 그 제품	40	2.7
9	광학·의료 측정 기기	90	1.5	광학·의료 측정 기기	90	1.9
10	목재·목탄	44	1.4	채소	7	1.3

주: HS Code 2단위 기준, 제품명은 HS 속견표 참고.
자료: ADB(2012.8).

표 1-6 2019년 아세안의 대중국 10대 수출입 상품

순위	수출			수입		
	제품	HS Code	비중(%)	제품	HS Code	비중(%)
1	전기기기	85	26.7	전기기기	85	29.6
2	광물성 연료 에너지	27	10.7	보일러 기계류	84	17.2
3	보일러 기계류	84	7.2	광물성 연료 에너지	27	5.7
4	플라스틱과 그 제품	39	6.4	플라스틱과 그 제품	39	4.1
5	고무와 그 제품	40	4.0	철강	72	4.0
6	광학·의료 측정·검사 정밀기기	90	3.9	철강 제품	73	3.3
7	유기화합물	29	3.5	일반차량	87	2.1
8	과실·견과류	8	3.2	광학·의료 측정·검사 정밀기기	90	2.0
9	귀금속	71	3.0	편물	60	1.9
10	동식물성 유지	15	2.6	유기화합물	29	1.9

주: HS Code 2단위 기준, 제품명은 HS 속견표 참고.
자료: ADB(2020.9).

르의 대중 수입의존도는 13.7%로 아세안 주요 국가 중 가장 낮은 수준이다. 주요 수입 품목은 전기기기(39.6%), 보일러 기계류(21.5%), 광물성 연료 에너지 (14.9%) 등이 있다.

아세안 국가 중 대중국 수출 규모가 두 번째로 큰 국가는 베트남이다. 상품 무역을 기준으로 2019년 베트남의 대중국 수출액은 430억 달러로 아세안의 대 중국 수출 중 20.6%의 비중을 차지하고 있다. 한편 2019년 베트남 수출에서 중국이 차지하는 비중은 15.7%인 반면, 수입에서는 29.8%의 비중을 차지하고 있다. 최근 베트남이 글로벌 제조 허브로 성장하면서 중국산 중간재 및 부품 수입이 증가한 결과로 해석된다. 베트남의 주요 수출 품목은 전기기기(45.3%) 가 압도적으로 높고 그 외 식용의 과실·견과류(6.4%), 면·면사 면직물(5.6%) 등 이 있다. 주요 수입 품목은 전기기기(34.4%), 보일러 기계류(13.4%), 플라스틱과 그 제품(5.5%) 등이 차지하고 있다.

말레이시아를 살펴보자. 말레이시아의 2019년 대중국 수출액은 전년비 2.1% 감소한 337억 달러를 기록했으며, 말레이시아 수출에서 중국이 차지하는 비중 은 2000년 3.1%에서 2019년 17.6%p 증가한 20.7%를 기록했다. 이는 아세안 주요 경제국 중 가장 빠르게 증가한 수치이다. 중국과 말레이시아의 경제협력 이 가속화되고 있다고 해석된다. 주요 수출 품목은 전기기기(35.4%), 광물성 연 료 에너지(14.5%), 플라스틱과 그 제품(8.2%) 등이 있다. 2019년 말레이시아 수 입 중 중국이 차지하는 비중은 14.2%로 아세안 주요국 평균 대비 낮은 수준이 며, 주요 수입 품목은 전기기기(32.2%), 보일러 기계류(16.5%), 광물성 연료 에 너지(7.0%) 등이 있다.

다음으로 2019년 인도네시아의 대중국 수출은 전년비 3.1% 증가한 280억 달러를 기록했다. 이는 아세안 전체의 대중국 수출 중 13.9%의 비중이다. 한 편 2019년 인도네시아의 전체 수출 중 중국이 차지하는 비중은 16.7%이며, 수 입에서는 26.2%의 비중을 차지하고 있다. 베트남과 마찬가지로 중간재와 부 품을 수입 가공해서 선진국으로 수출하는 가공무역의 형태를 보이고 있다. 주

그림 1-5 2019년 아세안 개별 국가의 대중국 수출 비중 　　　　　　　　　　(단위: %)

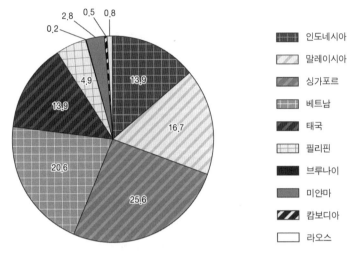

자료: UNCTAD.

인도네시아	
말레이시아	
싱가포르	
베트남	
태국	
필리핀	
브루나이	
미얀마	
캄보디아	
라오스	

그림 1-6 2019년 아세안 개별 국가의 대중국 수입 비중 　　　　　　　　　　(단위: %)

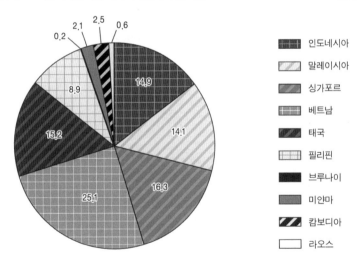

자료: UNCTAD.

요 수출 품목으로는 광물성 연료 에너지(29.6%), 동식물성 유지(13.0%), 철강(11.1%) 등이 있으며, 주요 수입 품목으로는 보일러 기계류(23.8%), 전기기기(20.5%), 철강(4.7%) 등이 있다. 인도네시아산 석탄과 팜유의 수출 경쟁력이 유지되고 있음을 알 수 있다.

2019년 태국의 대중국 수출액은 전년비 7% 감소한 280억 달러를 기록했다. 이는 아세안 대중국 수출의 13.9%의 비중으로 인도네시아와 유사한 수준이다. 한편 2019년 태국 전체 수출에서 중국이 차지하는 비중은 12.0%이며, 수입에서는 21.1%의 비중을 차지하고 있다. 기타 아세안 국가와 마찬가지로 수출 대비 수입 측면에서 중국에 더 크게 의존하고 있다. 2019년 주요 수출 품목은 고무와 그 제품(14.3%), 플라스틱과 그 제품(12.4%), 보일러 기계류(11.0%) 등이 있으며, 주요 수입 품목은 전기기기(27.5%), 보일러 기계류(18.0%), 플라스틱과 그 제품(5.0%) 등이 있다.

마지막으로 필리핀의 2019년 대중 수출은 전년비 12.8% 증가한 98억 달러를 기록했다. 수입도 18.5% 증가한 268억 달러를 기록해 전체적으로 169억 달러의 무역 적자가 발생했다. 이는 필리핀의 경제 규모에 비해 매우 높은 수준이다. 이를 반영하듯 필리핀 전체 수출에서 중국이 차지하는 비중은 13.8%인 반면, 수입에서는 22.8%의 비중을 차지하고 있다. 주요 수출 품목으로는 전기기기(42.0%), 보일러 기계류(17.2%), 광·슬래그·회(8.5%) 등이 있으며, 주요 수입 품목으로는 전기기기(23.7%), 광물성 연료 에너지(13.4%), 보일러 기계류(11.6%) 등이 있다.

이상을 종합하면, 수출 측면에서는 말레이시아와 인도네시아가 유독 돋보인다. 두 국가는 2019년 기준 대중국 수출의존도가 가장 높으며, 2000년 이후 대중국 수출의존도의 증가 폭도 가장 크다. 한편 2019년 아세안의 대중국 주요 수출 품목으로는 전기기기, 보일러 기계류 등이 공통적으로 높은 비중을 차지하고 있다. 그 외에는 말레이시아의 광물성 연료 에너지, 태국의 고무, 인도네시아의 광물성 연료 에너지와 동식물성 유지, 필리핀의 광·슬래그·회 등이

표 1-7 아세안 주요국의 대중국 수출의존도

	말레이시아	베트남	인도네시아	싱가포르	필리핀	태국	평균
2000	3.1%	10.6%	4.5%	3.9%	1.7%	4.1%	4.7%
2010	12.6%	10.7%	9.9%	10.3%	11.1%	11.0%	10.9%
2019	20.7%	15.7%	16.7%	13.2%	13.8%	12.0%	15.4%
차이	17.6%p	5.1%p	12.2%p	9.3%p	12.1%p	7.9%p	10.7%p

주: 평균은 산술평균, 차이는 2019년과 2020년의 차이.
자료: UNCTAD.

표 1-8 아세안 주요국의 대중국 수입의존도

	말레이시아	베트남	인도네시아	싱가포르	필리핀	태국	평균
2000	4.0%	9.0%	6.0%	5.3%	2.4%	5.4%	5.4%
2010	12.6%	23.8%	15.1%	10.8%	8.5%	13.3%	14.0%
2019	14.2%	29.8%	26.2%	13.7%	22.8%	21.1%	21.3%
차이	10.2%p	20.8%p	20.2%p	8.4%p	20.4%p	15.7%p	16.0%p

주: 평균은 산술평균, 차이는 2019년과 2020년의 차이.
자료: UNCTAD.

국가별 부존자원의 차이와 산업별 특징을 설명해 준다.

　수입 측면에서는 베트남과 인도네시아, 필리핀이 2019년 기준 대중국 수입
의존도가 높으며 과거 대비 수입의존도 증가 폭도 큰 것으로 나타났다. 최근
글로벌밸류체인의 확대 측면에서 주목받고 있는 베트남과 인도네시아가 중국
으로부터 반제품과 부품을 수입해 미국 등 글로벌 시장으로 수출하고 있기 때
문으로 해석된다.

참고문헌

남대엽. (2019). "중국-아세안 개별 국가간 수출입 추세와 특징". ≪KIEP CSF≫, 전문가오피니언.
https://csf.kiep.go.kr/issueInfoView.es?article_id=35888&mid=a20200000000&board_id=4.

_____. (2020). 「GVC 관점에서 바라 본 동북아시아 3국의 대아세안 수출경쟁력 연구」. ≪중국지
역연구≫, 제7권, 제1호.

_____. (2021). 「아세안 개별 국가의 대중국 경제의존성 분석」. ≪현대중국연구≫, 제23권, 제3호.

박번순. (2019). 『아세안의 시간』. 서울: 지식의 날개.

오윤아. (2017). 『중국의 동남아 경제협력 현황과 시사점』. 세종: KIEP.

이마가와 에이치(今川瑛一). (2011). 『동남아시아 현대사와 세계열강의 자본주의 팽창』. 서울: 異彩.

이충열. (2017). 『포스트 차이나, 아세안을 가다』. 서울: 디아스포라.

Natalegawa, Mohammad Marty Muliana. (2019). 『아세안은 중요한가?』. 경기: 문학사상.

ADB. (2012.8). Key Indicators for Asia and the Pacific 2012. https://www.adb.org/publications/
key-indicators-asia-and-pacific-2012.

_____. (2020.9). Key Indicators for Asia and the Pacific 2020. https://www.adb.org/publications/
key-indicators-asia-and-pacific-2020.

WTO. (2019). "Global Value Chain Development Report 2019: Technological Innovation, Supply
Chain Trade, and Workers in a Globalized World." WTO, Geneva/IDE-JETRO/OECD, Paris
Cedex 16/Research Center of Global Value Chains University of International Business and
Economics. Beijing: Beijing/World Bank Group,/China Development Research Foundation,
Beijing. https://doi.org/10.30875/6b9727ab-en.

ASEAN Statistical Yearbook. https://www.aseanstats.org/category/yearbook/.

UNCTAD. https://unctadstat.unctad.org/.

제2장

중국의 대아세안 해외직접투자의 역사와 특징*

남대엽 | 계명대학교 중국어중국학과 조교수

1. 동남아시아의 지경학적 특징과 중국

세계 경제에서 중국과 아세안의 중요성 및 두 지역의 무역 현황에 대해서는 이미 제1장(중국과 아세안의 교역 현황과 배경)에서 설명했다. 이 글에서는 이처럼 급증하고 있는 두 지역의 경제협력 관계 중 투자에 대해 자세히 살펴보고자 한다. 지역 간 경제협력에는 재화와 서비스의 이동을 의미하는 무역과 자본의 이동을 의미하는 해외직접투자(Outward Foreign Direct Investment: OFDI)가 있다. 기술 또는 노동력의 교류도 지역 간 경제협력을 살펴보는 지표가 될 수 있지만, 글로벌밸류체인이 확산되고 다국적기업의 경영이 세계화되면서 글로벌 경제에서 해외직접투자의 중요성이 점차 높아지고 있다.

중국과 아세안의 무역을 살펴보면서 두 지역의 교역이 급증한 원인으로 경제 규모의 확대, 중국·아세안 FTA, 글로벌밸류체인의 확대, 중국의 일대일로

---

* 이 글은 필자의 "중국의 대아세안 해외직접투자의 특징과 시사점", ≪KIEP CSF≫(2020); 「아세안 개별 국가의 대중국 경제의존성 분석」, ≪현대중국연구≫, 제23권, 제3호(2021)의 일부 내용을 수정·보완한 것이다.

그림 2-1 아세안 화교 분포 지도

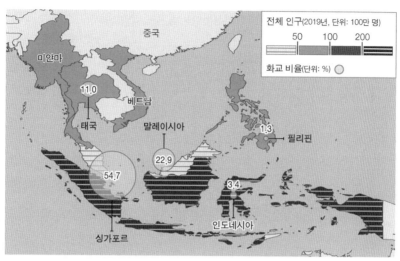

자료: 박번순(2019: 262)을 바탕으로 필자 작성.

구상 등 다양한 원인을 설명했다. 이 같은 요인들은 두 지역의 투자가 확대된 주요 배경이기도 하다. 두 지역의 교역이 증가하고 경제협력이 확대되면서 자본도 같이 이동하기 때문이다. 하지만 이상의 요인 외에 두 지역의 해외직접투자가 증가하는 데 중요한 역할을 수행한 계층이 있다. 동남아시아 경제권을 장악하고 있는 아세안 화상(華商)들이다.

동남아시아와 중국은 과거부터 밀접한 교류를 유지했으며 동남아시아의 화교 역사는 매우 오래되었다. 15세기 초 명나라 함대를 이끌고 말라카 왕국을 방문한 정화(鄭和)의 대원정에서도 중국인들이 거주하고 있었다는 기록이 남아 있다. 하지만 화교의 해외 이주가 본격화된 것은 제2차 아편전쟁(1856~1860년) 이후 중국에서 방콕으로 정기여객선이 취항하면서부터다. 가난과 전쟁에 지친 수많은 중국인들이 이 배를 타고 동남아시아로 이주했으며, 만주사변(1931년) 이후 중국이 공산화(1949년)되기 전까지 동남아시아로의 대이주가 지속되었다. 그 결과 현재 해외에 거주하는 화교의 70% 이상이 동남아시아에 분포하고 있으며, 구체적으로 인도네시아 790만 명, 태국 740만 명, 말레이시아 648만 명, 싱가포르 279만 명의 화교가 거주하고 있는 것으로 추정된다.

19세기 이후 동남아시아에 정착한 중국인들은 지역 상권을 장악하기 시작했다. 이들은 이주 초기에는 막노동으로 자금을 모아 작은 가게를 열었으며, 제2차 세계대전 기간 중에는 일본군에게 군수물자를 납품하며 돈을 벌었다. 그리고 독립 이후에는 축적된 자본을 가지고 부동산업, 유통업, 금융업 등에 진출해 아세안에서 경제권을 확보했다.

1) 천혜의 자연적 환경이 만든 식민지 역사

그렇다면 중국인들이 동남아시아로 이주해 상공업에 진출한 배경은 무엇일까? 최근의 중국과 아세안의 해외직접투자 양상을 살펴보기에 앞서 동남아시아의 입지와 특징에 대해 알아보자. 동남아시아가 지닌 지경학적 특징과 과거의 역사를 이해하는 것은 두 지역의 자본의 흐름을 이해하는 데 도움이 될 것이다. 19~20세기 동남아시아는 타고난 자연적 혜택을 바탕으로 영국, 프랑스, 네덜란드, 미국 등 서구 열강의 식민지로서 공산품의 원자재를 공급하는 역할을 맡았다. 영국은 인도와 함께 미얀마와 말레이시아를 식민 지배했으며, 프랑스는 베트남을 중심으로 라오스, 캄보디아를 인도차이나로 묶어 지배했다. 네덜란드는 아세안의 인구 대국이자 설탕, 코프라(코코넛 열매), 고무, 주석 등 주요 원자재의 생산지였던 인도네시아를 점령했으며 미국은 필리핀을 식민지로 삼았다.

이 중 필리핀, 인도네시아, 말레이시아에서 생산되는 석유, 고무, 주석, 설탕 등 원자재는 대부분 서구 열강과 일본으로 수출되고, 인도차이나의 태국, 미얀마, 베트남에서 생산되는 쌀을 포함한 농산물은 다시 인도네시아, 말레이시아, 필리핀, 인도 등 주식이 부족한 구미 식민지 국가로 수출되었다. 즉, 서구 열강은 인도차이나반도에서 생산된 쌀을 인도네시아, 말레이시아, 필리핀 등에 제

그림 2-2 20세기 초 서구 열강과 동남아시아의 무역 구조

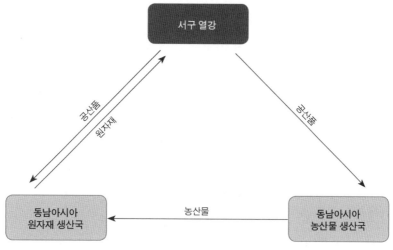

자료: 필자 작성.

공하고 이들 국가로부터 원자재를 저렴하게 수입해 무기와 공산품을 생산하는 경제구조를 만들었다.

따라서 이들 동남아시아 국가들은 자국에 필요한 공산품은 서구 열강으로부터 수입했기 때문에 동남아시아에는 자국 기업이 성장할 여력이 없었으며, 서구 열강 입장에서는 원자재를 값싸게 수입하고 자신들이 생산한 공산품을 수출할 시장으로 동남아시아는 포기할 수 없는 지역이었다. 온난한 기후와 천혜의 자연환경을 바탕으로 생산되는 고무와 주석 그리고 쌀은 동남아시아가 보유한 뛰어난 입지 조건이기도 하지만, 이는 반대로 서구 열강의 먹잇감으로 전락하는 배경이 되기도 했다. 1941년 일본은 미국으로부터 석유 등 원자재 수입이 끊기자 가장 먼저 동남아시아 침략 계획을 도모했으며, 프랑스 등 서구 열강은 제2차 세계대전이 종료된 후에도 기존의 식민 지배를 유지하기 위해 제1차 인도차이나 전쟁을 벌이기까지 했다.

2) 동남아시아 상공업을 장악한 화교와 인교

여기에 더 심각한 문제는 그나마 존재하는 상공업의 대부분을 중국인과 인도인 들이 차지하고 있었다는 점이다. 서구 열강이 식민지형 수출산업 개발을 추진하는 과정에서 상공업에 익숙하지 않은 지역민들을 대신해서 중국인과 인도인 들이 동남아시아의 상공업을 장악했다. 특히 상거래 문화에 익숙하고 궂은일을 마다하지 않는 중국인들은 동남아시아 전역에 분포했으며, 인도인들은 대륙으로 연결된 미얀마와 말레이시아를 중심으로 기반을 확보했다. 그래서 동남아시아 총인구에서 중국인과 인도인이 차지하는 비중은 크지 않더라도 주요 도시에서는 이들의 비중이 매우 높았다. 화교는 인도차이나의 사이공(현 호찌민)의 50%, 바타비아(현 자카르타) 12%, 방콕 33%를 차지했으며, 인도인은 랑군(현 양곤)의 40% 이상을 점유했다. 이들은 각 지역에서 무역업, 소매업, 경공업, 운송업 등에 종사했으며, 1920~1930년대 세계 대공황 시기에는 부유한 자본을 바탕으로 농민의 경작지를 압수하며 농지와 경제력을 더욱 확장했다. 이는 동남아시아에서 뿌리 깊은 화교 및 인교에 대한 반감의 근원이 되고 있다.

제2차 세계대전 이후에도 중국인들의 경제력은 견고하게 유지되었다. 주요 공산품의 수입으로 만성적인 외화 부족에 시달리는 동남아시아 주요국들은 정부 주도하에 수입 대체형 공업화를 추진하기 시작했다. 하지만 그 과정에서 동남아시아 정부는 지역의 상공업을 장악하고 있는 화교와 손을 잡고 공업화를 추진하는 경우가 많았다. 1957년 쿠데타로 정권을 잡은 태국의 사릿 정부는 군의 보호 아래 화교와 외자의 삼위일체 경제체제를 만들어 1960년대까지 고도성장을 달성할 수 있었다. 그 외에도 말레이시아와 인도네시아, 싱가포르 등 동남아시아 주요 국가들도 수입 대체형 공업화와 경제발전을 위해 지역 경제에 막강한 영향력을 보유한 화교들과 비교적 우호적인 관계를 유지했다. 그렇게 동남아시아 화교들은 동남아시아의 정치적 혼란과 경제발전의 욕망 속에서 정권의 비호 아래 동남아시아의 상권을 장악할 수 있었다.

3) 중국의 개혁개방과 동남아시아 화상

1978년 중국의 개혁개방은 동남아시아 화상들에게 사업을 확대할 좋은 기회가 되었다. 중국도 경제성장에 필요한 자본을 유치하기 위해 중국 동남부에 위치한 동남아시아 화상들의 고향을 경제특구로 지정하며 화답했다. 선전(深圳)과 주하이(珠海)는 홍콩 및 마카오와 바로 연결될 뿐 아니라 광둥(廣東)성 화교의 고향이며, 샤먼(廈門)은 인도네시아, 말레이시아, 태국, 필리핀 지역에 분포한 푸젠(福建) 화교를 유치하기 위해 경제특구로 지정되었다. 그리고 산터우(汕頭)는 태국에 주로 거주하는 차오저우(潮州)인을 유치하기 위한 목적이었다. 오랜만에 귀국한 화상들은 모국의 낙후함을 목격하고 자본을 들여와 광둥성과 푸젠성 등지에 병원, 학교 등을 건설하기 시작했다.

실례로 태국 CP그룹의 치아 엑 초르(Chia Ek Chor) 회장은 선전과 산터우의 1호 외국인투자자가 되어 가축 사료 생산 공장을 건설했으며, 인도네시아 최대 재벌 살림(Salim)그룹의 림 시오 리옹(Liem Sioe Liong) 회장도 고향 푸칭(福清)시에 위엔홍(元洪)그룹을 설립했다. 1989년 인도네시아의 림 운 키안(Liem Oen Kian) 회장도 융교(融僑)그룹을 설립하고 푸칭시에 융교 경제기술 개발구를 건설했다. 푸저우(福州) 출신의 말레이시아 최대 재벌 로버트 곽(Robert Kuok)도 중국 호텔 및 부동산업에 진출해 2020년까지 샹그릴라 호텔을 비롯해 50여 개의 호텔을 보유하고 있다. 서양 기업가들이 죽의 장막에 대한 두려움으로 망설이고 있을 때 아세안 화상들은 고향에 대한 귀소본능과 '관시(關係)'를 활용한 사업 기회를 목적으로 중국을 향한 해외직접투자의 마중물 역할을 수행했다.

자국에서의 활약과 중국과의 비즈니스를 통해 동남아시아 화상은 거대한 부를 축적했다. 2019년 한국 GDP의 5분의 1에 불과한 필리핀의 대표적인 화상 헨리 시(Henry Sy)의 자산은 한국 이건희보다 많았으며, 그가 작고한 이후 6

그림 2-3 아세안 경제에서 화상의 영향력   (단위: 명, 10억 달러)

전체 인구	백만장자 수	자산
태국	31	94.8
싱가포르	22	71.3
인도네시아	21	78.5
필리핀	17	49.6
말레이시아	13	61.6
합계	**104**	**355.8**

화교	백만장자 수	자산
태국	20	69.3
싱가포르	20	66.8
인도네시아	12	59.4
필리핀	15	37.4
말레이시아	11	53.7
합계	**78**	**286.6**

자료: *The Economist*(2020.5.28).

명의 자녀가 세계 2000대 부호 순위 안에 포함되었다. 2019년 포브스의 부호 순위에서 동남아시아 10대 부호를 살펴보면, 8위인 인도네시아 스리 프라카시 로히아(Sri Prakash Lohia)를 제외하면 9명이 화상이다. 한 연구에 따르면 동남아시아 상장기업 중 상위 10대 기업 대부분은 화교가 차지하고 있으며, 인도네시아에서는 정부 및 외국인이 통제하는 기업을 제외한 민영기업의 시가 총액 중 73%, 말레이시아는 61%를 화상이 차지하고 있다.

그리고 이제는 자본의 흐름이 역전되었다. 중국의 경제력이 확대되고 중국 기업의 해외 진출이 증가하면서 중국 기업가들이 적극적으로 아세안 투자를 모색하고 있다. 중국 사업가들은 아세안의 자원 분야에서부터 가전, 자동차, 노동집약형 중소기업 그리고 부동산 개발 분야로 투자를 확대하고 있다. 그리고 중국 자본이 아세안으로 진입할 때 이번에는 아세안 화상들이 사업파트너로서 활약하고 있다. 아세안의 대표적인 스타트업 그랩(Grab)과 고젝(Gojek) 등에는 대부분 중국계 자본이 투자되어 있다.

4) 일대일로 구상과 역전된 자본의 흐름

특히 중국은 2013년 시진핑 주석이 제기한 일대일로 구상을 중심으로 아세안과의 경제협력을 확대하면서 해외직접투자에 집중하고 있다. 일대일로 구상은 '육상 경제벨트'와 '해상 실크로드'로 구성되어 있으며 이 중 해상 실크로드는 중국 남부 해안에서 출발해 동남아시아와 인도양을 거쳐 아프리카와 중동, 유럽의 지중해를 포함하고 있다. 중국은 해상 실크로드의 거점지역에 항만 및 고속철도 등의 물류 인프라를 건설해 중국과의 무역과 투자를 촉진시킬 계획을 가지고 있다.

그중 아세안은 해상 실크로드의 첫 번째 기항지이다. 해상 실크로드를 중심으로 중국이 직접 투자했거나 장기 임대한 거점항을 살펴보면, 미얀마의 차우퓨항(Kyaukpyu, 50년), 말레이시아 페낭(Penang)항, 쿠안탄(Kuantan)항, 믈라카 게이트웨이(Melaka Gateway, 99년), 파키스탄의 과다르항(Gwadar, 40년), 방글라데시의 치타공(Chittagong), 스리랑카의 함반토타항(Hambantota, 99년), 몰디브의 페이도피놀루(Feydhoofinolhu, 50년) 등이 포함되어 있다. 이 중 중국은 중국 원유 수입량의 80%가 통과하는 믈라카해협에 위치한 말레이시아 믈라카 게이트웨이와 페낭항에 각각 72억 달러와 14억 달러를 투자했다. 그리고 유사 시 믈라카해협이 봉쇄되는 것을 우려한 중국은 미얀마의 차우퓨항에서 중국 남부 윈난(雲南) 지역까지 2400km 길이의 송유관을 건설해 원유와 천연가스를 직접 수송받고 있다. 한편 중국은 2015년 '공급 측 개혁'을 발표하고 국내에서 경쟁력을 잃은 노후 설비의 해외 이전을 추진하고 있다. 실제 철강, 비철금속 등 환경오염을 유발하는 다수 산업의 노후 설비를 동남아시아로 이전시키고 있다.

이처럼 동남아시아는 중국의 안정적 경제발전에 필수적인 원유 수입의 주요 통로이며 중국에서 이미 경쟁력이 떨어진 산업을 이전할 수 있는 투자 대상 지역이 된다. 따라서 중국 정부는 2015년 발표한 일대일로 구상의 6대 회랑 중 쿤밍(昆明)에서 싱가포르로 연결되는 동남아시아 회랑을 가장 우선적으로 추진하며, 항로와 고속철도 및 도로를 연결하기 위해 막대한 자본을 투자하고 있다.

문제는 한국도 아세안을 매우 중요시하고 있기 때문에 중국과의 경쟁이 불가피하다는 점이다. 2016년 사드 사태를 계기로 중국에 대한 과도한 경제 의존 문제를 실감한 한국 정부와 기업들은 'China+1'의 개념으로 아세안 지역을 주목하기 시작했다. 문재인 정부는 '신남방 정책'을 발표하고 아세안과의 경제협력을 강조하고 있으며, 그 일환으로 2019년에는 수교 30주년을 맞이해 부산에서 한·아세안 정상회담과 함께 한·메콩 정상회담을 개최했다. 포스트 코로나 시대 경제회복의 중요성이 강조되는 시점에서 아세안을 둘러싼 한국과 중국의 경쟁은 더욱 격화될 수 있다.

2. 중국의 대아세안 해외직접투자의 증가

1) 중국과 아세안의 해외직접투자 추세

아세안으로의 해외직접투자 유입은 1990년대를 전후로 1차 성장기를 거쳐 2010년대 2차 성장기를 맞이하고 있다. 우선 1990년대 선발 아세안 국가들이 수입 대체형 공업화에서 수출 주도형 공업화 전략으로 선회하며, 노동집약형 산업을 중심으로 다국적기업들의 투자가 증가하기 시작했다. 하지만 아시아 외환위기(1997년)와 중국의 WTO 가입(2001년)을 계기로 저임금을 목적으로 '세계의 공장'을 찾는 해외직접투자가 중국에 집중되며 아세안으로의 유입액은 상대적으로 감소했다. 그렇다고 중국의 부상이 꼭 아세안에 불리하게만 작용한 것은 아니다. 중국의 부상이 아세안으로의 해외직접투자를 구축한 측면도 있지만, 글로벌밸류체인의 확대로 중국과 연계되어 아세안으로의 해외직접투

그림 2-4 중국과 아세안의 해외직접투자 유입액 추이　　　　　　　　(단위: 10억 달러)

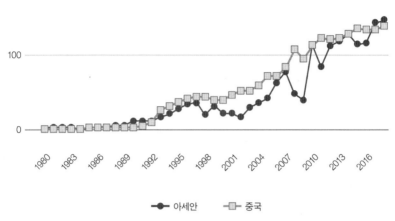

자료: UNCTAD.

그림 2-5 중국의 대아세안 해외직접투자 총액 및 비중　　　　　　　(단위: 100만 달러)

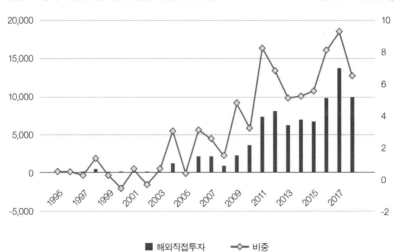

자료: ASEAN Statistical Year Book.

자 유입이 증가한 영향이 더 크다는 연구 결과도 있다. 실제 장기적인 추세로 아세안과 중국의 유입액을 비교해 보면, 두 지역이 동반 증가하고 있는 추세를 확인할 수 있다.

한편 2000년대 이후 점진적으로 증가하기 시작한 중국의 대아세안 해외직접투자는 2010년을 전후로 크게 증가했다. 이는 시진핑 정부가 중점적으로 추진하는 일대일로 구상과 경영환경 악화(인건비 상승, 정부의 환경보호 압력 강화, 외자기업 특혜 축소 등)에 기인한 것으로 분석된다. 2010년대 이후 삼성, LG 등 한국 전자업체들은 LCD, 반도체 등과 같은 대형 장치산업의 생산설비는 중국에 남겨두고 백색 가전, 스마트폰 같이 조립 중심의 생산 원가가 중요한 산업들을 아세안으로 이전시키고 있다. 이에 따라 아세안의 해외직접투자 유입액 중 중국이 차지하는 비중도 2000년대(2000~2009년) 2.0%에서 2010년대(2010~2018년) 6.5%로 높아졌다. 또한 2018년 이후 불거진 미·중 무역 전쟁의 여파로 중국을 탈출하는 글로벌 기업들이 증가하며 이 같은 추세는 향후에도 지속될 가능성이 높다.

2) 대싱가포르·라오스·태국 투자 비중 증가

먼저 글로벌 해외직접투자의 아세안 국가별 유입 추세를 살펴보면, 싱가포르가 절대적인 비중을 차지하고 있다. 이는 싱가포르가 아세안의 금융허브로 실제 삼성전자와 같은 다수의 다국적기업들은 싱가포르에 지역 본부를 설치하고 아세안 투자와 사업을 총괄 지휘하고 있기 때문으로 분석된다. 세계 금융위기가 발생했던 2009년을 기점으로 전후 10년 기간의 투자 비중을 비교하면, 최근 10년간 대인도네시아 투자가 8.8%p 증가한 반면 대태국 투자는 9.1%p 감소했다. 과거 아세안의 제조 중심 기지 역할을 수행하던 태국의 매력이 감소하고, 인도네시아의 높은 성장 잠재력(세계 4위 인구 대국 2억 7000만 명)과 역사 최초의 문민정부(조코 위도도 대통령)의 안정적 경제 운영에 대한 해외 투자자들

표 2-1 아세안 해외직접투자 유입 중 국가별 비중　　　　　　　　　　　　　　(단위: %)

	2009	2010	2011	2012	2013	2014	2015	2016	2017	2018
아세안	20.3	15.1	18.1	20.5	15.3	17.0	17.5	21.6	17.3	15.2
아세안 외	79.7	84.9	81.9	79.5	84.7	83.0	82.5	78.4	82.7	84.8
호주	0.3	3.7	5.5	0.6	1.8	3.1	1.2	1.9	0.9	0.8
캐나다	3.1	1.2	1.1	3.3	0.7	1.7	1.0	0.7	0.3	0.3
중국	4.8	3.2	8.2	6.8	5.1	5.2	5.5	8.1	9.3	6.5
EU-28	13.1	19.5	27.9	-2.2	13.0	22.2	17.2	28.6	10.1	14.1
인도	0.7	3.5	-2.4	6.0	1.4	0.9	1.2	-0.2	-0.1	1.0
일본	8.0	12.0	8.9	12.7	20.3	10.3	10.9	12.0	11.0	13.7
한국	4.2	4.0	2.0	1.1	3.6	4.0	4.7	6.0	3.1	-0.1
뉴질랜드	-0.3	0.3	0.0	-0.8	0.2	0.4	0.0	0.2	0.1	3.9
러시아	0.3	0.1	0.0	0.2	0.5	-0.1	0.0	0.1	0.0	0.0
미국	11.9	12.6	9.4	16.2	9.5	16.2	19.3	18.2	16.9	5.5
기타	33.8	24.8	21.3	35.5	28.7	18.8	21.4	2.9	31.0	39.2
합계	100.0	100.0	100.0	100.0	100.0	100.0	100.0	100.0	100.0	100.0

자료: ASEAN Statistical Year Book.

의 기대가 반영된 결과로 해석된다.

중국의 대아세안 해외직접투자는 대라오스·태국·말레이시아 비중이 증가한 반면, 대인도네시아·미얀마·캄보디아 비중은 감소했다. 이는 세계의 대아세안 해외직접투자 비중과 다른 양상이다. 특히 최근 10년간 세계의 대인도네시아 해외직접투자는 크게 증가했지만, 중국의 대인도네시아 해외직접투자는 11.4%p 감소했다. 그리고 중국은 대륙으로 연결된 라오스, 태국, 말레이시아 등 인도차이나반도 국가들에 대한 투자를 확대했다. 이는 시진핑 집권 후 본격 추진된 일대일로 구상 중 '인프라 연계(设施联通)'의 일환으로 추진되는 국경 도로 및 고속철도 건설과 밀접한 연관이 있을 것으로 추정된다.

한편 라오스를 제외한 CLMV(캄보디아, 라오스, 미얀마, 베트남) 국가들에 대한 투자 비중은 감소했다. 이는 전체적으로 중국의 대아세안 해외직접투자가 증가하는 가운데 상대적으로 ASEAN-5 국가들에 대한 투자가 증가했기 때문으

표 2-2 국가별 중국의 대아세안 해외직접투자 비중

		중국의 대아세안 해외직접투자			세계의 대아세안 해외직접투자		
		1999~2008	2009~2018	차이	1999~2008	2009~2018	차이
ASEAN-5	인도네시아	21.9%	10.5%	-11.4%p	5.5%	14.3%	8.8%p
	말레이시아	2.6%	5.1%	2.6%p	11.3%	8.4%	-2.9%p
	필리핀	1.1%	0.5%	-0.6%p	3.9%	3.7%	-0.2%p
	싱가포르	38.8%	52.6%	13.7%p	51.9%	52.8%	0.9%p
	태국	1.9%	5.7%	3.7%p	15.8%	6.7%	-9.1%p
CLMV	캄보디아	9.4%	5.5%	-3.9%p	0.9%	1.8%	0.9%p
	라오스	1.3%	6.4%	5.1%p	0.2%	0.6%	0.4%p
	미얀마	13.1%	6.5%	-6.6%p	1.1%	2.1%	1.0%p
	베트남	9.4%	7.1%	-2.3%p	7.4%	9.2%	1.8%p
브루나이		0.4%	0.0%	-0.4%p	1.9%	0.4%	-1.5%p
총합		100%	100%	-	100%	100%	-

주: ASEAN-5는 1967년 아세안 창설을 주도한 선발 5개국이며, CLMV는 이후 아세안에 합류한 4개국을
의미한다. 두 그룹 사이의 개발 격차 문제는 아세안 발전 및 통합의 주요 현안이다.
자료: ASEAN Statistical Yearbook.

로 분석된다. 실제 최근 10년간 중국의 싱가포르(13.7%p), 태국(3.7%p), 말레이
시아(2.6%p)에 대한 투자 비중은 확대되었다. 그렇다고 전통적인 사회주의 우
방 국가인 캄보디아, 미얀마와 중국의 관계가 소홀해진 것은 아니다. 캄보디
아, 미얀마의 해외직접투자 중 중국이 차지하는 비중은 과거 대비 각각 7.5%p,
0.7%p 증가한 24.5%, 22.2%(아세안 평균 6.4%)를 차지하고 있다.

3) 아세안 개별 국가의 대중국 해외직접투자 의존도

다음은 아세안 개별 국가들의 대중국 해외직접투자 의존도를 살펴보았다.
특히 개별 국가 경제의 구조적 특성을 감안해, 전체 해외직접투자가 국가 경제
규모(GDP)에서 차지하는 비율을 가중치로 활용해 중국의 해외직접투자가 아

표 2-3 아세안 개별 국가의 대중국 해외직접투자 의존도 (단위: %)

	2000~2004	2005~2009	2010~2014	2015~2018
싱가포르	0.7	2.3	6.6	4.9
태국	0.2	0.6	3.9	5.3
말레이시아	0.2	0.0	0.8	7.6
인도네시아	-4.8	4.2	2.8	5.6
필리핀	0.0	0.0	0.3	0.7
캄보디아	16.9	18.5	24.3	18.2
라오스	20.1	8.3	38.6	62.6
미얀마	10.0	32.3	38.3	6.7
베트남	2.1	1.9	4.4	4.7
브루나이	0.1	1.3	0.0	0.2
아세안 평균*	4.6	6.9	12.0	11.7
한국	2.9	1.7	4.5	8.2

주: 아세안 평균은 아세안 10개 국가의 산술평균.
자료: UNCTAD; ASEAN Statistical Yearbook; 한국수출입은행 해외직접투자통계.

그림 2-6 가중치를 활용한 아세안 개별 국가의 대중국 해외직접투자 의존도

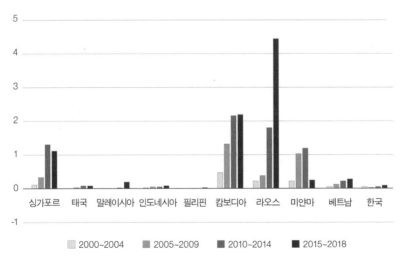

자료: UNCTAD; ASEAN Statistical Yearbook; 한국수출입은행 해외직접투자통계.

세안 개별 국가에 미치는 영향력을 중심으로 살펴보았다. 즉, 싱가포르의 경우 국가 경제 규모와 비교한 해외직접투자의 비율은 2015~2018년 기간 22.8%를 차지했고 싱가포르의 해외직접투자 중 중국의 비중은 4.9%를 기록해 싱가포르의 대중국 해외직접투자 의존도는 1.12로 측정했다.

그 결과를 살펴보면 우선 중국의 해외직접투자는 라오스, 캄보디아, 싱가포르 등에 큰 영향을 미치는 것으로 나타났다. 특히 라오스는 2015~2018년 기간 전체 해외직접투자 유입의 60% 이상을 중국에 의존하고 있다. 이는 두 번째로 높은 캄보디아(18.2%)와 비교해도 매우 높은 비중이다.

미얀마의 경우 과거에는 비교적 중국의 영향력이 컸지만 2010년대 초반 미국과의 관계 개선에 성공하며 서구 열강에 문호를 개방한 이후 최근 들어서는 중국 해외직접투자 의존도가 크게 낮아졌다.

베트남은 대중국 해외직접투자 의존도가 점진적으로 증가하고 있지만 대중국 무역의존도에 비하면 낮은 수준이다. 이는 베트남에 대대적으로 투자한 한국 기업들이 중심이 되어 중국산 자본재와 중간재 수입을 큰 폭으로 확대했지만, 중국 기업이 직접 투자한 프로젝트는 적기 때문으로 추정되며 이는 중국과 베트남의 역사적 유산의 결과로 추정된다.

그 외 태국, 인도네시아, 필리핀은 해외직접투자 측면에서 중국의 영향력이 거의 없는 것으로 나타났으며, 말레이시아는 최근 들어 다소 증가한 것을 확인할 수 있다. 참고로 한국의 대중국 해외직접투자 의존도는 점진적으로 상승하고 있지만 아세안 평균 수준을 크게 하회한다.

4) 제조업과 함께 일대일로 관련 산업 중심

중국의 대아세안 해외직접투자를 산업으로 구분해 살펴보면, 중국의 전체 투자 중 가장 높은 비중은 '임대 및 비즈니스 서비스업'이 차지하고 있다. 그리고 제조업 투자는 5위로 9.2%에 불과하다. 이는 중국 해외직접투자의 전략과

표 2-4 산업별 중국의 대아세안 해외직접투자 비중(2018년 말 기준)　　　　　(단위: 만 달러)

순위	중국의 대아세안 해외직접투자			중국의 전체 해외직접투자		
	산업	누적 금액	비중	산업	누적 금액	비중
1	제조업	214	20.8%	임대 및 비즈니스 서비스업	6,755	34.1%
2	임대 및 비즈니스 서비스업	189	18.3%	도소매업	2,327	11.7%
3	도소매업	154	15.0%	금융업	2,179	11.0%
4	전력 등 생산 및 공급업	100	9.7%	ICT서비스업	1,936	9.8%
5	광산업	98	9.5%	제조업	1,823	9.2%
6	건설업	69	6.7%	광산업	1,735	8.8%

자료: 中国商务部(2019).

목표를 잘 설명해 준다. 중국 정부는 2002년 16차 당대회에서 '저우추취(周出去)' 전략을 발표하며 중국 기업의 글로벌화 추진을 선언했다. 정부의 목표는 분명했다. 중국 기업의 수출을 확대함과 동시에 글로벌 M&A를 통해 기업의 발전과정에서 단기간에 습득하기 어려운 선진 기술과 브랜드를 확보해 글로벌 경쟁력을 빠르게 업그레이드시킨다는 목표를 설정했다. 즉, 그린필드 위주의 제조업 투자는 우선순위가 아니었다.

반면 중국의 대아세안 해외직접투자는 '제조업'을 중심으로 '전력 등 인프라 생산 및 공급업'과 '건설업'에 집중하고 있다. 중국의 대아세안 투자에서 제조업이 차지하는 비중은 누적 금액 기준 20.8%에 달하며 이는 향후 더욱 높아질 전망이다. 최근 들어 중국의 대아세안 제조업 투자가 증가하며 2018년에만 중국의 대아세안 투자 중 32.8%가 제조업에 투자되었다. 이처럼 제조업 투자 비중이 높은 원인은 아세안의 낮은 임금과 우호적인 투자 환경이 중국 기업들의 제조업 투자를 유인하고 있기 때문이다. 그 외 일대일로 구상을 중심으로 중국의 인프라 투자가 집중되며 '전력 등 인프라 생산 및 공급업'과 '건설업' 등에 대한 투자도 상대적으로 높은 비중을 차지하고 있다.

　이상을 종합해 보면 중국의 대아세안 해외직접투자의 특징은 2010년을 전후로 빠르게 증가하기 시작해 글로벌밸류체인의 확대 및 일대일로 구상과 맞물려 제조업과 인도차이나반도를 중심으로 실행되었다는 점이다. 이는 한국 기업의 대아세안 투자에도 영향을 미친다. 한국의 전체 해외투자에서 중국 비중은 2001~2010년 43.2%에서 2011~2019년 상반기 31.0%로 낮아진 반면, 아세안 비중은 13.4%에서 21.4%로 상승했다. 그리고 한국의 해외직접투자도 제조업 비중이 평균적으로 30%를 상회한다. 한국 기업은 아세안 진출 시, 현지 기업뿐만 아니라 중국 기업들과의 경쟁도 고려해야 한다. 2017년 필자의 현지 시장조사 결과를 되돌아보면, 아세안 시장에서 중국 기업은 이미 가성비뿐만 아니라 품질과 서비스 측면에서도 한국을 빠르게 뒤쫓고 있었다. 중국과 현지 기업들 사이에서 생존할 수 있는 한국 기업들만의 특화 전략이 필요한 시점이다.

참고문헌

김진영. (2021). 「'일대일로' 구상과 아세안 국가들의 중국 대응」. ≪한국과 국제사회≫, 제5권, 제1호, 235~270쪽.

남대엽. (2020). "중국의 대아세안 해외직접투자의 특징과 시사점". ≪KIEP CSF≫, 전문가오피니언. https://csf.kiep.go.kr/issueInfoView.es?article_id=40803&mid=a20200000000&board_id=4.

_____. (2021). 「아세안 개별 국가의 대중국 경제의존성 분석」. ≪현대중국연구≫, 제23권, 제3호.

박번순. (2019). 『아세안의 시간』. 서울: 지식의 날개.

오윤아. (2017). 『중국의 동남아 경제협력 현황과 시사점』. 세종: KIEP.

이마가와 에이치(今川瑛一). (2011). 『동남아시아 현대사와 세계열강의 자본주의 팽창』. 서울: 異彩.

이충열. (2017). 『포스트 차이나, 아세안을 가다』. 서울: 디아스포라.

한국수출입은행 해외직접투자통계. https://stats.koreaexim.go.kr/main.do.

中国商务部. (2019). 『2018年度中国对外直接投资统计公报』. http://fec.mofcom.gov.cn/article/tjsj/tjgb/201910/20191002907954.shtml.

The Economist. (2020.5.30). "South-East Asian tycoons' high-wire act." https://www.economist.com/business/2020/05/28/south-east-asian-tycoons-high-wire-act(검색일: 2021.7.13).

ASEAN Statistical Yearbook. https://www.aseanstats.org/category/yearbook/.

UNCTAD. https://unctadstat.unctad.org/.

제3장

중국의 해외 진출 플랫폼,
중국·아세안 산업단지의 조성 현황과 성과

박소희 | 산업연구원 산업통상연구본부 해외산업실 박사

1. 중국 해외산업협력단지의 개념과 의미

중국의 '경외경제무역협력구(境外经贸合作区, China overseas economic and trade cooperation zone)'는 해외에 조성한 산업 협력 단지로서 중국 기업이 해외에 투자해 건설한 각종 단지, 즉 수출가공구, 경제특구, 과학기술단지, 물류단지, 자유무역 단지, 자유항 등을 포함한다(商务部跨国经营管理人才培训教材编写组编, 2018: 3). 중국 상무부에 따르면 경외경제무역협력구는 중국 본토에 등록되어 독립 법인 자격을 갖춘 중국 투자 자본 지주회사가 역외에 설립한 독립 법인을 통해 투자 및 건설한 산업단지로서(商务部对外投资和经济合作司"走出去"公共服务平台, 2010. 8.10) 해외직접투자(Outward Foreign Direct Investment: OFDI) 모델 중 하나이다. 이 글에서는 정부 문건이나 산업단지의 명칭인 경우에만 원문 그대로 표기하고, 경외경제무역협력구의 개념에 포함되는 산업단지는 '해외산업협력단지'라고 지칭했다.

중국의 해외산업협력단지는 언제부터 조성되기 시작했을까? 중국 정부의 지원하에 해외산업협력단지가 본격적으로 조성되기 시작한 것은 2000년대 중반이다. 그전까지는 기업이 자체적인 필요에 의해 자발적으로 건설했는데, 대표

표 3-1 시기별 중국 해외산업협력단지의 추진 형태와 의미 변화

시기	2000년대 중반 이전	2000년대 중반	2013년 이후
형태	· 자체적 필요에 의한 기업의 자발적 조성	· 정부 지원+기업 추진	
배경 및 의미	· 개별 기업의 해외투자	· 해외 진출(저우추취) 전략 추진 · 중소기업의 집단 해외 진출 플랫폼	· 일대일로 추진 · 일대일로 연선 국가와의 협력 강화

자료: 필자 작성.

적인 예로 중국 하이얼그룹(海尔集团)이 미국 사우스캐롤라이나주에 건설한 하이얼 공업단지와 파키스탄 루바(RUBA)그룹과 합자 건설한 하이얼·루바 경제구가 있다. 2000년대 중반부터는 주무부처인 상무부의 지원에 따라 해외 비즈니스 경험이 부족한 중국 중소기업의 집단 해외 진출(走出去, 저우추취) 플랫폼으로서 해외산업협력단지를 구축해 중국과 투자 대상국의 경제발전과 양국 간 협력을 촉진하고자 했다.

2005년 3월 원자바오(溫家寶) 당시 중국 국무원 총리는 '정부 업무 보고(政府工作報告)'에서 조건을 갖춘 기업들의 해외투자와 해외 경영을 장려하고 신용 대출, 보험, 외환 등에서의 지원 강도를 높여 해외 진출 기업에 대한 지도와 협조를 강화하겠다고 언급했다. 이듬해인 2006년 6월 상무부가 '해외중국경제무역협력구의 기본 요구와 신청 설립 절차(境外中国经济贸易合作区的基本要求和申办程序)'를 발표하면서 해외산업협력단지의 조성 절차가 구체화되었다. 이후 2013년 시진핑 중국 국가주석이 일대일로, 즉 육상과 해상 실크로드 이니셔티브(一带一路倡议, the Belt and Road Initiative)를 제창하면서 해외산업협력단지는 중국과 일대일로 연선 국가와의 협력을 강화하는 플랫폼으로서 더욱 중요해졌다. 일대일로 이니셔티브는 정책 소통, 인프라 연결, 무역 원활화, 자금 융통, 민심 상통 등 다섯 가지 방면에서의 통(五通)을 강조하고 있다. 해외산업협력단지의 조성은 이 다섯 가지 중에서 무역 원활화와 민심 상통 차원에서 생각해 볼 수 있다. 중국이 해외산업협력단지를 일대일로 연선 국가에 건설함으로써 해당 국가와의 산업, 경제, 무역 협력을 강화할 수 있고 이를 통해 현지의 경제발전과 고용 창출에 기여할 수 있다는 측면에서 해당 국가의 민심에도 긍정적인 영향을 미칠 수 있기 때문이다.

2. 전체 중국 해외산업협력단지의 조성 현황과 성과

2000년대 중반 상무부가 입찰과 심사를 진행해 1기(2006년)와 2기(2007년) 비준을 통해 총 19개 해외산업협력단지가 조성 허가를 받게 되었다. 두 차례의 비준 이후부터는 상무부가 해외산업협력단지의 건설 기준을 제정해 공표하고, 기준에 부합하는 기업들이 상무부에 해외산업협력단지 조성 신청을 한 뒤 상무부가 조직한 전문가의 심사와 검수를 거쳐 해외산업협력단지를 설립하는 방식(中国国际贸易促进委员会, 2015.5.22)으로 변화했다.

2006년 11월 중국의 첫 번째 해외산업협력단지가 파키스탄에 조성(기존의 파키스탄 하이얼 공업단지를 확장)된 후 2018년 9월 기준 전 세계 46개국에 총 113개의 중국 해외산업협력단지가 조성되어 누적 투자액 약 366억 달러, 입주 기업 총 4663개, 생산 총액 약 1117억 달러, 투자 대상국 세수 30억 8000만 달러를 달성했다(中国政府网, 2019.6.18). 상무부는 전체 해외산업협력단지 중에서 중국 정부가 중점적으로 지원하는 단지 유형, 입주 기업 수, 투자 증가 규모 등의 기준에 부합하는 단지만을 국가급 해외산업협력단지로 인정했고, 상무부가 인정한 국가급 해외산업협력단지는 총 20개(이하 20개 해외산업협력단지로 지칭)로 전체 해외산업협력단지의 20%에도 미치지 못하는 수준이다.

2015년 상무부와 재정부가 발표한 '경외경제무역협력구 심사 방법(境外经济贸易合作区考核办法)'에 따르면 중국 정부가 중점적으로 지원하는 해외산업협력단지는 크게 다음의 다섯 가지의 유형으로 나뉜다. 첫 번째는 가공 제조형 단지로 경공업, 방직, 기계, 전자, 화학공업, 건축자재 제조 등을 주요 산업으로

그림 3-1 중국 해외산업협력단지 수 증가 추이(2006~2018)　　　　　(단위: 개)

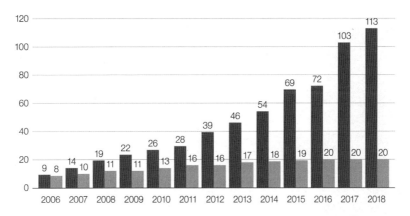

■ 상무부 통계 범위에 포함된 해외산업협력단지 누적 개수
■ 상무부 비준을 거쳐 설립된 해외산업협력단지 누적 개수

자료: 陈艳华 等(2019: 847).

한다. 두 번째는 자원 이용형 단지로 광산물, 삼림, 오일가스 등 자원의 개발, 가공, 종합 이용 등이 주요 산업이다. 세 번째는 농업 산업형 단지로 곡물과 경제 작물 등의 개발, 가공, 구매, 창고 보관 등을 주요 산업으로 한다. 네 번째는 상업·무역 물류형 단지로 운송, 창고 보관, 집산, 배송, 정보처리, 유통가공 등을 주요 산업으로 한다. 마지막으로 과학기술 연구개발형 단지는 철도 교통, 자동차, 통신, 공작기계, 항공우주, 선박과 해양 공정 등 분야의 첨단기술 및 제품 연구개발, 설계, 실험, 시험 제작 등을 수행하는 단지이다. 본문에서 20개 해외산업협력단지를 상기 다섯 가지 유형으로 분류한 결과 가장 큰 비중을 차지하는 단지 유형은 가공 제조형(10개)인 것으로 나타났고, 과학기술 연구개발형 단지로 분류 가능한 단지는 없는 것으로 나타났다. 이 밖에 자원 이용형 단지가 3개, 농업 산업형 단지가 3개, 상업·무역 물류형 단지가 1개, 종합형 단지가 3개인 것으로 집계되었다. 중국 해외산업협력단지는 단지의 성격에 따라 경제무역협력구 이외에도 경제특구, 공업단지, 종합개발구, 물류단지, 농업산업협력구 등의 다양한 명칭을 사용하고 있다(〈표 3-2〉 참고).

표 3-2 중국 상무부가 인정한 20개 국가급 해외산업협력단지

단지 유형	단지 명	주요 산업
가공 제조 (10개)	캄보디아 시아누크빌항 경제특구	방직, 목제품, 금속기계, 정밀화학 등
	태국 태·중 라용 공업단지	자동차 부품, 기계, 전자 등
	베트남 롱장 공업단지	농·임산물 가공, 경공업, 전자, 고무 등
	파키스탄 하이얼·루바 경제구	가전, 자동차, 방직, 건축자재 등
	잠비아·중국 경제무역협력구	경공업, 비철금속공업, 전자통신설비 등
	러시아 우수리스크 경제무역협력구	목재 가공 제작, 경공업, 전기 기계 등
	에티오피아 동방 공업단지	가공무역, 방직, 의약, 건축자재 등
	우즈베키스탄 평성 공업단지	타일, 수도꼭지 밸브, 금속제품 등
	중국·헝가리 보르소드 경제무역협력구	바이오 화학공업, 기계제조, 물류 등
	중국·인도네시아 경제무역협력구	자동차부품, 기계, 건축자재 등
자원 이용 (3개)	러시아 중·러 톰스크 목재공업무역협력구	삼림자원 개발, 목재 채벌 및 정밀가공, 판재·베니어합판 생산 등
	러시아 룽웨 임업경제무역협력구	삼림 채벌, 목재 가공, 판재·베니어합판 생산, 건축자재 가공 등
	중국·인도네시아 종합산업단지 칭산단지	니켈광 채굴, 페로니켈(니켈 철) 및 스테인리스강 생산, 가공, 제련, 판매 등
농업 산업 (3개)	중·러(프리모르스키 지역) 농업산업협력구	농산물 재배, 가공, 물류, 양식 등
	키르기스스탄 아시아의 별 농업산업협력구	농업 재배, 가축 양식, 농축산물 가공, 물류, 해외 판매 등
	중국·인도네시아 쥐룽 농업산업협력구	오일팜 나무 재배, 팜오일 가공, 포장, 생산, 창고 보관, 물류 등
상업·무역 물류 (1개)	중유럽 상업·무역 물류단지	상품 전시, 교역, 창고 보관, 집산, 물류, 배송, 정보처리, 유통가공 등
종합 (3개)	중·이집트 타이다 수에즈 경제무역협력구	석유 장비, 첨단기술산업, 상업·무역 서비스 등
	나이지리아 레키 자유무역구 (중·나 경제무역협력구)	장비, 공작기계 조립, 상업·무역 서비스, 석유 창고 보관 등
	라오스 비엔티안 사이세타 종합개발구	에너지 화학공업, 전자, 바이오의약, 농산물 가공, 상업·무역 서비스 등

주: 음영은 아세안 회원국에 조성된 해외산업협력단지를 의미함.
자료: 商务部对外投资和经济合作司"走出去"公共服务平台, 商务部对外投资和经济合作司中国境外经贸合作区(CO CZ), 中国国际贸易促进委员会境外产业园信息服务平台 웹사이트와 각 해외산업협력단지 홈페이지를 바탕으로 필자 작성.

3. 아세안 내 주요 중국 해외산업협력단지의 조성 현황과 성과[1]

중국 첸잔산업연구원(前瞻产业研究院, 2018.12.12)에 따르면 2018년 말 기준 일대일로 연선 국가 23개국에 45개의 중국 해외산업협력단지가 조성되어 있어, 전체 중국 해외산업협력단지(113개)의 약 40%를 차지하는 것으로 나타났다. 일대일로 연선 국가 중에서도 특히 동남아시아는 중국 해외산업협력단지의 집중 분포 지역으로, 21세기 해상 실크로드 연선 국가인 베트남, 태국, 캄보디아 등 아세안 회원국에 19개의 중국 해외산업협력단지가 분포해 있다. 아세안 회원국에 조성된 중국 해외산업협력단지 중 상무부가 인정한 20개 국가급 해외산업협력단지에 포함되는 단지는 총 7개(이하 7개 해외산업협력단지로 지칭)로 태국, 베트남, 캄보디아, 인도네시아, 라오스에 위치하고 있다. 지금부터 이 7개의 해외산업협력단지를 중심으로 아세안 주요국별 해외산업협력단지의 조성 현황과 성과를 살펴보자.

1) 태국

태국에는 태·중 라용(Rayong) 공업단지(이하 라용 공업단지)와 태국 후난(湖南) 공업단지 등이 조성되어 있고, 이 중 라용 공업단지는 중국 상무부가 인정한 20개 국가급 해외산업협력단지에 포함된다.

2005년부터 개발되기 시작한 라용 공업단지는 태국 동부 경제회랑의 핵심 지역에 자리하고 있다. 태국 최대의 컨테이너항이자 물류허브인 램차방(Laem chabang) 항구와 27km, 수완나품 국제공항과는 99km 떨어진 거리에 있다. 중

---

[1] 商务部对外投资和经济合作司, 商务部对外投资和经济合作司"走出去"公共服务平台, 商务部对外投资和经济合作司中国境外经贸合作区, 中华全国工商业联合会 웹사이트와 中国国际贸易促进委员会研究院(2018), 각 해외산업협력단지 홈페이지(이하 중국 주요 기관 자료로 통칭) 등을 종합적으로 참고해 작성했다.

표 3-3 태국 내 주요 중국 해외산업협력단지

단지 명	단지 유형	중국 측 개발 주체	기업 소재지
태국 태·중 라용 공업단지 (泰国泰中罗勇工业园)	가공 제조	화리산업그룹유한회사 (华立产业集团有限公司)	저장
태국 후난 공업단지 (泰国湖南工业园)	가공 제조	샤오둥룽위안무역유한책임회사 (邵东隆源贸易有限责任公司)	후난

주: 음영은 20개 해외산업협력단지를 의미함(이하 표에서 동일).
자료: 中国国际贸易促进委员会研究院(2018)을 참고해 필자 정리.

국 측 개발 주체는 저장(浙江)성의 화리(华立)산업그룹으로 1970년 설립된 중국 500대 민영기업 중 하나이다.

라용 공업단지의 총 계획 면적은 12km²이다. 자동차 및 오토바이 부품, 기계, 전자 등 중국이 비교 우위를 가지는 업종을 주요 산업으로 하는 단지로서 해당 산업의 태국 내 산업클러스터 중심이자 제조 수출 기지이다. 최종적으로는 제조, 컨벤션, 물류, 상업, 생활 시설이 통합된 현대적인 종합 단지 건설을 목표로 하고 있다.

2019년 기준 라용 공업단지에는 더진창광전자기술태국유한회사(德晋昌光电科技(泰国)有限公司), 중지차량그룹주식유한회사(中集车辆(集团)股份有限公司), 뤄양룽먼합금철태국유한회사(罗洋隆门铁合金(泰国)有限公司) 등 총 120개 기업이 입주해 있다. 라용 공업단지에 입주한 중국 기업의 대태국 투자액은 40억 달러이며 누적 생산 총액 173억 달러를 달성한 것으로 알려져 있다. 이들 기업이 라용 공업단지에 입주함으로써 현지에 3만 개의 일자리가 창출되었는데, 이후 단지가 완공되면 300~500개의 기업이 입주해 10만 개 이상의 현지 고용 창출이 가능할 것으로 예상되고 있다.

해외산업협력단지의 입장에서는 현지 일자리 창출과 산업 발전을 위해 핵심 기업을 유치하는 것이 특히 중요하다. 이는 핵심 기업을 유치함으로써 관련 전후방 산업 기업의 동반 입주를 촉진할 수 있기 때문이다. 중처고무태국유한회사(中策橡胶(泰国)有限公司)는 라용 공업단지 내에서 규모가 큰 기업 중 하

표 3-4 태국 태·중 라용 공업단지 입주 기업에 대한 우대 정책

구분	주요 내용	
기업 소득세	A1: 지식형 산업, 국가경쟁력을 높이는 설계, 연구개발 업종 위주	8년간 면제 (상한 없음)
	A2: 국가 인프라를 발전시키는 업종, 고부가가치의 첨단기술 업종, 태국에서 투자가 적거나 투자가 없는 업종	8년간 면제
	A3: 국가 발전에 있어 중요한 의의가 있고, 국내에서 투자가 극히 드문 첨단기술 업종	5년간 면제
	A4: 기술이 A1과 A2 유형의 업종만큼 선진적이지는 못하나, 국내 원재료 가치 증가 및 산업 사슬 발전 강화 가능 업종	3년간 면제
수입관세	A1, A2, A3, A4 해당 업종	기기, 원재료의 수입관세 면제

자료: 中华全国工商业联合会.

나이다. 중처고무의 입주로 관련 전후방 산업 기업이 라용 공업단지에 동반 입주한 결과 라용 공업단지 내에 타이어 산업 사슬상에 있는 기업이 20여 개에 달하게 되어 초보적인 수준의 타이어 산업클러스터가 구축되었다(人民网, 2020. 8.27).

또한 생산한 제품을 주로 미국과 유럽으로 수출하는 업체의 입장에서도 라용 공업단지에 입주해 제품을 생산함으로써 제품의 원산지와 수출 경로를 다양화하는 효과를 누릴 수 있었다. 중처고무가 라용 공업단지에서 생산한 타이어는 미국, 브라질, 태국, 유럽 등 56개 국가 및 지역에 판매되었고 2019년 총 매출액 5억 8400만 달러를 기록했다.

2) 베트남

베트남에는 베트남 롱장(Long Jiang) 공업단지(이하 롱장 공업단지), 중국·베트남 선전·하이퐁(Haiphong) 경제무역협력구, 베트남 박장(Bac Giang)성 윈중(雲中) 공업단지 등이 조성되어 있다. 이 중에서 롱장 공업단지는 중국 상무부가

표 3-5 베트남 내 주요 중국 해외산업협력단지

단지 명	단지 유형	중국 측 개발 주체	기업 소재지
베트남 롱장 공업단지 (越南龙江工业园)	가공 제조	띠엔장투자관리유한책임회사 (前江投资管理有限责任公司)	저장
중국·베트남 선전·하이퐁 경제무역협력구 (中国越南深圳-海防经济贸易合作区)	종합	선전·베트남연합투자유한회사 (深圳市联合投资有限公司)	광둥
베트남 박장성 윈중 공업단지 (越南北江省云中工业园区)	가공제조	장쑤퉁저우No.4건설그룹유한회사 (江苏通州四建集团有限公司)	장쑤

자료: 中国国际贸易促进委员会研究院(2018), 中华全国工商业联合会, 각 해외산업협력단지 홈페이지를 종합해 필자 정리.

인정한 20개 국가급 해외산업협력단지 중 하나이다.

2007년 설립된 롱장 공업단지는 중국이 베트남에 건설한 최초이자 최대 규모의 공업단지이다. 특히 중국 저장성의 일대일로 건설 중점 프로젝트로서 저장성 띠엔장(Tien Giang)투자관리유한책임회사가 투자해 건설했다. 롱장 공업단지는 베트남 남부의 띠엔장성에 위치하고 있고 호찌민 시내, 사이공 항구, 떤선녓(Tan Son Nhat) 국제공항과 50km 거리에 있다. 중국 광저우(廣州), 홍콩, 싱가포르, 태국 방콕, 말레이시아 쿠알라룸푸르, 인도네시아 자카르타, 캄보디아 프놈펜까지 항공편으로 2시간 정도 소요되어 중국 남부와 다른 아세안 국가로의 이동이 용이한 곳에 있다는 것이 장점이다.

롱장 공업단지의 총 계획 면적은 6km²로 공업 구역(5.4km²)과 상업 구역(0.6km²)으로 이루어져 있다. 주요 산업이 농·임산물 가공, 경공업, 전자, 냉각설비, 기계 조립, 고무 등인 가공 제조형 단지이다.

2019년 기준 장쑤포장베트남유한회사(江苏包装越南有限公司), 캉나이베트남사업방직유한회사(康纳(越南)事业纺织有限公司), 더다띠엔장책임유한회사(德大(前江)责任有限公司) 등 총 45개 기업이 단지에 입주해 있다. 입주 기업 중 약 70%가 중국 기업이고 이들 중 절반가량이 저장성 기업이다. 정식으로 조업을 시작한 기업은 36개이고 투자 총액은 15억 7000만 달러이다. 공업 생산액은 10억 달러

표 3-6 베트남 롱장 공업단지 입주 기업에 대한 우대 정책

구분	주요 내용
기업 소득세	· 소득이 발생한 해부터 15년간 기업 소득세 우대 기간 적용 · (이익이 발생한 해부터 4년간) 면제 · (다음 9년) 소득세율 5% 적용 · (남은 2년) 소득세율 10% 적용
수출관세	· 신청을 통해 가공수출 기업에 대한 수출관세 면제 혜택 적용
수입관세	· 단지 내 가공수출 기업에 대해 수입관세 면제 · 국내에서 생산되지 않는 원료, 물자, 부품에 대해 생산 시작 연도부터 5년간 수입관세 면제 · 국내에서 생산되지 않고 고정자산을 구성하는 기기 설비에 대해 수입관세 면제
증치세	· 단지 내 가공수출 기업에 대해 증치세(value added tax) 면제
자유무역협정	· EU·베트남 FTA(2020년 8월 1일 발효): 협정국을 원산지로 하는 상품 대부분의 수입관세 감면

자료: 中华全国工商业联合会; 商务部对外投资和经济合作司中国境外经贸合作区.

를 넘어섰으며 현지에 2만여 개의 일자리를 창출해 냈다.

　롱장 공업단지에 입주한 중국 기업들은 단지를 발판으로 베트남 현지 시장을 공략하거나 미국 또는 유럽으로 제품을 수출할 때 관련 혜택을 활용해 이익을 증대해 왔다. 퉁웨이(通威)사는 베트남 현지의 말린 생선가루와 옥수수 등 원재료를 활용해 현지 수요가 있는 목축업 사료를 생산해 판매했다. 그 결과 퉁웨이의 베트남 내 시장 점유율은 계속 상승하고 있다. 고급 동관 가공업체인 하이량동업유한회사(海亮铜业有限公司)는 롱장 공업단지에 입주함으로써 미국과 유럽의 반덤핑조치를 피할 수 있었고 베트남 공장의 생산량을 계속 늘리고 있는 것으로 알려졌다. 특히 2020년 8월 1일부로 EU·베트남 자유무역협정(FTA)이 발효됨에 따라 중국 기업들이 단지 내에서 생산한 제품을 EU 회원국으로 수출할 때 관련 혜택을 활용해 이익을 증대할 수 있을 것으로 기대된다. 중국 기업이 주로 해외로 진출하는 방직, 의류, 신발 제조 등의 노동집약형 산업은 대부분 EU가 관세를 감면해 주는 대상 품목이기 때문이다.

3) 캄보디아

캄보디아에는 캄보디아 시아누크빌(Sihanoukville)항 경제특구, 중국·캄보디아 타이분룽(Thai Boon Roong) 공업경제특구, 캄보디아 산둥상사 스바이리엥(山東桑莎, Svay Rieng) 경제특구, 스누올(Snuol) 경제특구, 화웨(华岳) 캄보디아 녹색농업산업단지, 캄보디아 치루(齐鲁) 경제특구 등이 조성되어 있다.

이 중 20개 국가급 해외산업협력단지에 포함된 단지이자 캄보디아 내 최대 경제특구인 캄보디아 시아누크빌항 경제특구(이하 시아누크빌항 경제특구)는 2008년 캄보디아 유일의 국제 항구도시인 시아누크빌에 설립되었다. 시아누크빌 국제공항과 3km, 시아누크빌항과 12km 거리에 있고, 캄보디아의 수도 프놈펜과는 4번 국도로 연결되는 곳에 위치하고 있다. 중국 측 개발 주체는 장쑤타이후(江苏太湖)캄보디아국제경제협력구투자유한회사로, 1992년 설립된 중국 500대 민영기업인 장쑤(江蘇)성 홍더우(红豆)그룹의 자회사 장쑤홍더우실업주식회사의 산하 기업이다.

시아누크빌항 경제특구의 총 계획 면적은 11.13km²로 1기에 방직 의류, 가죽제품, 목제품, 2기에 기계, 장비, 건축자재, 정밀화학 공업 등을 주요 산업으로 하는 가공 제조형 단지이다. 경제특구는 최종적으로는 친환경 신도시로 건설해 캄보디아의 '선전 특구'가 되는 것을 목표로 하고 있다.

2019년 기준 총 153개의 기업이 입주해 있으며 다수의 중국 기업과 소수의 유럽, 미국, 캄보디아 현지 기업 등으로 구성되어 있다. 대표적인 입주 기업으로는 남국봉제유한회사(南国制衣有限公司), 중정캄보디아유한회사(中正(柬埔寨)有限公司) 등이 있다. 기업들이 시아누크빌항 경제특구에 입주함으로써 누적 2만 9000개가 넘는 일자리가 생겨났다. 경제특구의 공업 생산액은 전체 시아누크빌주 경제의 절반 이상을 차지하고 있는데 이는 시아누크빌주 전체로 볼 때 시아누크빌에 위치한 공장 기업 대부분이 경제특구 입주 기업이기 때문이다. 향후 경제특구가 완공되면 300개의 기업이 입주해 8~10만 개의 일자리가 창출될 것

표 3-7 캄보디아 내 주요 중국 해외산업협력단지

단지 명	단지 유형	중국 측 개발주체	기업 소재지
캄보디아 시아누크빌항 경제특구 (西哈努克港经济特区)	가공 제조	장쑤타이후캄보디아 국제경제협력구투자유한회사 (江苏太湖柬埔寨 国际经济合作区投资有限公司)	장쑤
중국·캄보디아 타이분룽 공업경제특구 (中柬泰文隆工业经济特区)	가공 제조	푸젠중·캄투자유한회사 (福建中柬投资有限公司)	푸젠
캄보디아 산둥상사 스바이리엥 경제특구 (柬埔寨山东桑莎柴桢经济特区)	가공 제조	주청의류편직 수출입유한책임회사 (诸城服装针织进出口有限责任公司)	산둥
스누올 경제특구 (斯努经济特区)	종합	중치지주그룹주식유한회사 (中启控股集团股份有限公司)	산둥
화웨 캄보디아 녹색농업산업단지 (华岳柬埔寨绿色农业产业园)	농업 산업	화웨그룹유한회사 (华岳集团有限公司)	산둥
캄보디아 치루 경제특구 (柬埔寨齐鲁经济特区)	가공 제조	쯔보중더투자발전유한회사 (淄博众德投资发展有限公司)	산둥

자료: 中国国际贸易促进委员会研究院(2018), 中华全国工商业联合会, 각 해외산업협력단지 홈페이지를 종합해 필자 정리.

으로 예상하고 있다.

2018년 기준 시아누크빌항 경제특구 입주 기업 직원의 월평균 소득은 220달러로 캄보디아 의류업종의 월평균 소득인 100달러(최저임금 기준)보다 높은 수준이다. 특히 중국어 구사가 가능한 직원의 경우 월평균 소득이 600달러에 달하는 것으로 알려져 있다. 상대적으로 높은 임금 수준은 현지 주민의 생활 수준 향상에 기여할 수 있을 뿐만 아니라 나아가 캄보디아 내에서 중국 기업에 대한 긍정적인 이미지를 축적할 수 있다. 이는 장기적으로 일대일로의 5통 중 하나인 민심 상통 차원에서 긍정적인 효과를 거두는 데 도움이 될 것으로 보인다.

한 가지 주목할 점은 시아누크빌항 경제특구가 유럽과 미국의 무역 장벽에 직면한 기업을 유치한다고 밝히고 있다는 점이다. 이는 해당 기업들이 경제특

표 3-8 캄보디아 시아누크빌항 경제특구 입주 기업에 대한 우대 정책

구분	주요 내용
기업 소득세	· 6~9년간 면제, 이후 소득세율은 20% 적용
수출관세	· 면제
수입관세	· 생산에 사용되는 기계 설비, 건축자재, 부품, 원재료 등의 수입관세 면제
증치세	· 생산설비, 건축자재 등에 대해 증치세율 0% 적용 · 수출 시장에 서비스되는 원재료에 대해 증치세율 0% 적용 · 내수 시장에 서비스되는 원재료에 대해 증치세율 10% 적용

자료: 中华全国工商业联合会.

구에 입주해 캄보디아에 투자함으로써 서방 국가와의 무역 장벽을 피하는 효과를 얻을 수 있음을 의미한다고 볼 수 있다. 캄보디아는 미국, EU, 일본 등 국가 및 지역에서 일반특혜관세제도(Generalized System of Preferences: GSP)를 적용받고 있기 때문에 경제특구 입주 기업은 이를 활용할 수 있다. 일례로 2012년 8월 경제특구에 입주한 자푸가오캄보디아유한회사[嘉富高(東埔寨)有限公司]는 주로 PVC 크리스마스트리와 각종 크리스마스 용품을 생산하는 기업이다. 이 기업은 생산 제품의 80%를 미국에, 20%를 유럽에 수출하고 있기 때문에 경제특구에 입주해 제품을 생산함으로써 캄보디아산 제품이 유럽과 미국으로 수출할 때 적용받는 혜택을 누릴 수 있다.

4) 인도네시아

인도네시아는 아세안 회원국 중에서 중국 해외산업협력단지가 많이 조성되어 있는 국가이다. 중국·인도네시아 경제무역협력구, 중국·인도네시아 종합산업단지 칭산(青山)단지, 중국·인도네시아 쥐룽(聚龙) 농업산업협력구, 인도네시아 동칼리만탄섬 농공무역경제협력구 등이 조성되어 있고 단지 유형도 가공제조뿐만 아니라 자원 이용, 농업 산업 등으로 다양한 것이 특징이다. 20개 해외산업협력단지에 포함되는 단지도 총 3개로 다른 아세안 주요국보다 월등히

표 3-9 인도네시아 내 주요 중국 해외산업협력단지의 조성 현황

단지 명	단지 유형	중국 측 개발 주체	기업 소재지
중국·인도네시아 경제무역협력구 (中国·印尼经贸合作区)	가공 제조	광시농컨그룹유한책임회사 (广西农垦集团有限责任公司)	광시
중국·인도네시아 쥐룽 농업산업협력구 (中国·印度尼西亚聚龙农业产业合作区)	농업 산업	톈진쥐룽그룹 (天津聚龙集团)	톈진
중국·인도네시아 종합산업단지 칭산단지 (中国印尼综合产业园区青山园区)	자원 이용	상하이딩신투자그룹유한회사 (上海鼎信投资集团有限公司)	상하이
인도네시아 동칼리만탄섬 농공무역경제협력구 (印度尼西亚东加里曼丹岛 农工贸经济合作区)	농업 산업	루가오시솽마화공유한회사 (如皋市双马化工有限公司)	장쑤

자료: 中国国际贸易促进委员会研究院(2018), 中华全国工商业联合会, 각 해외산업협력단지 홈페이지를 종합해
필자 정리.

많다. 이는 단지 조성 이후에도 투자 관리 및 운영이 잘되고 있는 유효 단지가
많은 것으로 해석할 수 있다.

(1) 중국·인도네시아 경제무역협력구

중국·인도네시아 경제무역협력구(이하 중·인도네시아 협력구)는 중국이 인도
네시아에 설립한 최초의 국가급 종합공업단지이자 광시좡족자치구가 해외에
설립한 최초의 산업협력단지이다. 광시좡족자치구 정부가 100% 지분을 가지
고 있는 광시농컨그룹유한책임회사(广西农垦集团有限责任公司)가 2008년 설립했
고, 그린랜드 국제산업센터(Greenland International Industrial Center: GIIC)에 위치
하고 있다.

중·인도네시아 협력구의 총 계획 면적은 4.92km²이다. 1기(계획 면적 2.05km²)
의 주요 산업은 자동차 부품 제조, 기계 제조, 농산물 정밀가공, 건축자재, 물류
서비스 등이고, 2기(계획 면적 2.87km²)의 주요 산업은 보세 물류, 정밀 제조, 스
마트 제조 등이다. 최종적으로 공업 제조와 상업·무역 서비스가 통합된 현대화

표 3-10 중국·인도네시아 경제무역협력구 입주 기업에 대한 우대 정책

구분	주요 내용
기업 소득세	· 6년 내 실현한 투자 이익에 대해 30% 소득세 인하
수입관세	· 기업이 자체적으로 사용하는 생산 원재료, 기계설비, 부품 및 보조 설비 등 기본 물자에 대해 수입관세 면제
증치세 및 판매세	· 국내에서 구매한 수출품에 필요한 사치품과 원재료에 대해 증치세 및 판매세 면제
GSP	· EU의 GSP 적용에 따른 관세 감면

자료: 中华全国工商业联合会.

된 국제 산업협력단지를 구축하고, 인도네시아에서 중국이 우위를 가지고 있는 산업의 중요한 공급·판매·집산 센터가 되는 것을 목표로 하고 있다.

2019년 기준 중·인도네시아 협력구에는 중국, 일본, 프랑스, 뉴질랜드, 인도네시아, 말레이시아 등 국가에서 온 34개의 기업이 입주해 있다. 대표적인 입주 기업으로는 중국유전서비스주식유한회사(中海油田服务股份有限公司)와 중국시덴그룹유한회사(中国西电集团有限公司) 등이 있다. 협력구 내에는 약 3000명의 직원이 근무하고 있고 기계, 자동차 부품, 건축자재, 창고 물류, 식품 가공, 포장 인쇄 등의 산업 사슬이 초보적으로 구축되어 있다.

중국의 유명 유제품 기업인 멍뉴유업그룹주식유한회사(蒙牛乳业(集团)股份有限公司)도 협력구의 입주 기업이다. 멍뉴유업은 중국 기업으로는 처음으로 아세안 회원국에 세우는 유제품 생산 공장을 협력구에 건설했다. 2018년 11월 양산을 시작한 멍뉴 인도네시아 공장은 주로 자사 브랜드 'Youyi C(优益C)' 유제품을 생산해 자카르타를 포함한 인도네시아 주요 도시의 1만 2000여 개 상점에서 판매하고 있는 것으로 알려져 있다. 인도네시아는 인구 2억 7000만 명이 넘는 거대 시장이다. 멍뉴유업은 지금도 토지 매입을 통해 생산 공장 규모를 확대하면서 인도네시아 시장을 개척하기 위해 노력하고 있다.

(2) 중국·인도네시아 쥐룽 농업산업협력구

2011년 설립된 쥐룽 농업산업협력구(이하 쥐룽 협력구)는 중국 톈진(天津)시위원회가 확정한 톈진시 제13차 5개년 규획 기간 중점 프로젝트이다. 또한 중국 농업부가 지정한 제1차 전국 농업 국제협력 시범프로젝트이자 아세안 회원국 중에서는 처음으로 중국 정부의 확인 심사를 통과한 농업산업형 단지이다. 중국 측 건설 주체는 톈진시 빈하이신구(濱海新區)에 위치한 톈진쥐룽그룹이다. 다국적 유지(油脂) 기업으로 중국 국내에서는 톈진시, 장쑤성, 광둥성에 생산기지를 구축했고, 해외 진출(저우추취) 전략의 추진에 따라 해외에 대한 투자를 시작했다.

쥐룽 협력구는 인도네시아 6대 경제회랑 중 수마트라 경제회랑과 칼리만탄 경제회랑에 위치하고 있다. 쥐룽 협력구의 총 계획 면적은 4.21km²이며 하나의 구역, 여러 개의 단지, 협력 개발 및 전(全) 산업 사슬 구축을 목표로 총 5개 단지로 이루어져 있다. 칼리만탄섬의 중(中)칼리만탄 단지(1.68km²), 남(南)칼리만탄 단지(0.67km²), 서(西)칼리만탄 단지(1.26km²), 북(北)칼리만탄 단지(0.31km²)에는 10개의 대농장을, 람풍(Lampung)항 단지(0.29km²)에는 교통이 편리하다는 지리적 이점을 활용해 팜오일 가공 센터와 국제 물류 센터를 구축해 쥐룽 협력구를 동남아시아 팜(야자) 재배 기지로 구축할 계획이다.

쥐룽 협력구의 주요 산업은 오일팜 나무 재배 개발, 팜오일 초벌 가공, 정밀 가공, 포장, 생산, 창고 보관, 물류 등으로, 원재료 공급부터 판매까지 아우르는 통합 경영을 실현하고, 방대하고 완벽한 교통 운송 능력과 물류 네트워크를 구축하는 것을 목표로 하고 있다.

2019년 기준 쥐룽 협력구에는 17개의 기업이 입주해 있고 직접적으로 약 1만 개의 현지 고용을 창출해 냈다. 셴다화공(先达化工) 역시 쥐룽 협력구의 입주 기업 중 하나이다. 셴다화공은 쥐룽 협력구를 발판으로 인도네시아 현지에 적합한 신제품을 연구개발 해 오일팜에 적합한 제초제와 살충제를 출시했다. 이를 현지에서 판매한 결과 1년 만에 매출액 300만 위안을 달성했고 인도네시아 시장에서의 판매 규모를 확대하고 있다.

쥐룽 협력구의 특징은 우수 인재 양성을 위해 외국 국적 직원에 대한 훈련

표 3-11 중국·인도네시아 쥐룽 농업산업협력구 입주 기업에 대한 우대 정책

구분	주요 내용
수입관세	· 외국 기업이 2년간 생산에 사용하는 원재료의 수입관세와 비용 면제 · 협력구에서 수출 상품 생산에 사용되는 원재료의 수입관세 환급 가능
양국 간 협정	· 중국과 인도네시아 정부 간 체결한 '투자보호협정', '해운협정', '이중과세방지협정', 농업, 임업, 어업 등 분야에서 체결한 양해각서 등에 따라 중국 기업의 대인도네시 아 투자 보호

자료: 中华全国工商业联合会.

과 교육을 강화해 왔다는 점이다. 특히 인도네시아 현지인을 대상으로 농업기
술 훈련 교육을 실시해 왔고 그 누적 인원수가 10만 명이 넘는 것으로 알려졌
다. 현지인에 대한 교육은 현지 고용 창출과 더불어 기업이 현지 사회에 기여
할 수 있는 방법이다. 이는 중국 기업에 대한 현지 국민의 호감도를 높이는 데
긍정적으로 작용할 수 있다는 점에서 중국 기업이 해외산업협력단지를 플랫폼
으로 활용해 얻을 수 있는 또 다른 성과로 볼 수 있다.

(3) 중국·인도네시아 종합산업단지 칭산단지

2013년 설립된 중국·인도네시아 종합산업단지 칭산단지(이하 칭산단지)는
2013년 시진핑 주석이 인도네시아 방문 당시 양국 지도자 간 서명한 프로젝트
로서 양국 간 경제협력에서 중요한 의의가 있는 것으로 평가된다. 인도네시아
는 2013년 10월 시진핑 주석이 처음으로 '21세기 해상 실크로드'의 공동 건설
을 제창한 곳이기도 하다.

칭산단지 건설에 투자한 상하이딩신(上海鼎信)투자그룹은 칭산단지의 설립
에 앞서 2009년 저우추취(해외 진출) 전략을 추진하기 위해 인도네시아 술라웨
시광업투자유한회사(PT. Sulawesi Mining Investment)와 협력해 인도네시아 니켈
광산의 채굴과 수출 및 페로니켈 제련 산업을 시작했다. 상하이딩신투자그룹
은 30여 년간 니켈 철 산업에 종사해 온 칭산실업(青山实业) 산하 기업 중 하나
로 해외산업협력단지 프로젝트의 관리와 원재료 수입, 전기 기계제품 및 건설

표 3-12 중국·인도네시아 종합산업단지 칭산단지 입주 기업에 대한 우대 정책

구분	주요 내용
기업 소득세	· 특정 업종과 대규모 투자는 소득세 감면 신청 가능
수입관세	· 외국인 투자 기업이 사용하는 설비의 수입관세 면제 및 수출상품의 수입 원재료에 대한 세금 환급
증치세 및 사치세	· 인도네시아 국내에서 구매해 수출 상품 생산에 사용하는 물자에 대한 증치세 및 사치세 면제

자료: 中华全国工商业联合会.

설비를 칭산단지에 수출하는 역할을 담당하고 있다.

칭산단지는 20개 해외산업협력단지에 포함된 아세안 내 7개 해외산업협력단지 중 유일한 자원 이용형 단지로서 다른 단지와 차별성이 있다. 인도네시아는 세계적으로 광산물 자원이 풍부한 국가이다. 특히 칭산단지가 위치한 술라웨시섬에는 인도네시아 니켈 매장량 전체의 72%에 달하는 니켈이 매장되어 있다.

칭산단지의 총 계획 면적은 20km^{2}이고 주요 산업은 니켈 채굴, 페로니켈 및 스테인리스강 생산, 가공, 제련, 판매 등이다. 중국의 해외 페로니켈 자원 공급기지이자 스테인리스강 제품 생산 및 국제 마케팅 기지가 되는 것을 목표로 하고 있다. 완공 후 중국과 인도네시아 간 국제 생산능력 및 장비 제조 협력시범구와 산업협력 플랫폼이 되고자 한다. 이를 위해 구체적으로 연간 200만 톤의 스테인리스강 생산능력과 연간 판매액 40~50억 달러 달성을 목표로 하고 있다.

2019년 기준 칭산단지에는 중국, 홍콩, 일본, 프랑스 등에서 온 22개의 기업이 입주해 있고 현지 일자리 3만 개 이상을 직접적으로 창출한 것으로 나타났다. 칭산단지의 개발로 약 54억 달러에 달하는 중국의 기계 및 전력 설비의 수출이 이루어진 것으로 알려져 칭산단지는 해외산업협력단지의 조성을 통해 국제 생산능력 협력이 이루어진 사례로 볼 수 있다.

5) 라오스

라오스에는 라오스 비엔티안 사이세타(Vientiane Saysettha) 종합개발구와 라오스·중국 캄무안(Khammouan) 칼리암염 종합개발구 등이 조성되어 있다. 캄무안 칼리암염 종합개발구는 자원 이용형 단지로 분류되고, 비엔티안 사이세타 종합개발구는 종합형 단지로 라오스에서 유일하게 중국 상무부가 인정한 20개 국가급 해외산업협력단지에 포함된다.

2010년 설립된 라오스 비엔티안 사이세타 종합개발구(이하 사이세타 종합개발구)는 라오스의 국가급 경제특구이다. 사이세타 종합개발구는 라오스 수도 비엔티안의 동북부에 있는 사이세타에 위치하고 있다. 중국·라오스 철도 터미널에서 약 1.5km, 와타이(Wattay) 국제공항에서 19km, 계획 신공항에서 10km 거리에 위치하고 있어 입지 여건이 뛰어나다.

사이세타 종합개발구는 하나의 도시(비엔티안 산업생태신도시)와 4개의 구역(국제생산능력 협력지원구, 중국·라오스 협력개발 시범구, 비엔티안 신도시 핵심구, 거주구)으로 구성되어 있어 공업개발구 건설에 그치는 것이 아니라 신도시 건설을 최종 목표로 하고 있다.

사이세타 종합개발구의 총 계획 면적은 $11.5km^2$로 2030년 완공 예정이다. 주요 산업은 '5+2+2' 구도를 이루고 있다. 개발 1기(2012~2016년)에는 제조업에 중심으로 농산물 가공, 방직품 가공, 전자제품 제조, 바이오의약, 에너지 화학 등 5개 산업에 중점을 두고, 2기(2017~2021년)와 3기(2022~2030년)에는 각각 창고 보관 물류, 상업·무역 서비스의 2개 업종과 혼합형 산업인 본사 경제(headquarters economy), 대건강산업 등 2개 업종을 발전시킬 계획이다.

2019년 기준 사이세타 종합개발구에는 72개의 기업이 입주해 있다. 대표적인 입주 기업으로는 신시왕라오스유한회사(新希望老挝有限公司), 라오스·중국 둥옌석화주식유한회사(老中东岩石化股份有限公司), 라오스연합제약그룹유한회사(老外联合药业集团有限公司), 라오스·중국 철도유한회사(老中铁路有限公司) 등이 있다. 종

표 3-13 라오스 내 주요 중국 해외산업협력단지의 조성 현황

단지 명	단지 유형	중국 측 개발 주체	기업 소재지
라오스 비엔티안 사이세타 종합개발구 (老挝万象赛色塔综合开发区)	종합	윈난성해외투자유한회사 (云南省海外投资有限公司)	윈난
라오스·중국 캄무안 칼리암염 종합개발구 (老中甘蒙钾盐综合开发区)	자원 이용	쓰촨성카이위안그룹유한회사 (四川省开元集团有限公司)	쓰촨

자료: 中国国际贸易促进委员会研究院(2018); 国研网(2020.3.12)을 종합해 필자 정리.

표 3-14 라오스 비엔티안 사이세타 종합개발구 입주 기업에 대한 우대 정책

구분	주요 내용	
수익세 (profit tax)	기업 유형	생산 · 5~10년간 면제(상황에 따라 상이)
		무역 및 서비스 · 2년간 면제
		공공사업 서비스 · 5년간 면제
개인소득세	· 개발구 내 모든 직원은 0~5%의 세금 납부	
수출관세	· 개발구 내 모든 상품 수출에 대해 수출관세 면제	
수입관세	· 가공, 조립, 생산에 사용하는 기계, 설비, 부품, 공장 건설에 사용되는 재료, 생산 가공에 사용되는 원재료 등에 대한 수입관세 면제	
증치세	· 국외 제품을 수입해 개발구 내에서 사용, 가공, 생산, 판매하는 경우 증치세 면제 · 개발구 내 제품과 서비스가 개발구 밖에서 판매, 사용, 서비스될 경우 세율 10% 적용	
GSP 및 EBA	· GSP 및 EU의 EBA(Everything But Arms: 무기류를 제외한 모든 수출품에 대해 무관세·무쿼터 혜택) 적용에 따른 관세 감면	
토지 사용	· 개발구 내 토지 사용권 연한은 70년으로 규정(신청을 통해 99년까지 연장 가능) · 토지 사용권은 재양도와 재임대 가능	

자료: 中华全国工商业联合会.

합개발구에서 조업을 시작한 입주 기업들의 연간 생산 총액은 약 3억 달러이며 약 1500개의 일자리를 창출해 냈다. 입주 기업들이 계속 조업을 개시하게 되면 2021년에는 1만 개가 넘는 일자리가 창출될 것으로 예상되고 있다.

사이세타 종합개발구는 앞으로 지속 가능한 발전을 추구하는 녹색 단지 구축을 추진할 계획이다. 2020년 7월 16일 중국 생태환경부와 라오스 자연자원환경부가 '비엔티안 사이세타 저탄소 시범구 건설 협력에 관한 양해각서(关于合

作建设万象赛色塔低碳示范区的谅解备忘录)'에 서명함에 따라 종합개발구는 녹색기술, 녹색 장비와 녹색산업의 발전에 더욱 힘쓸 것으로 보인다.

4. 결어 및 시사점

지금까지 세계 각국에 조성된 중국 해외산업협력단지 중에서도 아세안 주요국 내 조성된 해외산업협력단지의 현황과 성과에 대해 살펴보았다. 이상의 논의를 종합하면 다음과 같이 정리해 볼 수 있다.

먼저 조성 시기에 따라 2000년대 중반에 조성하기 시작해 해외 진출(저우추 취) 전략에 기반하고 있는 단지와 중국·인도네시아 종합산업단지 칭산단지와 같이 2013년 이후 조성되어 일대일로 이니셔티브에 기반을 두고 설립된 단지로 나누어볼 수 있다.

그리고 해외산업협력단지의 중국 측 개발 주체가 저장성, 장쑤성, 광시좡족 자치구, 윈난성, 톈진시, 상하이시 등에 소재하고 있는 것으로 나타났는데, 이들 지역은 중국 내에서 경제가 비교적 발전한 동부 연안 지역이거나 해외산업협력단지가 조성된 해당 아세안 회원국과 지리적으로 인접한 지역이다.

해외산업협력단지의 입지 여건을 살펴보면 아세안 각국에서 주로 항구, 철도, 공항 등이 인접해 교통과 물류가 편리한 지역에 위치하고 있다. 단지의 주요 산업도 입지 결정의 주요 요인 중 하나라고 볼 수 있다. 예를 들어 자원 이용형 단지는 자원 매장량 등 관련 여건이 잘 갖추어진 곳에 위치하는 것이 유리하고, 가공 제조형 단지는 저렴하고 풍부한 노동력을 확보할 수 있는 지역에 위치하는 것이 중요하기 때문이다.

단지 면적의 경우 단지 유형에 따라 상이한 것으로 보인다. 아세안 내 7개 중국 해외산업협력단지 중에서 계획 면적이 가장 큰 곳은 중국·인도네시아 종합산업단지 칭산단지이다. 칭산단지의 경우 자원 이용형 단지로서 제련소 등

표 3-15 아세안 내 주요 해외산업협력단지 비교

구분	태국 태·중 라용 공업단지	베트남 롱장 공업단지	캄보디아 시아누크빌항 경제특구	중국·인도네시아 경제무역협력구	라오스 비엔티안 사이세타 종합개발구	중국·인도네시아 쥐룽 농업산업협력구	중국·인도네시아 종합산업단지 칭산단지
설립 연도	2005	2007	2008	2008	2010	2011	2013
계획 면적 (km²)	12	6	11.13	4.92	11.5	4.21	20
단지 유형	가공 제조	가공 제조	가공 제조	가공 제조	종합	농업 산업	자원 이용
입주 기업 수(개)	120	45	153	34	72	17	22
현지 고용 창출(개)	30,000	20,000	29,000	3,000	1,500	10,000	30,000

주: 입주 기업과 현지 고용 창출 수는 2019년 기준.
자료: 중국 주요 기관 자료, 新华丝路(2019.8.21), 中国新闻网(2019.4.22)를 종합해 필자 정리.

시설이 필요하기 때문에 보다 큰 부지가 필요하다.

중국 기업은 다양한 투자 동기와 목적을 가지고 아세안 주요국에 해외산업협력단지를 조성한 것으로 여겨진다. 먼저 아세안에 해외산업협력단지를 조성함으로써 중국 기업은 현지의 저렴한 노동력, 풍부한 자원, 편리한 교통 물류 여건을 활용했고 현지 생산과 판매를 통해 현지 시장을 개척하고 있다. 또한 중국은 일대일로 이니셔티브의 추진을 통해 국제 생산능력 협력을 계속 강조해 오고 있기 때문에 중국 내 과잉생산능력을 아세안 각국으로 이전해 중국의 산업과 현지 산업의 고도화를 도모하고자 한 측면도 있는 것으로 보인다. 이 밖에도 유럽과 미국 등 서방의 무역 장벽을 회피하려는 측면이 있는 것으로 볼 수 있다. 중국이 미국 등 서방 국가와 무역마찰을 빚고 있는 가운데 캄보디아, 라오스, 인도네시아 등 아세안 주요국은 EU 등 국가와 지역으로부터 일반특혜관세제도(GSP)를 적용받고 있다. 따라서 해외산업협력단지를 플랫폼으로 삼아 해당 아세안 회원국에 적용되는 우대 혜택을 활용하는 것 역시 중국 기업들이 아세안 주요국에 투자하는 주요 동기라고 볼 수 있다.

중국은 아세안 주요국에 해외산업협력단지를 설립함으로써 기업 유치를 통해 단지 내 생산을 증대하고 현지에 일자리를 제공했다. 입주 기업 수와 현지 고용의 증대는 투자 대상국의 경제발전을 촉진하는 역할을 하고 현지 주민의 생활 유지에 도움을 주었다. 이는 중국 기업에 대한 해당 국가 국민의 호감도를 높이는 효과도 기대할 수 있어 중국과 투자 대상국에 있어 긍정적인 성과라고 볼 수 있다. 다만 입주 기업 수나 고용 창출의 지표 측면에서 아직 절대적인 수치 자체가 크지는 않으므로 각 단지는 우수 기업 유치와 현지 일자리 창출에 계속 노력을 기울일 필요가 있다.

아세안 내 조성된 주요 해외산업협력단지는 중국의 해외 진출과 일대일로 이니셔티브 추진의 플랫폼으로서 적극적으로 추진될 것으로 보인다. 아세안 내 7개 해외산업협력단지 사례를 볼 때 가공 제조형 단지가 가장 큰 비중을 차지하고 있지만 향후 산업과 경제의 발전 추세에 따라 조성 당시 가공 제조형 단지로 건설되기 시작했더라도 산업 구조의 고도화와 질적 발전을 통해 관련 신산업이나 연구개발 등의 발전을 강화하는 방향으로 주요 산업 분야를 확대해 나가야 할 것이다. 또한 산업과 경제의 디지털 전환이나 탄소중립 실현을 위한 녹색전환 등과 같은 세계적인 추세를 반영해 해외산업협력단지의 발전 방향을 적절히 조정할 필요가 있다. 지속 가능한 발전을 목표로 시대 흐름에 맞는 다양한 시도를 통해 해외산업협력단지를 산업, 경제, 무역, 녹색 발전이 가능한 플랫폼으로 구축할 수 있을 것이다.

한국과의 연관성을 생각해 본다면 2019년 기준 중국은 한국의 최대 무역 대상국이고 아세안은 한국에게 있어 두 번째로 큰 무역 및 투자 대상 지역이다. 특히 아세안이 2019년에 처음으로 한국의 대세계 전체 수출에서 20%를 넘어서면서 한국에게 더욱 중요한 지역으로 부상했다. 아세안은 한국 정부의 신남방 정책의 추진 지역이고 신남방 정책은 한국의 국가 발전에서 중요한 한 축을 담당하고 있다. 이러한 상황에서 신남방 지역과의 협력을 촉진하기 위해 한국은 아세안 주요국에 조성되어 있는 중국 해외산업협력단지의 활용 방안을 검토해 볼 수 있고, 중국 해외산업협력단지에 이미 입주해 있거나 인근 지역에 진출해 있는 한국 기업과의 연계 발전 방향을 모색할 필요가 있다. 이는 한국이 중국 및 아세안과의 협력 가능 분야를 계속 확대해 나가는 방법이자, 제3국 시장 공동 진출을 위해 한중 간 협력을 추진할 수 있는 부분 중 하나라고 생각된다. 아울러 한국이 아세안에 조성하기 시작한 산업 협력 단지의 발전 방안을 수립하고 향후 새로운 산업 협력 단지의 조성을 검토할 때 아세안 내 중국 해외산업협력단지 개발 사례를 참고해 볼 수 있다.

참고문헌

国研网. (2020.3.12). "老中甘蒙钾盐综合开发区园区规划". https://h5.drcnet.com.cn/docview.aspx?
　　version=ydyl&docid=5772159&leafid=23322&chnid=5865(검색일: 2020.3.27).

商务部跨国经营管理人才培训教材编写组 编. (2018).『中外境外经贸合作园区建设比较』. 北京: 中国
　　商务出版社.

商务部对外投资和经济合作司"走出去"公共服务平台. (2010.8.10). "境外经贸合作区". http://fec.mofcom.
　　gov.cn/article/jwjmhzq/article02.shtml(검색일: 2019.4.15).

新华丝路. (2019.8.21). "2019年重点境外经贸合作区投资指南". https://www.imsilkroad.com/news/
　　p/382012.html.

人民网. (2020.8.27). "打造"一带一路"沿线国家境外示范园区". http://world.people.com.cn/n1/2020/
　　0827/c1002-31839065.html(검색일: 2020.8.30).

前瞻产业研究院. (2018.12.12). "2018年"一带一路"中国海外园区发展现状及2019年发展趋势分析". https://
　　www.qianzhan.com/analyst/detail/220/181211-5b4a1e81.html(검색일: 2019.11.20).

中国国际贸易促进委员会. (2015.5.22). "境外经贸合作区概况(一)". http://www.ccpit.org/Contents/
　　Channel_3362/2015/0522/462975/content_462975.htm(검색일: 2019.8.1).

中国国际贸易促进委员会境外产业园区信息服务平台. (2018.11.15). "纳入统计范围的境外经济贸易
　　合作区". https://oip.ccpit.org/ent/parkNew/138.

中国国际贸易促进委员会研究院. (2018).『中国境外经贸合作区投资指南(2018)』.

中国新闻网. (2019.4.22). ""一带一路"带旺中国·印尼经贸合作区". https://www.chinanews.com/gn/
　　2019/04-22/8816054.shtml(검색일: 2019.12.7).

中国政府网. (2019.6.18). "境外经贸合作区为啥"立得住"". http://www.gov.cn/xinwen/2019-06/18/
　　content_5401136.htm(검색일: 2019.7.10).

中华全国工商业联合会. "中国民营企业境外经贸合作区指南". http://www.acfic.org.cn/ztzlhz/llbgzhdzt/
　　2019zhinan/index.html.

陈艳华·张虹鸥·黄耿志·叶玉瑶·吴旗韬. (2019).「中国-老挝境外经贸合作区的发展模式与启示 — 以
　　万象赛色塔综合开发区为例」.≪热带地理≫, 第6期, pp.844~854.

柬埔寨西哈努克港经济特区. http://www.ssez.com/.

康吉国际投资有限公司(乌苏里斯克经济贸易合作区). http://www.kjgjtz.cn/.

江苏永元投资有限公司(埃塞俄比亚东方工业园). http://www.e-eiz.com/home.php.

老挝万象赛色塔综合开发区. http://www.lvsdz.com/.

牡丹江市龙跃经贸有限公司(俄罗斯龙跃林业经贸合作区). http://www.mdjly.cn/.

商务部对外投资和经济合作司. http://hzs.mofcom.gov.cn/.

商务部对外投资和经济合作司"走出去"公共服务平台. http://fec.mofcom.gov.cn/.

商务部对外投资和经济合作司中国境外经贸合作区. http://www.cocz.org.

越南龙江工业园. http://www.ljip.vn/web/zh/.

中欧商贸物流合作园区. http://www.cecz.org/m/.

中国·印尼经贸合作区. https://www.kitic.net/.

中国国际贸易促进委员会境外产业园信息服务平台. http://oip.ccpit.org.

中非莱基投资有限公司(尼日利亚莱基自由贸易区). http://www.calekki.com/.

中埃泰达苏伊士经贸合作区. https://www.setc-zone.com/.

聚龙农业产业合作区. http://www.jlaicz.com/.

坦亚洲之星农业产业合作区. http://www.asiasatar.com/.

泰国泰中罗勇工业园. http://www.sinothaizone.com/news.php?cid=17.

제4장

중국인 관광객과 동남아시아 관광산업의 성장

쩐 티 퇴이(Tran Thi Thuy) | 베트남사회과학원 중국문화역사연구실 주임연구원
[옮긴이] **정혜영** | 건국대학교 중국연구원 학술연구교수

1. 동남아시아를 방문하는 중국인 관광객은 얼마나 되는가?

1) 세계로 향하는 중국인 관광객

2010년 이후 중국인의 해외여행은 급격히 증대되었는데, 이는 중국인의 소득 증가와 깊은 관련이 있다. 중국인들은 대체로 식량 소비(28.4%), 주택 소비(23.4%), 교통 소비(13.5%), 문화 및 여가 생활(11.2%)순으로 소비하는 것을 좋아한다(中国统计局, 2019). 그중 관광은 중국인의 삶에서 중요한 여가 생활로 등장했다. 코로나19 팬데믹 직전에 발표된 「2019년 세계 여행 소비 통계(World Travel Consumption 2019)」 보고서에 따르면, 중국 여행 웹사이트(2013년 기준)는 600만 명 이상의 회원가입 데이터를 보유하고 있으며, 중국 인구의 56%가 관광을 위해 총소비의 20% 이상을 지출하고 있다고 밝혔다. 매년 전체 중국 인구의 63%가 인민폐 1만 위안 이상을 관광을 위해 지출한다고 한다(Mafengwo, 2018).

2010년부터 2014년까지 5년 동안 해외를 여행한 중국 관광객 수는 매년 평균 18% 급격히 증가했으며, 2017년 해외로 나간 중국인 관광객 수(1억 3051만

그림 4-1 코로나19 팬데믹 이전 세계를 여행한 중국인 관광객 규모   (단위: 만 명, %)

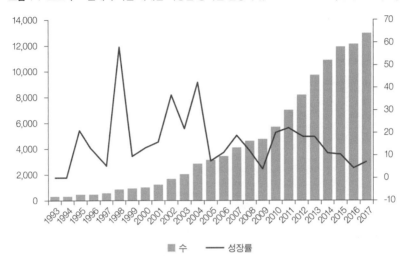

자료: World Tourism Cities Federation, Ipsos(2018).

표 4-1 2017년 및 2018년, 해외여행 상위 10대 국가의 관광객 규모 및 여행 지출 비교

	해외관광객 방문 횟수				해외관광객의 여행 지출 지표			
2017년 순위	관광객 송출국	2017년 해외여행 관광객 총수* (100만 회)	2018년 해외여행 관광객 총수** (100만 회)	2018년 순위	관광객 송출국	2018년 해외여행 지출 경비 (10억 달러)	성장률 2018/2017년 (%)
1	미국	153.7	-	1	중국	277.3	5.2
2	중국	130.5	149.7	2	미국	144.2	6.8
3	독일	-	-	3	독일	94.2	1.2
4	영국	72.8	71.9	4	영국	75.8	3.4
5	이탈리아	60.0	-	5	프랑스	47.9	10.5
6	캐나다	55.0	56.0	6	호주	36.8	9.7
7	프랑스	44.3	-	7	러시아	34.5	11.2
8	러시아	39.6	-	8	캐나다	33.3	4.3
9	한국	26.5	28.7	9	한국	32.0	0.9
10	스웨덴	23.0	-	10	이탈리아	30.1	3.8

주: *로 표시된 2017년 관광객 총수는 UNWTO의 세계 여행 통계 인용(2019년 1월, 5월).
　　**로 표시된 2018년 관광객 총수는 각 국가 관광 통계 데이터 자료 집계.
자료: UNWTO(2019).

그림 4-2 2017년 해외여행 지역별 중국인 관광객 분포　　　　　　　(단위: %)

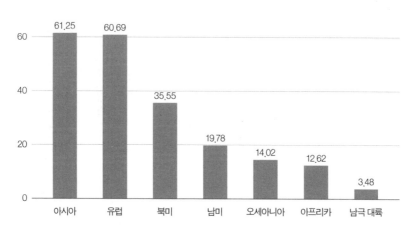

자료: World Tourism Cities Federation, Ipsos(2018).

명) 역시, 2016년 같은 기간 대비 7% 증가했다(World Tourism Cities Federation, Ipsos, 2018: 6). 팬데믹 변수를 감안하지 않은 매킨지 보고서 예측에 따르면, 이러한 수치는 2020년까지 3억 3500만 명에 이를 것으로 추산되었다(McKinsey, 2018). 2018년 베트남 관광청 자료에 따르면, 중국은 해외여행 지출 측면에서, 세계 최대 규모의 관광객 송출 규모를 보유한 것으로 분석했는데, 중국인은 미국인의 해외관광 지출 규모의 2배에 이르는 소비를 하는 것으로 분석하고 있다.

　팬데믹 이전 시기, 중국 관광객의 여행 목적지는 비교적 다양했는데, 2017년의 세계관광도시연맹(World Tourism Cities Federation)에 따르면, 중국 관광객들은 주로 아시아(61.25%)와 유럽(60.69%)을 여행했다고 밝혔지만(World Tourism Cities Federation, Ipsos, 2018: 11), 2018년 중국관광연구원의 발표에 따르면 중국 관광객의 89.03%는 근거리 아시아를 집중 방문한 것으로 나타났다(中国旅游研究院, 2018).

2) 중국인의 해외여행 수요 증가 원인

중국인의 해외여행 수요가 급격히 증가한 원인은 여러 요인으로 분석할 수 있다. 먼저 외부적 원인으로는 여행 정보 접근의 편리화, 용이해진 교통 연결성 및 편리한 비자 정책 등을 들 수 있다. 그러나 무엇보다 근본적으로 중국 경제성장, 중국 국민소득 증가, 중국 중산층의 소비수준 제고 및 중국인의 해외여행 경험의 증가이다.

특히 정보 기술의 발전과 함께 소셜 네트워크의 활성화로, 오늘날 여행 목적지에 대한 호텔 숙박 정보, 관광 명소 정보 같은 여행 관련 정보의 공유화와 여행 지식 확산이 크게 증가한 물리적 원인에 의해 중국인의 여행이 보편화되었다. 중국 내 관광 활성화와 함께 관광을 전문으로 하는 웹사이트는 빠르게 증가했는데, Ctrip(携程旅行), Qunar(去哪儿旅行), Fliggy(飞猪旅行), Tuniu.com(途牛旅游), Mafengwo.cn(马蜂窝旅游), eLong.com(艺龙旅行), Tongchenglvyou(Ly.com/同程旅行), Lvmama.com(驴妈妈旅游), Qyer.com(穷游网), tripadvisor.cn(猫途鹰旅游) 등이 그 대표적인 예라 할 수 있다. 특히 시트립(Ctrip)은 중국에서 4년 연속 최우수 관광 서비스를 제공한 기업으로, 3억 명의 회원을 보유한 가장 인기 있는 여행 서비스 통합 기업이다(思途智旅, 2018). 중국 정부는 2018년 중국인의 해외관광을 위해 비자 행정을 대폭 개선했는데, 이에 호응하기 위해 전 세계 66개국가 및 지역에서는 중국인 관광객 유치 확대를 위한 중국인 비자 정책을 적극 개선해 중국인의 여행 대중화 시대를 열었다(McKinsey, 2018).

마펑워(Mafengwo)의 보고서에 따르면, 2018년 해외를 방문했던 중국인 1인당 연평균 여행 횟수는 4회인데, 이 수치는 2016년 3.3회, 2017년 3.4회에 이어 지속 증가했다. 중국인의 해외여행 대중화에 영향을 미친 요소 중, 무시할 수 없는 영향은 인터넷 소셜 공간에 축적된 관광 정보 공유와 정보 교환이다. 이는 인터넷 공간이 불러온 새로운 관광산업의 변화이기도 했다.

3) 동남아시아에서 급속히 증가한 중국인 관광객

(1) 동남아시아 관광시장에서 압도적인 지위를 차지하는 중국인 관광객

동남아시아는 최근 몇 년 동안 중국 관광객이 가장 크게 증가한 지역이다. 중국인들의 기준으로 볼 때, 동남아시아는 중국인이 가장 좋아하는 해외여행지 중 하나인 것이다. 2014년부터 2016년까지의 중국의 해외관광개발 연례보고서를 살펴보면, 태국·베트남·싱가포르·말레이시아는 중국인이 가장 선호하는 10대 해외여행국에 포함되어 있는데, 이러한 선호도는 2014년부터 2016년까지 수년간 안정적으로 유지되었다. 특히 태국은 중국인이 가장 선호하는 상위 5개 여행국에 항상 포함되어 있는 국가이다.[1] 아세안 사무국의 통계에 따르면, 동남아시아로 들어오는 중국인 관광객은 2013년부터 2015년까지 지속적으로 증가한 것으로 나타나 동남아시아는 중국인이 선호하는 중요한 관광지임을 알 수 있다(ASEAN Secretariat, 2017).

2018년 베트남을 방문한 중국인 관광객 수는 약 500만 명에 달했는데, 베트남 방문을 주도한 해외관광객은 중국인이었으며, 당시 수년 동안 이러한 비중은 변하지 않았다(베트남을 방문한 해외관광객의 3분의 1 차지). 2018년 싱가포르를 방문한 중국인 관광객은 340만 명으로, 말레이시아에서 온 관광객과 호주에서 온 관광객보다 2배 많은 규모를 기록했다(Tổng cục Du lịch Việt Nam, 2018). 같은 시기 말레이시아 및 인도네시아를 방문한 중국인 관광객 수도 각각 200만 명을 넘어섰다. 중국인의 동남아시아 방문은 동북아시아 또는 기타 서구 국가에서 유입되는 관광객 수보다 훨씬 큰 규모를 기록했다.

---

1   2018년 태국을 방문한 중국 여행객은 1050만 명이었는데, 말레이시아를 방문한 중국인(400만 명)보다 압도적으로 많은 규모였으며, 태국을 방문한 한국 여행객(170만 명)과 일본 여행객(160만 명)보다 훨씬 큰 규모였다(Tổng cục Du lịch Việt Nam, 2018).

표 4-2 2014~2016년 중국인 관광객이 선호하는 10대 해외 방문지

순위	2014	2015	2016
1	홍콩(중국)	홍콩(중국)	홍콩(중국)
2	마카오(중국)	마카오(중국)	마카오(중국)
3	한국	태국	태국
4	태국	한국	한국
5	대만	일본	일본
6	일본	대만	베트남
7	미국	베트남	대만
8	베트남	미국	미국
9	싱가포르	싱가포르	싱가포르
10	말레이시아	러시아	말레이시아

자료: 樊志勇·阮氏秋淸(2018).

표 4-3 2018년 아세안 국가를 방문한 역외국가의 관광객 송출 규모(각국의 관광시장 규모)

(단위: 명)

관광객 송출국	베트남 방문	태국 방문	말레이시아 방문	싱가포르 방문
중국	4,966,468	10,535,955	2,944,133	3,416,475
한국	3,485,406	1,796,596	616,783	629,451
일본	826,674	1,656,100	394,540	829,664
미국	687,226	1,123,248	253,384	643,162
대만	714,112	687,701	383,922	422,935
러시아	606,637	1,472,949	72,785	84,525
말레이시아	540,119	4,097,604	-	1,253,992
호주	386,934	801,637	315,500	1,107,215
태국	349,310	-	1,914,692	545,601
싱가포르	286,246	1,067,309	10,615,986	-
영국	298,114	987,456	72,785	588,863
프랑스	279,659	749,643	139,408	204,766
독일	213,986	889,777	128,895	465,797

자료: Tổng cục Du lịch Việt Nam(2018).

(2) 중국인 관광객의 동남아시아 방문 증가 원인

동남아시아 국가가 중국인 관광객을 크게 유치할 수 있었던 요인은, 첫 번째, 지리적 근접성 및 문화적 유사성을 들 수 있다. 중국과 남쪽 국경을 공유하고 있는 국가는 동남아시아 10개국 중 3개 국가가 있는데, 라오스(국경 423km), 미얀마(국경 2185km), 베트남(국경 1281km)이다. 국경을 접하고 있다는 지리적 이점은 중국 관광객과 동남아시아 관광시장을 유기적으로 연결하는 중요한 지리 요건이다. 또한 지리적 근접성은 일상생활 방식과 신앙(믿음) 면에서 문화적 유사성이 조성되어 있다는 것을 의미한다. 따라서 이러한 나라들을 여행하는 중국인 관광객들은 관습 및 생활 습관과 관련된 장애물에 거의 직면하지 않는다. 중국 관광객의 여행 특성은 이동의 편리성과 국가공휴일 지정과도 연관이 있는데, 세계관광도시연맹의 보고서 분석에 따르면, 중국 관광객의 짧은 여행과 긴 여행의 특성에 따른 관광지 선호도를 비교한 결과, 동남아시아의 도시들은 중국인들이 짧은 휴가를 위해 방문하는 것으로 나타났다. 태국의 방콕, 치앙마이, 파타야, 말레이시아의 믈라카, 쿠알라룸푸르, 캄보디아의 프놈펜, 싱가포르 등이 중국인에게 인기 있는 단기 휴가지이다(World Tourism Cities Federation, Ipsos, 2018). 한편 유럽은 장기 휴가를 위해 중국인이 선호하는 관광지였다. 이 밖에도 우수한 자연 경관과 동남아시아의 전통문화자원은 중국 관광객을 동남아시아로 유인하는 중요한 요인이다. 동남아시아는 중국과 유사한 문화적 자원 외에도, 인종 및 종교 집단 등 다양한 문화자원을 보유하고 있다. 인도, 아랍, 서방, 중국의 문화가 마주치는 교차 지역으로서의 동남아시아는 동아시아와 서아시아, 지중해를 연결하고 있으며, 습식의 쌀농사를 짓는 전통적인 농업문화를 지닌 곳이다. 그러므로 신앙과 종교의 관점에서 볼 때 동남아시아는 '세계 종교의 고향'이라 할 수 있으며 이로써 파생된 다양한 문화자원이 관광지로서의 매력을 더하고 있는 곳이다(Dương Văn Huy, 2019: 15).

두 번째, 편리한 교통 연계를 통해 동남아시아 관광산업과 중국 관광산업의 협력 촉진이 중국인 관광객 유입을 도왔다. 지리적 관광 연계는 동남아시아와 중국 사이, 항공 연계뿐만 아니라 육상 도로 및 바다·강의 해상과 수상 교통 연계 확대도 촉진했다. 특히 저가 항공사가 운행하는 짧은 항공노선에 대한 소비는 중국 중산층 관광객의 지출 규모에 적합해 중국인의 해외여행 보편화에 기여한 요인으로 판단된다. 중국과 직접적인 국경선을 공유하는 3개국(미얀마, 라오스, 베트남)은 약 4000km의 국경 경계선을 통해 이동이 가능한데, 중국 관광객들은 자동차 도로 여행, 철도 여행 또는 수로 여행의 다양한 이동 수단을 선택할 수 있다. 「2019년 세계 관광 경쟁력 지수 보고서(Global Tourism Competitiveness Index Report 2019)」에 따르면, 아세안 국가들의 항공 운송 인프라, 도로 및 항구 인프라 관광 서비스 평균 점수는 관련된 전체 세계 지역의 종합 점수 집계에서 3.7점을 얻은 것으로 보고되었다. 특히 관광 인프라 점수가 가장 높은 국가는 싱가포르(5.5)였으며, 말레이시아(4.6)와 태국(4.6)은 인프라 점수 측면에서 경쟁이 치열한 지역으로 나타났다. 베트남은 항공 인프라가 가장 크게 개선된 국가로 평가되었다(World Economic Forum, 2019: 27~28).

특히 일대일로(一帶一路) 건설과 관련해 동남아시아 각국 정부와 중국 정부의 인프라 개발 협력 사업은 관광산업 협력을 촉진시키고 있는데, 관광업은 각 국가 간 형성된 인프라 통로를 가장 잘 활용할 수 있어, 아세안 각국 정부는 관광산업을 위해 인프라 연결을 촉진하는 입장에 있다. 2015년 10월 20일, '중국·아세안 박람회'에서 역내 지도자들은 중국과 아세안 간의 관광 교류를 위한 메커니즘 구축에 합의했다. 「일대일로 공동 구축을 위한 기여와 발전 전망(The Belt and Road Initiative Progress, Contributions and Prospects)」 보고서에 따르면, '일대일로' 건설을 촉진하기 위한 제2차 일대일로 국제회의에서 '관광 협력의 해'를 중국과 함께하기 위한 모임에 많은 역내 국가 지도자들이 참여 희망 의사를 보였다고 전한다.[2]

---

2   즉, 일대일로 리더십 연맹 사무실에서는, 일대일로 관광연맹(Silk Road Tourism Union), 해양실크로드 관광연맹(Maritime Silk Road Union), 만리장성 중국국제관광연맹(Great Wall of

2. 동남아시아 국가들은 중국인 관광객을 어떻게 유치하고자 하는가?

1) 아세안의 중국인 관광객 공동 유치 정책

아세안의 관광산업은 각 국가들의 경제 GDP를 높이는 중요한 산업이다. 세계관광위원회(World Tourism Council)에 따르면, 2016년 관광산업은 아세안 전체 GDP의 약 11.8%를 차지했다(ASEAN Secretariat, 2016: 17). 아세안은 관광산업의 GDP 기여를 2025년까지 12~15%의 규모로 끌어올리는 것을 목표로 한다. 이에 아세안 공동체는 지역 사회의 번영을 위한 관광산업의 중요성을 인식하고, 아세안 공동의 관광 커뮤니티 구축을 위해 여러 가지 공동 정책을 마련했다.

아세안이 발표한 '2016~2025년 관광산업 개발계획'에는, 아세안 각국이 독립적인 관광 방문의 목적지로서 타 지역과 비교해 지역 고유의 독창적 관광 경쟁력을 높이는 일곱 가지 전략을 담고 있다(ASEAN Secretariat, 2015). 구체적인 내용으로는 첫 번째, 홍보 강화 및 마케팅 촉진 전략이다. 아세안은 동남아시아 국가들 사이에 공통된 연계성을 만들어 아세안 역내 국가들이 공통적으로 진행 가능한 관광 마케팅전략을 세우는 것을 목표로 했다.[3] 아세안은 각 지역이 지닌 관광교통회랑을 따라 다양한 방문지가 연결된 통합 관광 브랜드를 만들고자 했는데, 메콩강 관광회랑 및 요트 관광 체인 구축, 적도 생태 관광지 개발, 리조트 관광회랑 개발, 모험 여행지 개발, 순례 여행지 개발 등이 그것이다. 특히 중국 관광시장을 겨냥해 2011~2015년 기간, 소셜 네트워크와 결합

China International Tourism Union), 万里茶道(차길 따라 만리 여행) 국제여행연맹과 같은 관광 협력 메커니즘 구축에 많은 국가가 가입했다고 밝혔다(新华网, 2019).

3　구체적으로 PDWG(ASEAN Tourism Product Development Working Group)와 MCWG (ASEAN Tourism Marketing and Communication Working Group) 간의 마케팅 활동을 조합해 공동 전략으로 활용되도록 했다.

된 웹사이트(www.dongnanya.travel, sinoweibo.com, Baidu.com)를 통해 디지털 관광마케팅을 단계별로 특화해, 중국인들이 아세안 관광 정보를 쉽게 얻을 수 있도록 했다.

두 번째, 관광상품의 다각화 전략이다. 관광상품의 다각화를 통해, 관광객의 체류 기간과 지출을 동시에 늘리기 위한 아세안의 고민을 해결했고, 이를 위해 관광상품 개발, 관광상품의 가격 전략, 홍보마케팅, 판로 개척, 관광상품의 질 제고 등을 모니터링했으며, 관광 서비스를 지속적으로 감독하는 등 참신한 관광상품 아이디어를 개발했다.

세 번째, 관광산업에 대한 투자 확대이다. 아세안은 수년 동안, 공식적 또는 비공식적으로 관광산업 개발을 위한 투자 유치 노력을 가해 왔다. 2008년 초 아세안은 「관광 투자 활성화 가이드(ASEAN Tourism Investment Guide)」를 발간했으며, 웹사이트(http://investasean.asean.org/)를 제작해 투자자들이 관광 분야 인프라 투자 정보를 쉽게 얻을 수 있도록 플랫폼을 마련했다. 이로써 아세안의 오락 및 레저 산업 등 관련 기업 투자 기회에 대한 정보 접근성을 강화했다. 이러한 노력으로 메리어트, 하야트, 인터콘티넨털과 같은 세계적인 호텔 체인들은 리조트 개발을 위해 부동산 투자를 강화할 수 있었다.

네 번째, 인적자원의 역량과 능력을 향상시키는 전략이다. 아세안 각국은 관광업에 종사하는 인적자원 교육 내용과 각국의 관광 인력개발 프로그램이 동일하지 않았다. 따라서 공동 브랜드로서의 인적자원 개발을 위한 표준을 마련하고, 고급 인력을 양성하기 위해, 아세안 회원국들은 공동의 관광 인적자원 관리 및 개발 네트워크를 구축하는 실행 로드맵을 개발했다.

다섯 번째, 아세안 관광산업에 대한 공동 기준을 만들고 확장하는 것이다. 여기에는 관광시설, 관광 서비스, 관광 지역에 대한 기준 마련이 구체적으로 포함되었다. 아세안 10개국은 관광업 재무 기준 및 관광 인적자원에 대한 각기 다른 다양한 공인 기준과 선정 과정을 지니고 있으며, 이를 평가하는 우선순위와 시스템도 각기 다르다. 이러한 문제를 해결하기 위해, 공동의 산업 표준 및 평가 기준 필요성에 따른 '2011~2015년 아세안 관광산업 계획안'을 기획했으며, 투명성 원칙에 따라 관광산업의 표준과 평가 기준 항목을 개발했다.

여섯 번째, 관광 인프라 건설과 그 인프라 연결성의 확장이다. 동남아시아는 여전히 도로와 항공노선 인프라 연결 수준이 낮은데, 해양 항만 및 도로 교통 인프라, 통신 인프라의 현대화 문제는 관광산업 발전과 연계된 중요한 개선 과제이다. 2012~2016년 기간 동안, 아세안 각국은 인프라 건설에 대한 지출을 지속적으로 증가시켰는데, 예를 들자면, 필리핀(12.6%), 베트남(11.5%), 태국(10.3%), 말레이시아(8.7%), 인도네시아(8.6%), 싱가포르(4.3%)의 인프라 건설 증가율은 각국의 성장률보다 높은 수치를 나타냈다(The PwC-Vietnam, 2018).

일곱 번째, 관광시설의 확충과 관광 행정 개선이다. 동남아시아로 유입되는 중국인을 비롯해, 해외관광객 유치를 확대하기 위해, 육상·항공·해상 교통뿐만 아니라, 해상과 육상 국경 통관 절차는 행정이 간소화될 필요가 있다. 대부분의 아세안 회원국은 장기 체류 관광객에게 행정상 불편을 제공했으며, 체류 비용 측면에서도 매력을 지니지 못해 이로 인해 아세안은 먼 곳에서 방문하는 해외관광객을 유치하기가 어려웠다. 이에 여행을 좀 더 편리하게 하는 방법을 찾는 일은 아세안 관광 공동체가 공동으로 노력하고자 하는 방향이다.

관광업 개발과 발전에 대한 아세안의 공동진흥정책에 따라, 아세안 각국은 중국인 관광객 유치 정책에도 특별한 공동 관심을 가지고 있다. 이를 위해 강조되는 것은 경제 인프라 회랑을 통해 아세안 관광브랜드를 구축하는 것인데, '란창(瀾滄)강·메콩강 관광회랑'(이하 란창·메콩 회랑)이 대표적이다. 캄보디아, 라오스, 미얀마, 태국, 베트남 및 중국을 포함한 6개국은 '란창·메콩 관광협력 도시연맹(the Lancang Mekong Tourist Cities Cooperation Alliance)'을 결성해 관광 협력을 촉진하고 있다(The ASEAN Post, 2018). 이 사업은 란창·메콩 회랑을 따라 6개 국가의 26개 도시를 연결하는 사업으로, 이 사업과 관련해 6개국은 메콩강에 대한 투자 및 인프라 개선 협력을 촉진하기 위해 '란창·메콩 관광 협력 양해 각서 초안'에 서명했다. 회랑에 위치한 도시들은 고급 서비스가 제공되는 관광

상품을 개발하기 위해 새로운 항공노선과 크루즈 노선을 추가하고, 다양한 관광상품을 늘리는 데 중점을 두고 있다.[4] 아세안과 중국이 관광산업 발전을 위해 가장 활발하게 진행하고 있는 박람회는 중국 난닝(南寧)의 중국·아세안 엑스포(이하 CAEXPO)이다. 이 CAEXPO는 2004년부터 이어져왔는데, 중국·아세안 자유무역지대 건설을 관광으로 촉진하려는 중국의 독창적 아이디어에서 고안되었다. 2019년까지 CAEXPO는 총 16회가 열렸으며, 특히 관광 분야에서 중국 및 아세안 관광 비즈니스를 연계해 관광 관련 산업의 세부 협력을 가능하게 하는 중요한 지역 포럼 역할을 하고 있다.[5] 이와 같이 동남아시아 각국은 관광객 이동의 지리적 장점을 적극 활용해, 중국인 관광객 유치가 가능한 잠재적 관광자원 개발 협력으로, 중국과 양자 및 다자 지역·경제 관계 발전을 기하고 있다.

중국 관광객을 유치하기 위해, 아세안 국가들이 개선한 관광 서비스기술 사업은 전자지갑(E-wallet)을 통해 간편한 여행 지불 방법을 도입한 것이다. 전자지갑은 모바일 이동통신을 통해 대금을 결제하는 방식으로 해외를 여행하는 중국 관광객이 가장 선호하는 형태이다. 세계관광도시연맹에서 조사한 바에 따르면, 중국인 관광객은 모바일 애플리케이션과 유니언페이(Union Pay)를 통해 숙박비를 결제했는데, 각각 51.66%와 49.37%의 결제 비중을 차지하는 것으로 나타났다(World Tourism Cities Federation, Ipsos, 2018). 따라서 일부 동남아시

---

4 2016년 이 연맹이 설립된 후 지금까지 중국 윈난성과 하이난(海南)성 싼야(三亞)의 관광업계 대표자들은 연례 협력 회의를 지속 진행하고 있다. 2017년 싼야에서 개최된 '란창·메콩 관광 도시 협력 포럼'에는 200명 이상의 외빈이 참여했는데, 관광회랑에 위치한 18개 도시의 대표자들이 함께 참여하는 성대한 행사로 진행되었다. 연맹 당사국들은 관광 협력을 촉진하기 위해 공통적인 관광 공동체 메커니즘 구축, 새로운 항공노선 개발 및 여행 상품 개척, 보트 또는 요트 상품의 브랜드화를 구축하기 위해 힘을 모으고 있으며, 관광 관련 국제행사와 인적자원 훈련 등의 행사 진행에 중요성을 부여하고 있다(YunnanGateway, 2017).
5 CAEXPO는 포럼 개최와 관련 박람회 부스 설치 외에도, 해당 국가의 관광지를 소개해 지역 관광 활성화를 촉진하고 있다(Báo điện tử Đảng Cộng sản Việt Nam, 2019).

아 국가에서는 중국식 결제 서비스를 관리하는 회사와 협업을 시작해 중국인에게 결제 편의를 제공했는데, 특히 싱가포르는 중국인의 소비 방식과 트렌드를 발 빠르게 파악하고 중국과의 협력을 통해 전자지갑 결제를 보편화했다. 인도네시아를 가장 많이 방문했던 중국인 관광객이 싱가포르로 여행 방문지를 변경하게 된 데에는, 2018년 8월, 싱가포르 관광청이 알리페이(Alipay)와 손잡고 현금 없는 결제 관광이 이루어지도록 노력한 바가 있었기에 가능했다(World Tourism Cities Federation, Ipsos, 2018). 2017년 11월, 베트남 국영 결제 주식회사(National Payment Corporation: NPAS)에서도 중국 알리페이와 협력 계약을 하고, 베트남을 방문하는 중국 관광객이 알리페이 결제 응용 프로그램으로 쇼핑을 할 수 있도록 했다(NetNews, 2017).

2) 동남아시아 주요국의 중국인 관광객 유치 사례

(1) 태국

중국 관광객은 태국 관광산업의 중요한 비중을 차지하고 있다. 2018년 관광으로 태국에 입국한 중국인은 1000만 명 이상으로, 중국인은 태국에 입국한 전체 관광객의 3분의 1을 차지했다. 태국을 방문하는 중국인 관광객 수는 말레이시아 관광객 수의 2배이며, 한국·일본·싱가포르에서 유입되는 관광객의 5배 규모를 기록했다(Tổng cục Du lịch Việt Nam, 2018). 이처럼 태국이 중국인들에게 매력적인 관광지로 보일 수 있었던 데에는, 태국의 독특한 관광산업 정책이 있었기에 가능했다. 먼저 태국은 동남아시아 다른 국가와 비교해 관광자원, 관광 인프라 시설, 관광 인적자원 및 관광상품 측면에서 높은 우위를 지니고자 노력했다. 세계경제포럼의 관광 경쟁력 지수 보고서에 따르면, 태국은 관광 경쟁력 측면에서, 세계 31개국 중 14위를 차지해, 싱가포르(17위)와 말레이시아(29위)와 함께 동남아시아에서 관광 경쟁력 지수가 높은 상위 국가에 올라 있다(World Economic Forum, 2019). 태국의 관광 경쟁력 지수는, 비즈니스 환경(4.9

점), 인적자원(5.1점), 항공 산업 인프라(4.6점), 관광 서비스 인프라(5.9점), 관광 재원 마련(4.8점) 항목에서 높은 점수를 받았는데, 특히 태국의 관광 서비스 인프라 및 재원 마련 지수는 동남아시아에서 1위를 차지하고 있다.

두 번째, 태국은 중국인 관광수요 시장과 긴밀한 연결을 하기 위해 중국과 협력해 도로·철도·항공 운송의 교통 인프라를 적극 개선하고자 했다. 중국과 태국 도시 연결 노선에 많은 중소 항공 직항 편을 개설해 태국의 주요 관광 도시와 중국을 가깝게 연결했다.[6] 방콕 공항은 세계에서 가장 바쁜 공항 중 하나인데, 방콕 공항의 수용 능력은 4500만 명에서 6000만 명의 승객 수용이 가능하도록 매년 확대되고 있다.[7] 나아가 태국 정부는 중국과 라오스를 지나는 873km의 고속철도 개통을 위해 협력 중이다. 이 고속철도는 중국에서 태국으로 관광객과 물류를 운송하는 중요한 육상운송 수단이 될 것으로 예상된다.

세 번째, 태국 정부는 특히 중국인을 적극 유치하기 위한 태국의 관광산업 홍보에 집중했으며, 태국 관광상품을 세계에 알리기 위한 많은 캠페인을 벌였다. 1990년대 후반부터, 적극적인 관광 홍보 캠페인 정책을 추진했는데, 예를 들자면, '해변, 사원, 태국 사람들'을 관광자원으로 결합시킨 'Amazing Thailand' 홍보가 있다. 또한 '돈의 가치' 대신 '경험의 가치'를 관광객에게 전달하면서 새로운 관광트렌드를 열었다. 소비 수준이 높은 부유한 중국인 관광객을 유치하고자 중국 친화적인 정책을 장려하고, 중국어와 중국 문화를 사용한 중국 친화적인 관광 홍보를 펼쳤으며, 위챗(Wechat)과 같은 소셜 미디어 사용을 관광홍

---

[6] 중국 준야오항공회사(Juneyao Airlines)는 상하이에서 방콕까지 왕복하는 새로운 노선을 주 7 회 운항 및 증편하는 등 노선을 다양화했다. 중국남방항공(China Southern Airlines)은 광저우에서 방콕까지의 항공편을 주당 21편에서 35편으로 늘렸다(Rodyu & Wetprasit, 2018).

[7] 2016년 6월, 태국은 향후 15년 내 최적의 항공 운항 시스템 구축을 완비하기 위해, 55억 달러 규모의 투자 패키지를 발표했다. 수완나품 공항, 돈므앙(Don Muean) 국제공항, 푸껫 국제공항, 치앙마이 국제공항, 핫야이(Hadyai) 국제공항, 치앙라이(Chiang Rai) 국제공항의 6개 공항은 2030년까지 1억 5000만 명의 승객 수용 능력을 갖추도록 할 방침이다(Netherlands Embassy in Bangkok, 2017).

그림 4-3 2017년과 2018년 태국 내 중국인 관광객의 월별 방문객 수 변화 비교   (단위: 명)

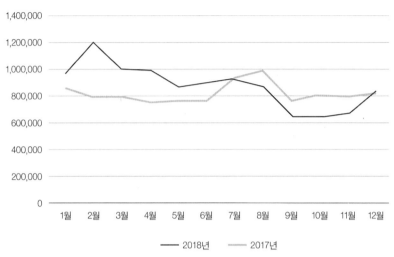

자료: Thaiwebsites(2019).

보 서비스 수단으로 과감히 도입했다(Rodyu & Wetprasit, 2018).

네 번째, 태국 정부는 중국 관광객을 위해 특별한 비자 정책을 시행했다.[8] 태국 관광청은 중국 관광객 유치 확대를 위해, 2020년부터 중국인 복수 입국 비자 정책이 시행되도록 검토했으며, 중국 관광객의 편의를 위해 중국 현지에 서 시행 가능한, 태국 입국 사전 온라인 등록 제도를 검토하고 있다고 밝혔다 (Taylor, 2019). 중국인을 위한 태국 정부의 이러한 노력은 2018년 유람선 사고 이후 태국 공항에서 정체되었던 중국인 입국 감소율을 개선하며, 중국 관광객 의 태국 방문을 자극하기 위한 노력으로 판단된다.

---

8   태국 정부는 복수입국에 대해 6개월 비자정책을 제공하면서 중국 관광객의 도착비자(visa-on-arrival)에 대해 수수료를 낮추었다(Netherlands Embassy in Bangkok, 2017). 2018년 7월 유람 선 사고로 중국인 47명이 사망했을 때, 태국 정부는 이례적인 특례법을 적용해, 2018년 8월 태 국 5대 공항에서 중국 여권으로 입국하는 중국인들을 신속 통관시키는 특별 진입로를 열었다.

(2)인도네시아

2018년 인도네시아로 유입된 중국인 관광객은 210만 명에 이르렀는데, 인도네시아는 말레이시아가 유치한 중국인 관광객 250만 명에 이어, 다음 규모로 큰 중국인 관광객 유치 국가로 부상했다. 그러나 2019년도는, 해외를 여행하는 중국 관광객의 1.62%만이 유입되면서, 인도네시아 정부가 중국인 관광객 유치 확대 정책을 적극 마련하게 된 계기가 된 해였다(Chinareport, 2019).

먼저 비자 우대 정책이 있다. 특히 도착비자(visa-on-arrival)에 대한 정책에서, 중국인은 6개월 이상 유효한 여권만 소지하면, 인도네시아 국제공항에 도착한 후, 7일 동안 체류 가능한 비자(수수료 10달러)를 신청할 수 있다. 이 정책은 2005년 8월부터 시행되어 온 것으로, 인도네시아 정부는, 이 정책을 다른 아세안 국가들과 연계해, 역내 국가로부터 경유하는 중국인 관광객 방문 비중을 높이기 위한 목적으로 진행하고 있다.

두 번째, 교통정책이 있다. 2008년, 인도네시아 국영 항공사인 가루다(Garuda)는 중국과 연결되는 30여 개의 새로운 노선을 개설했으며, 인도네시아 수도와 중국의 주요 도시를 연결했다.[9] 라이언항공(Lion Air) 및 바타비아항공(Batavia Air)과 같은, 인도네시아 저가 항공사도 중국 도시와 인도네시아를 연결하는 새로운 항공편을 개설해 중국과 인도네시아의 항공 인프라 연계를 강화했다.

세 번째, 관광 홍보 정책이 있다. 인도네시아 정부는 중국 내 존재하는 다양한 채널을 활용해 중국인의 자국 내 관광 촉진을 위한 홍보를 강화했다. 2007년 초부터, 중국어 버전의 여행 컨설팅 웹사이트를 운영했으며, 광저우에는 여행 사무소를 두어 운영해 왔다. 또한 관광산업 서비스 종사 직원의 중국어 수준을 높였다. 인도네시아 정부는 중국 공상은행과 협력해, 자국 내에서 이루어

---

[9] 예를 들자면, 베이징·자카르타 노선 주 12회, 광저우·자카르타 노선 주 12회, 상하이·자카르타 노선은 주 6회로 증편되었다(吳崇伯, 2012). 또한 가루다항공은 상하이에서 발리까지 직항 노선을 개설하고 청두(成都), 충칭(重慶)과 같은 중국의 주요 도시를 연결하는 노선을 개설했다.

지는 중국인의 카드 사용에 대해 많은 혜택을 제공했으며, 2009년에는 공상은
행과 함께, 중국 3대 주요 도시(베이징, 상하이, 광저우)에서 '인도네시아 여행 대
바겐세일' 캠페인을 벌였다. 가루다항공이 중국 시트립과 맺은 서비스 협약도
중국인 관광객 유치와 관련이 있다.[10] 결과적으로 이러한 활동은 중국인들에
게 인도네시아 관광을 더욱 친숙하게 만드는 데 기여했다.

네 번째, 인도네시아 정부는 관광 전시회 및 투자 관련 활동을 관광 홍보 수
단으로 적극 활용했다. 베이징에 있는 인도네시아 대사관 및 관광 관련 부서에
서는 '인도네시아 위크'를 개최해 중국 고객을 위한 인도네시아 관광 정보 및
투자 기회를 널리 홍보했는데, 이러한 활동을 샤먼과 같은 잠재적 관광 협력이
가능한 도시들과 연계하면서 전국적 활동으로 확장시켰다.[11]

다섯 번째, 인도네시아 정부는 시안(西安)에서 시작하는 일대일로 사업, 즉
도시를 연계하는 연계성 사업을 관광사업과 접목했다. 2018년과 2019년 2년
간, 인도네시아 정부는 무역진흥활동의 일환으로 시안에서 '다채로운 인도네
시아(精彩印尼)' 캠페인 활동을 벌였다. 인도네시아를 방문하는 중국 관광객의
65%가 발리 방문에 집중되었기 때문에, 시안에서의 캠페인은 중국 관광객에
게 새로운 인도네시아 관광지를 소개하는 것을 목표로 했다(Chinareport, 2019).

마지막으로, 관광객 유치 활동과 병행된 중국인 관광사업 투자 유치 활동이
있다. 2019년 6월, 인도네시아 발리에서는 '중국·인도네시아 문화관광 투자

---

10 2011년 9월, 인도네시아 가루다항공은 중국 고객에게 관광상품과 서비스를 확대하기 위해 시
    트립과 관련 협약을 체결했다. 중국 최대 온라인 여행 서비스 제공업체인 시트립과의 협업으
    로 인해, 인도네시아는 자국을 방문하는 중국 관광객을 위해 더 많은 옵션을 제공할 수 있게
    되었다. 이에 따라 가루다항공은 자회사 가루다 에어홀리데이(Garuda Air Holiday)를 설립
    해, 중국 관광객을 위해 이동셔틀 제공, 숙박, 휴대전화 대여, 서핑, 다이빙 상품 등 70가지 추
    가 여행 옵션 상품을 개발했다(吳崇伯, 2012).
11 2011년 5월, 150명의 인도네시아 대표단은 샤먼에 도착해 인도네시아의 무역 및 투자, 관광
    촉진을 위한 포럼을 개최했는데, 여기에는 인도네시아의 공무원, 사업가, 관광업 종사자, 저
    명 화교 인사 들이 포함되어 있었다.

세미나'가 개최되었다(Investgo, 2019). 이 세미나는 발리의 중국비즈니스협회, ALP문화관광그룹, 영웅회(英雄汇)가 주최했는데, 특히 중국 문화 및 관광 관련 기업의 해외투자가 발리 및 인도네시아의 관광 투자로 연결되기 위한 촉진 활동이었다(Investgo, 2019).

(3) 베트남

베트남은 가장 많은 중국인 관광객을 유치한 동남아시아 국가 중 하나이다. 2018년 중국인 관광객은 약 500만 명에 달했으며, 2017년에 비해 23.9% 증가한 수치를 나타냈다. 베트남을 방문하는 총 외국인 방문객의 30% 이상을 중국인 관광객이 차지했다. 2018년 베트남 전체 관광경제의 24.7%는 중국인 관광객의 소비로 채워진 것이다(Tổng cục Du lịch Việt Nam, 2018). 베트남 관광산업에서 가장 중요한 국가 지위를 중국이 차지함에 따라, 베트남 정부는 중국 관광객, 특히 중국인 고소득층 관광객을 유치하기 위해 많은 정책을 시행했다. 베트남 정부는 2017년 1월 16일 '결의 08-NQ/TW'를 바탕으로 관광산업을 주요 경제 분야로 발전시키는 것에 관한 정부행동이행결의문서(번호) '103/NQCP'를 공포했다. 베트남 정부의 결의안 문서 '관광산업의 핵심경제지위를 위한 관광개발 이행 정부행동결의 No.08-NQ/TW-16/01/2017'에 따라, 베트남의 관련 행정 부처에서는 여덟 가지 행동 임무를 각 하급행정기관을 위해 확정했으며, 세부 분야는 각각의 지방행정기관으로 하달했다. 그 구체적인 내용은, 관광 발전에 대한 인식 제고, 관광산업 구조조정, 관광정책 및 제도 개선, 관광산업 인프라 및 시설 기술개발투자 등을 담은 관광산업 촉진을 기반으로 하고 있다. 또한 관광업 관련 기업에게 행정 편의를 제공하고, 관광 인적자원 개발을 위해 국가의 전략적 관리를 강화시켰다(Chính phủ Việt Nam, 2017). 베트남 법령 'No.07/2017/ND-CP'(공포일: 2017년 1월 25일)의 시행령은 중국을 포함해 베트남에 입국하는 40개 국가의 방문객을 위한 전자 비자 시행에 관한 것이다.

항공 게이트 외에도 베트남으로 입국하는 중국인의 주요 입국 경로는 중국

표 4-4 2018년 베트남 관광 경제에 공헌한 상위 10대 관광객 송출국

관광객 송출국 (단위)		국제 관광객 방문 횟수			해외관광객의 총 국가 수입		
		방문 횟수(명)	비중(%)	2017년 대비 증가 및 감소 비중(%)	경제가치 (10억 동)	비중(%)	2017년 대비 증가 및 감소 비중(%)
총계		15,479,791	100		383,000	100	
1	중국	4,966,468	32.0	+1.0	94,700	24.7	+0.8
2	한국	3,485,406	22.5	+3.8	92,000	24.0	+4.1
3	일본	826,674	5.3	-0.9	17,900	4.7	-0.7
4	대만	714,112	4.6	-0.2	15,300	4.0	-0.1
5	미국	687,226	4.4	-0.3	22,300	5.8	-0.4
6	러시아	606,637	3.9	-0.5	20,600	5.4	-0.7
7	말레이시아	540,119	3.5	-0.2	9,400	2.4	-0.2
8	호주	386,934	2.5	-0.4	14,200	3.7	-0.6
9	태국	349,310	2.2	-0.1	5,800	1.5	-0.1
10	영국	298,114	1.9	-0.3	7,600	2.0	-0.3
11	기타 국가	2,636,791	17.0	-2.0	83,200	21.8	-1.8

주: 10억 동(VND)=한화 약 5000만 원.
자료: Tổng cục Du lịch Việt Nam(2018).

의 남쪽 국경과 베트남의 북쪽 국경을 연결하는 세 곳의 국경 게이트가 있다. 즉, 몽까이(Mong Cai)·꽝닌(Quang Ninh)성, 후응이(Huu Nghi)·랑선(Lang Son)성, 라오까이(Lao Cai)·라오까이성이다. 중국과 국경을 접한 베트남 북부 7개성의 국경 관광 협력은 지역경제의 중요한 부분이자, 또한 베트남 전체의 관광경제에서도 중요한 비중을 차지한다. 최근 몇 년간, 베트남 정부는 중국 관광객 유입을 증가시키기 위해, 꽝닌성 정부로 하여금, 일부 지역에서 9석 미만의 차량에 대해 중국인 자가운전을 시범적으로 허용하도록 했다. 이에 따라 베트남과 중국 여행사들은 동씽(Dong Xing)과 몽까이에서 국경 간, 자가운전 관광 프로그램을 진행했다(Nguyễn Tuyền, 2016). 이와 같은 국경 진입 외국인 관광 차량의 자가·자율 운행 프로그램은, 인근 국경도시로도 확대될 것으로 기대된다.

3. 향후에도 동남아시아 국가들은 중국인 관광객을 지속 환영할 것인가?

그동안 중국인들의 해외여행은 중국 경제성장, 국민소득의 증가, 여행 정보 획득의 용이성, 교통 인프라 연결의 편리성으로 인해 큰 폭으로 증가되었다. 중국은 전방위적으로 세계 곳곳에 관광을 통해 진출함으로써, 세계 각 지역에서 새로운 관광산업과 관광경제를 개척하기 시작했다. 동남아시아 지역은 그중 하나로 두드러진 관광업 성장세를 보였다. 중국인의 관광 소비는 세계 곳곳의 관광 수입에 큰 영향력을 미치게 되었는데, 아세안 국가는 중국인 관광 방문 비중이 가장 높은 지역이기도 했다. 이에 따라 중국인 관광객은 동남아시아 관광산업 발전에도 크게 기여한 측면이 있다. 이에 많은 동남아시아 국가들은 중국 방문객의 관광 잠재 수요를 지속적으로 확대시키기 위해 중국 관광객 유치 확대 전략을 마련했으며, 각국이 지닌 독특한 관광산업 장점을 살려, 중국 인에게 관광 특혜 정책을 시행했다.

그러나 동남아시아 관광산업은 향후 중국인 관광객 증가에 대한 희망적 기대와 더불어, 여러 객관적이고 주관적인 우려 사항들도 동시에 안고 있다. 심각했던 코로나19 팬데믹 상황을 제외하더라도, 이미 동남아시아 지역에서 중국인 관광객 성장률이 둔화되고 있었다는 사실은 동남아시아 관광산업의 미래 대비 측면에서 몇 가지 암시를 던져준다.[12] 중국 여행객 감소의 외부 원인은 중국 경제성장률의 하강 때문인 것으로 보이는데, 위안화 가치 하락, 중국 정부의 외환 정책, 미·중 무역 분쟁 등이 중국 소비자가 해외에서 지출하는 소비를

---

[12] 베트남과 태국의 경우, 중국 방문객의 증가율이 지속적으로 감소 추세에 있다. 베트남의 2016년 중국인 관광객 증가 추세는 51.4%, 2017년 48.6%, 2018년 23.9%로 중국인 방문 증가 율이 지속적으로 낮아졌다(Tổng cục Du lịch Việt Nam, 2018). 태국에서는 2018년 하반기 중국 관광객 수가 지난해 같은 기간보다 적었다. 예를 들어, 2018년 7월 태국을 방문한 중국인의 수는 92만 9771명으로 2017년 같은 기간 93만 7903명보다 감소했다(Thaiwebsites, 2019).

위축시키는 요인이 될 것이다. 나아가 최근 중국과 동남아시아 국가 간 심화되고 있는 해상 영토 갈등 및 남중국해 분쟁 격화 분위기도 중국인이 동남아시아 해외여행을 줄이는 요인으로 작용할 수 있다. 이와 더불어 동남아시아의 내부 상황과 관련된 내적 요인도 있는데, 태국 바트는 중국 위안화에 비해 그 가치가 크게 상승해, 중국인에게 태국 관광 부담을 가중시키고 있다. 2018년 푸껫에서 일어난 보트 전복 사고로 중국인 47명이 사망한 사건 역시, 많은 중국인들이 태국을 관광지로 선택하는 것을 어렵게 만들었다. 특히 발리는 관광사업 성공의 희생양으로 전락했는데, 교통혼잡과 환경오염의 가중 등으로 중국 관광객이 대폭 줄어들었다. 베트남의 경우, 늘어나는 관광객 규모에 비해 관광 서비스 편의성 및 인프라 개선 등의 서비스 질적 문제가 관광업 발전의 발목을 잡고 있다. 따라서 동남아시아는 향후 중국을 대체할 만한 인도와 같은 관광 잠재력이 있는 대체 국가로부터 새로운 관광객을 유치하기 위한 노력이 필요하다. 유럽 국가들과 호주는 중간 잠재력을 지닌 관광객 유치 가능 국가로서 아세안 국가들에게 많은 주목을 받기 시작했다. 동남아시아 국가들의 이러한 새로운 움직임은 중국에게 고정되어 있던 여행 고객을 다각화하기 위함이며, 이로써 중국에 대한 관광산업 의존도를 점차적으로 줄이고자 하는 것과 관계가 있다. 중국인 관광객이 동남아시아 각국의 관광 수입에 지대한 영향을 미쳤음에도, 동남아시아 국가들이 관광객 수용에 있어 다각화를 취하고자 하는 이유는, 동남아시아 지역에서 미국과 중국의 패권 경쟁 영향력이 강화되고 있는 국제 정세에 대비하기 위함이다. 또한 전 세계 곳곳의 지역 국제정치가 점점 더 복잡해지는 불안한 상황에서 코로나19 전염병 확산이 종식되지 않은 불안감에 대비하고자 하는 관광산업의 다변화와 다각화 움직임으로 해석할 수 있다.

참고문헌

Báo điện tử Đảng Cộng sản Việt Nam. (2019). Hội chợ CAEXPO 2019 tăng cường hợp tác thương mại khu vực ASEAN. http://dangcongsan.vn/kinh-te-va-hoi-nhap/hoi-cho-caexpo-2019-tang-cuong-hop-tac-thuong-mai-khu-vuc-asean-536119.html, updated 19/12/2019.

Chính phủ Việt Nam. (2017). Nghị quyết ban hành chương trình hành động của Chính phủ thực hiện Nghị quyết số 8-NQ/TW, ngày 16/1/2017 của Bộ Chính trị Khoá XII về phát triển du lịch trở thành ngành kinh tế mũi nhọn. https://thuvienphapluat.vn/van-ban/Thuong-mai/Nghi-quyet-103-NQ-CP-2017-Chuong-trinh-hanh-dong-thuc-hien-Nghi-quyet-08-NQ-TW-363478.aspx.

Cri Online. (2018). Cục Du lịch Xin-ga-po tích cực thúc đẩy sử dụng Alipay. http://vietnamese.cri.cn/20180814/c166eddc-8096-30e9-91ad-5fa73bf540b0.html.

Dương Văn Huy chủ biên. (2019). Tác động của đa dạng tôn giáo, tộc người ở Đông Nam Á đối với cộng đồng văn hoá – xã hội ASEAN, Nxb Khoa học xã hội, Hà Nội.

NetNews. (2017). NAPAS ký thỏa thuận hợp tác với AliPay phục vụ khách du lịch. http://netnews.vn/NAPAS-ky-thoa-thuan-hop-tac-voi-AliPay-phuc-vu-khach-du-lich-kinh-doanh-6-0-1367496.html, updated 20/12/2019.

Nguyễn Tuyền. (2016). Xe du lịch tự lái Trung Quốc được vào Móng Cái tối đa 3 ngày. http://dantri.com.vn/kinh-doanh/xe-du-lich-tu-lai-trung-quoc-duoc-vao-mong-cai-toi-da-3-ngay-20160517062615545.htm.

Tổng cục Du lịch Việt Nam. (2018). Báo cáo thường niên Du lịch Việt Nam năm 2018. http://vietnamtourism.gov.vn/index.php/items/29566.

Vân Anh. 40 nước có công dân được Việt Nam thí điểm cấp thị thực điện tử. http://ictnews.vn/cntt/cuoc-song-thong-minh/40-nuoc-co-cong-dan-duoc-viet-nam-thi-diem-cap-thi-thuc-dien-tu-148567.ict.

The ASEAN Post. (2018). "Enhancing the tourism industry in ASEAN." https://theaseanpost.com/article/enhancing-tourism-industry-asean-0(검색일: 2019.12.16).

ASEAN Secretariat. (2015). ASEAN Tourism Strategic Plan 2016-2025. https://www.asean.org/storage/2012/05/ATSP-2016-2025.pdf.

_____. (2016). ASEAN Tourism Marketing Strategy 2017-2020. https://asean.org/wp-content/uploads/2012/05/ASEAN_Tourism_Marketing_Strategy_2017-2020.pdf.

_____. (2017). Top ten country/regional sources of visitors to ASEAN. http://www.asean.org/wp-content/uploads/images/resources/2014/Jan/StatisticUpdate28Jan/Tourism%20Update/Table%2030.pdf.

LSE IDEAS, CARI. (2018.10). China's Belt and Road Initiative (BRI) and Southeast Asia. http://www.lse.ac.uk/ideas/Assets/Documents/reports/LSE-IDEAS-China-SEA-BRI.pdf.

McKinsey. (2012). Insight China — Macroeconomic model(검색일: 2019.4).

_____. (2018). Chinese tourists: Dispelling the myths. https://www.mckinsey.com/~/media/McKinsey/ Industries/Travel%20Transport%20and%20Logistics/Our%20Insights/Huanying%20to%20the% 20new%20Chinese%20traveler/Chinese-tourists-Dispelling-the-myths.ashx.

Netherlands Embassy in Bangkok. (2017). Tourism industry in Thailand. https://www.rvo.nl/sites/ default/files/2017/06/factsheet-toerisme-in-thailand.pdf(검색일: 2019.12.21).

The PwC(Vietnam). (2018). The future of ASEAN: Vietnam Perspective. https://www.pwc.com/ vn/en/publications/2018/future-of-asean-vietnam-perspective.pdf.

Rodyu, Sauwanee, and Dr. Prateep Wetprasit. (2018). "An Analysis of the Comparative Advantage of Thai Tourism with Chinese Tourists Compared to Other ASEAN+6 Countries." *European Journal of Business and Management*, Vol.10, No.21, pp.160~182.

Taylor, May. (2019). Government plans to lure Chinese tourists back by easing visa procedures. https://thethaiger.com/hot-news/tourism/government-plans-to-lure-chinese-tourists-back-by-easing-visa-procedures(검색일: 2019.12.21).

Thaiwebsites. (2019). Tourism Statistics Thailand 2000-2019. http://www.thaiwebsites.com/tourism. asp(검색일: 2019.12.23).

World Economic Forum. (2019). The travel & Tourism Competitiveness Report 2019. http://www3. weforum.org/docs/WEF_TTCR_2019.pdf.

World Tourism Cities Federation, Ipsos. (2018). Market Research Report on Chinese Outbound Tourist (City) Consumption (2017-2018). https://www.wtcf.org.cn/uploadfile/2018/0913/2018 0913025210427.pdf.

Xinhuanet. (2017). China Focus: China-ASEAN collaboration brings tourism boom. http://www. xinhuanet.com/english/2017-09/14/c_136610183.htm(검색일: 2020.12.2).

YunnanGateway. (2017). Cities along Mekong to form tourism cooperation alliance. http://english. yunnan.cn/html/2017/consulgeneral_1117/12804.html(검색일: 2019.12.19).

李中建·孙根年. (2019). 「中美英德法出境旅游国际影响力比较: 基于经济视角的时空分析[J]」. ≪资源 科学≫, 41(5), pp.919~930[Li Z. J., Sun G. N. (2019). "International influences of outbound tourism from China, the United States, the United Kingdom, Germany, and France: Spatiotemporal analysis based on economic perspective[J]." *Resources Science*, 41(5), pp.919~930]. DOI: 10.18402/resci.2019.05.09.

庞莲荣. (2015). 「中国对泰国旅游服务贸易逆差研究」. 广西大学 硕士学位论文.

樊志勇·阮氏秋清. (2018). 「东南亚滨海旅游在中国出境旅游 市场中的竞争力分析」. ≪四川旅游学院 学报≫, 2018年 第6期(总第139期), pp.79~82.

思途智旅. (2018). "2018国内十大旅游网站排名". http://www.stourweb.com/peixun/fangfa-856.

新华网. (2019). "共建"一带一路"倡议: 进展, 贡献与展望". http://language.chinadaily.com.cn/a/2019 04/23/WS5cbe7f7da3104842260b7c1a_3.html.

吴崇伯. (2012). 「印度尼西亚旅游业发展及其与中国在旅游业的合作」. ≪广西财经学院学报≫, 第

245期卷, 第4期, 2012年 8月, pp.7~11.

温晓金·蒋依依·刘焱序. (2019). 「"一带一路"国家入境游客规模演化规律与中国出境游客的对应特征[J]」. ≪资源科学≫, 41(5), pp.931~942[Wen X. J., Jiang Y. Y., Liu Y. X. (2019). Inbound tourism from destination countries in the "Belt and Road" region and corresponding outbound tourism from China during 2001 to 2015[J]." *Resources Science*, 41(5), pp.931~942]. DOI: 10.18402/resci.2019.05.10.

王晓萱. (2016). 「中国与东盟服务贸易逆差研究 ― 以旅游服务贸易为例」. ≪时代金融≫, 2016年 第11期下旬刊, pp.303~304.

张宏祥. (2017). "中国游客出境旅游实现理性消费的思考". pp.81~84. DOI: 10.3969/j.issn.1003-5559. 2017.06.021.

中国旅游研究院. (2018). "中国出境旅游发展年度报告2019". https://travel.ifeng.com/c/7omUoGcrr3w.

中国搜狐. (2018). "2018中国互联网报告: 网民首次超8亿,其中98%用手机上网". http://www.sohu. com/a/248982867_116132.

中国统计局. (2019). "2018年居民收入和消费支出情况". http://www.stats.gov.cn/tjsj/zxfb/201901/ t20190121_1645791.html,下载 5/12/2019.

肖凯·孙萱智. (2018). 「中国出境旅游产品开发与设计的创新实践 ― 以新加坡, 马来西亚和印尼为例」. ≪经济发展研究≫, 2018年 3月下半月刊, pp.156~157.

彭顺生·何奕霏. (2017). 「"一带一路"背景下深化中国 ― 东盟国家 旅游合作的路径与模式」. ≪扬州大学学报≫(人文社会科学版), 2017年 9月, 第21卷, 第5期, pp.72~79. DOI:10.19411/j.cnki. 1007-7030.2017.05.006.

Chinareport. (2019). "印尼旅游推介会在西安举行". http://www.chinareport.com.cn/lyn/1589.html (검색일: 2019.12.23. 링크 연결되지 않음 ― 옮긴이).

Investgo. (2019). "首届'中国印尼文旅投资产业峰会'于巴厘岛成功举办". http://www.investgo.cn/article/ yw/zctz/201907/455392.html(검색일: 2019.12.23).

Mafengwo. (2018). "旅欧账单2.0". 全球旅游消费报告2019. http://www.mafengwo.cn/gonglve/zt-944. html.

Natenuch, Benjarat. (2017). 「泰国旅游竞争力的比较研究[A comparative study of tourism competitiveness in Thailand]」. 厦门大学 硕士论文.

제2부

아세안과 일대일로

제5장

동남아시아 국가와 중국의 일대일로 네트워크는 어떻게 형성되고 있는가?*

중국의 지정학으로 바라본 동남아시아 네트워크 협력

정혜영 | 건국대학교 중국연구원 학술연구교수

1. 중국 일대일로 네트워크의 지정학은 무엇인가?

지정학(地政學, geopolitics)은 이데올로기와 시간을 초월하며, 지리적 위치에 따른 국가 간의 힘과 세력 구도를 논한다. 인구를 모이게 하는 지리 환경, 지리 환경에 의해 증가하는 인구, 인구를 바탕으로 형성되는 경제 세력, 경제적 부에 따라 이동되는 정치권력을 설명하는 데 지정학은 근본적 이해를 제공하고 있다. 필자는 중국이 지닌 지정학을 중심으로 이를 세력화하는 것, 즉 네트워크화하는 것을 중국 패권의 본질로 이해했으며, 이를 바탕으로 동남아시아 지역에서 부상하는 중국과 동남아시아 국가의 일대일로(一帶一路, Belt and Road Initiative: BRI) 협력에 대해 논한다.

개혁과 개방으로 성장한 중국은 경제력을 바탕으로, 그들의 대외 진출에 거점이 되는 지정학적 지점에 위치한 국가들과 새로운 관계 수립을 필요로 하

---

*   이 글은 ≪국제지역연구≫, 제24권, 제1호(2020)에 게재된 필자의 연구논문 「중국의 지정학과 동남아 네트워크 협력구상: 대륙부·해양부 동남아국가와 중국의 일대일로를 중심으로」를 바탕으로 재구성되었다.

고 있다. 구체적으로는 일대일로 협력이라는 전략화된 구상에 의해, 중국을 중심으로 동아시아 국제 관계를 재편하고자 하는 것이다. 지정학적으로 중국의 대외 진출과 팽창 거점에 놓인 동남아시아 지역은 중국의 영향력이 상대적으로 쉽게 투사되는 지역으로, 과거에도 남하하는 중국 공산화 세력의 경쟁지이기도 했다. 1980년대부터 동남아시아 지역에 대두되어 온 '중국위협론'과 '중국 기회론'의 담론 안에서 동남아시아에 대한 중국의 영향력은 지속 증대되어 왔으며, 오늘날 중국 네트워크 전략의 최전선 안에 동남아시아는 위치해 있다.

필자가 논하고자 하는 '네트워크' 이론은 중국이 지닌 '지정학'과 중국이 국가적 목표로 실현하고자 하는 지역 '패권(power)'이 연계되어 있다. 이러한 개념을 이론적으로 대입하자면 '네트워크 권력(network power)'의 개념으로 접근할 수 있다. 즉, 자연과학의 영역과 사회과학의 영역에서 사용되었던 네트워크 이론을 권력이론과 접맥해 '네트워크 권력'의 개념으로 이해하는 것이다. 네트워크에 대한 이론적 이해의 근원은 '권력 전환'을 본질로 삼았던 소프트파워(soft power)의 연구자 조지프 나이(Joseph S. Nye)에게서 기원한다. 그러나 네트워크 권력 개념을 '소프트파워' 이론으로 완벽히 소화할 수 없음에 따라, 2000년 이후 국내외 연구자들은 네트워크 권력의 개념을 세계정치 전반으로 연계시켜 이해하기 시작한다.[1] 네트워크 파워를 구성하고자 하는 중심 국가의 힘은 그 국가의 정치 외교력, 경제적·문화적·기술적 흡인력에 관한 힘을 필요로

---

1   이들은 국제정치학에서 권력을 지닌 국가, 즉 노드(node)가 보유한 자원을 물질적 자원(군사력과 경제력 등)에 기반한 국제 권력을 이해하는 차원에서 나아가, 국제사회 권력의 상대적 분포와 관계망을 이해하려 했다. 즉, 링크(link)로 연결된 권력의 세력화를 이해하려고 한 것이다. 그리고 그 노드와 링크가 합해진 종합적 네트워크(network)를 배경으로 국제사회에 형성된 권력의 개념을 연구한다. 이 과정에서 비물질적인 권력자원, 즉 기술, 정보, 지식, 문화가 발휘하는 힘의 중요성이 부각된다. 즉, 네트워크 시대의 파워는 비물질적인 복합적 권력 개념에 대한 연구가 더해짐으로서, '구조' 차원에서, 행위자의 의지를 초월하는 '초(超)노드' 차원으로 작동하는 권력 메커니즘을 설명하고자 한 것이며, 개별 노드들의 경계 밖에 존재하는 외재적 요소에 초점을 맞추어 이를 개념화하고자 했다. 즉, 노드와 노드 간에 생성되고 작동하는 권력에 방점을 두게 된 것이다.

한다. 네트워크를 이루려는 힘은 국가의 중장기적 전략이며, 세력의 역관계도 반영되므로 오늘날의 네트워크 권력 연구는 매우 다면적이고 복합적이며 중층적이다(박원호, 2016: 131). 네트워크 자체가 행사하려는 권력(power of the network)의 관점에서 중국의 일대일로 구상을 바라보자면, 중국이 주체적 프로그래머 역할을 하며, 객체들의 상호작용에 해당하는 '기술, 문화, 경제, 사회제도, 에너지 연계 등'에 유형과 무형의 프로그램을 심어 넣는 것이다. 그리고 이 과정에서 중국의 지정학과 관계된 곳에서 권력이 발휘되는 것으로 이해할 수 있다. 필자는 중국 내부에 형성된 발전의 힘과 그 팽창의 연장선과 연계된 일대일로를 통해, 중국이 동남아시아에 그리는 네트워크 협력 전략[2]을 이야기하고자 한다.

2. 세계 패권 장악을 위한 중국의 지정학은 유리한가?

1) 해양 세력이 본 중국의 패권과 지정학

중국의 패권(hegemony)과 지정학을 논한 로버트 D. 캐플런(Robert D. Kaplan)은 2012년 출간된 『지리의 복수(The Revenge of Geography)』에서 중국 대륙의 팽창, 즉 중국의 패권은 현재 초기 단계에 머물러 있으며, 주변국에 미치는 중국의 지배력도 시작 단계에 있다고 평가했다.[3] 그는 중국이 지닌 영향력과 팽

---

2 중국 정부는 일대일로 네트워크 형성과 관련해 이를 메커니즘화(机制化)하기 위한 연구를 진행하고 있는데, 이에 대한 작업 기준을 두 가지로 제시하고 있다. 하나는 협력 문건에 서명한 국가의 수와 다른 하나는, 각국 정부의 국제기구 인정 수준이다. 이를 위해 중국 정부는 각국 외교부와 국가수반이 진행한 공식회의에서 일대일로 관련 협의를 수치화하고, 중국 정부가 서명한 쌍방 문건도 검토 대상으로 지정했다(钟飞腾, 2019.4.16).

3 이유인즉, 중국과 접경한 몽골, 러시아, 카자흐스탄, 키르기스스탄, 타지키스탄, 인도, 파키스탄, 네팔, 부탄, 라오스, 베트남은 중국과 형식적으로 친분을 유지할 뿐, 중국의 부상을 경계하는 국가들로 중국의 팽창에 거부감을 지니고 있어, 아직까지는 중국에게 비우호적이라 평

창이 머무는 지정학의 영향지역을 중국 주변부, 즉 몽골, 러시아령 극동, 중앙아시아, 동남아시아 지역으로 규명했으며, 그중 한반도의 북한과 대만의 세력균형은 중국의 부상과 관계된 중요한 국제정치 핵심지역 국가로 평가했다. 그에 비해 동남아시아 지역은 상대적으로 중국의 영향력이 쉽게 미치는 곳으로 언급했다. 중국의 패권이 지니는 군사력은 아직 미국에 견줄 만하지는 못하지만, 시간이 지남에 따라 동북아시아와 동남아시아, 남중국해에 미치는 군사 영향력은 원거리에서 투사해야 하는 미국의 어려움에 비례해 점점 더 커질 것으로 분석했으며, 태평양을 제해하려는 미국의 입장에서 볼 때, 미국은 결국 1차적으로 중국이 설정한 제1도련선(島連線) 내에서 중국의 영향력을 인정해야 하는 불리한 상황에 직면하게 될 것을 경고한다(캐플런, 2017). 중국의 동남아시아 진출은 중국 대륙의 팽창, 즉 패권의 확장과 관계된 것으로, 이는 중국이 지니는 해양지정학의 정체성 확립과 관계된다.

중국은 2049년까지 중화민족의 위대한 부흥을 이루겠다는 이른바 '중국몽(中國夢)'을 기치로 내걸고, 2017년 19차 당대회 보고에서 '육해 통합 견지와 해양 강국 건설 강화(堅持陆海统筹, 加快建设海洋强国)'라는 지정학적 정체성을 새롭게 정립했다. 지정학이 지리적인 위치에 의해 국제관계에 정치적 영향력을 발휘하는 영역을 연구하는 학문인 동시, 이와 관계한 국가전략 분야임을 감안해 볼 때, 중국의 '해양 강국' 선언은 그동안 중국이 대륙 지역을 중심으로 국가전략을 운영해 왔던 중국의 권력 범위를 해양 세계로 확장하는 선언인 것이다.[4] 서방 지정학의 설계자이자 영국의 지정학자 해퍼드 매킨더(Halford Mackinder)는 1904년 유라시아 대륙(변경과 중원)과 태평양 연안을 동시에 접하고 있는 중국의 지정학은 아시아 패권을 장악하는 데 절대적으로 유리한 위상을 가지고 있

가했다.

4   중국의 지리 조건은 2만 2000km의 대륙 국경선을 14개 국가와 함께하고 있으며, 해안선 길이는 대륙 해안선과 부속 도서 해안선을 합쳐 3만 2000km에 이른다. 또한 300만 km²의 해역과 500m² 면적의 부속 도서 7000여 개를 보유하고 있다(中国社会科学网, 2018.12.1).

다고 분석했다.[5] 그는 유라시아 지배자가 과학기술을 발전시켜 내륙에서 연안으로 네트워크가 형성된다면, 해양 세력을 능가하는 새로운 대륙 세력이 탄생할 것으로 판단했다. 오늘날 중국이 차세대 정보 통신 산업(5G), 인공지능(AI), 신에너지 자동차 등의 신기술 분야에서 미국이 우위를 유지하던 기술을 추격하고 네트워크 기술 분야 우월성을 확보하고자 하는 것에 미국이 긴장하는 것은, 네트워크 파워로 대륙 세력을 강화하는 것에 대한 위험성을 인지한 것이라 할 수 있다. 100여 년 전, 매킨더는 다음과 같이 언급했는데, "만약 중국이 네트워크 파워로 유라시아를 장악하게 될 경우, 세계평화에 '황화(黃禍)', 즉 '황인종에 의한 백인종의 권력 침해'를 초래하게 된다". 이유인즉, 중국은 지리적으로 거대한 대륙의 자원을 지니고 대양 연안에 접해 있기 때문에 해양 세력에 치명타를 입힐 수 있다는 것이 그의 논리였다(정의길, 2018: 101~107).

중국은 중화(中華)사상으로 무장된 대륙 세력으로 정의할 수 있으며, 그 기원은 내륙 서북 지역에서 성장한 유목 초원 세력(여진족, 몽골족)을 중화 문화로 흡수하는 데 성공한 것에서 찾을 수 있다. 중국 제1세대 지도자 마오쩌둥은 서남방 티베트와 인도를 침공하고, 시사군도〔西沙群島, 파라셀군도(Paracel Islands)〕를 중국 하이난섬(海南島)으로 편입시켰다. 제2세대 지도자 덩샤오핑은 양쯔강 이남의 동남 연안 지대를 해양 세력에게 열어 선부론(先富論)을 실현하고자 했다. 중국 제3세대 지도자 장쩌민은 연안 지대의 부를 서부 대개발로 잇고자 했

---

5 서방 지정학의 뼈대를 세운 해퍼드 매킨더는 1904년 런던왕립지리학회에서 "역사의 지리적 중심축(The Geographical Pivot of History)"이라는 연구 발표를 통해 유라시아 대륙이 지니는 '지정학'의 중요성을 설파했다. 당시 그는 함대로 식민지를 개척한 영국을 해양 세력이라 규정했으며, 유라시아(유로+아시아) 세력은 해양 세력에 대항하는 대륙 세력이 될 것으로 지적했다. 오늘날은 미국이라는 해양 세력에 대항하는 아시아 내륙에서 발원된 대륙 세력인 중국의 굴기가 그의 경고와 지정학 경쟁을 설명한다. 매킨더가 명명했던 '중심축' 개념은 후에 '심장부' 지역으로 바뀌었는데, 당시 경계의 대상이었던 중앙아시아와 시베리아 지역 세력인 러시아는 오늘날 중국 세력으로 대체되었으며, 중국이 연결하고자 하는 '일대일로' 지리도 심장 지대를 필요로 한다.

그림 5-1 1904년 매킨더가 '역사의 지리적 중심축'에서 주장한 중심 지대(pivot area)

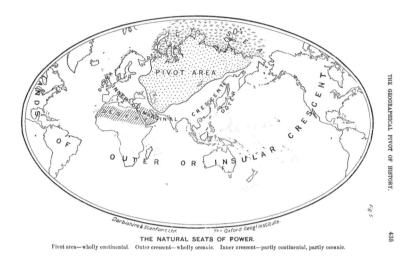

자료: Mackinder(1904).

는데, 중앙아시아 국가들을 상하이협력기구(Shanghai Cooperation Organization: SCO)로 끌어들인다. 제4세대 지도자인 후진타오는 역사 공정, 동북공정을 통해 동북을 진흥시키고 북핵 문제와 한반도에 영향력을 행사하기 위한 기반을 닦았다. 제5세대 지도자 시진핑 주석은 자신의 원대한 꿈 '일대일로'를 중국몽으로 실현시키기 위해 중앙집권을 강화하고, 해양 경제력과 해양 군사력 강화로 해양 세력[6]에 맞서게 되었다.

6　근대 서양의 '해양전략' 근간은 앨프리드 머핸(Alfred Thayer Mahan, 1840~1914)에 의해 형성되었다. 1890년 그의 해양전략 핵심은 적의 항구 봉쇄와 파괴를 통해 적의 전쟁 수행 능력을 결정적으로 제어하는 제해권 확보에 있었다. 오늘날의 해상 교류는 군사적·정치적·경제적 발전을 추구하는 주요 수단이 되고 있으며, 해양전략의 범위 역시 외교, 해상교통로의 안전과 보호, 해저탐사, 배타적경제수역의 보호, 해안선 방어, 연안 도서 보호, 해상의 영공 방어 등으로 확장되었다. 앨프리드 머핸의 영향을 받은 국가는 영국 및 서방 열강, 일본이 대표적인데, 이들은 해군력을 강화해 해양 강국이 되었으며, 미국도 20세기 해양 강대국 부상에 성공했다. 그러나 중국은 전통적인 대륙 중시 사상으로 인해 해양 강국의 꿈을 실현하지 못했

2) 동남아시아에서 본 중국의 패권과 지정학

'동남아시아' 명칭의 기원은 제2차 세계대전 시, 연합국 측에서 붙인 이름으로, 아시아 대륙의 동남쪽에 위치해 '동남아시아'라는 명칭이 붙여졌다. 이는 아시아의 명칭을 통일시켜 일본에 용이하게 대항하기 위한 연합국 측의 패권 전략 의도가 포함된 지정학적 의미를 지닌 단어이다. 인도차이나반도와 그 주변 동쪽과 남쪽 도서를 아우르는 동남아시아 지역은 역사 이래 중국 및 서구의 해양 세력 확장의 중심지였다. 중국은 내륙지역 패권의 확장과 관계해 지정학적 전략(geostrategy) 용어인 '서출북화(西出北和)'[7]와 '동립남하(東立南下)'를 사용했는데, 동남아시아 지역과 관계된 지정학 용어는 동쪽으로 입지를 다지고 남쪽으로 내려가는 '동립남하'이다. 육상과 해상의 자연 방벽이 없는 지역에서 중국 세력 남하는 동쪽으로 난사군도(南沙群島)와 남중국해, 동중국해 섬의 영유권과 해로를 확보하는 것이며, 남쪽으로는 미얀마, 라오스, 태국 등을 통해 남하해 남중국해와 인도양으로 진출하는 것을 말한다. 중국의 대동남아시아 지정학적 전략 관점은 연안 국경지대를 이민족으로부터 통제하는 세력 확장과 관계가 있으며, 경제가 발달하고 자원이 풍부한 동남아시아 도서부 국가와 경제적 네트워크를 형성하는 것과 관계가 있다. 중국의 동남부 연해 지역은 남송시대부터 부의 축적이 이루어져 남중국해를 중심으로 동남아시아와 활발한 교역을 했다. 명나라 정화(鄭和)의 함대가 이동한 남중국해와 인도양으로 향하는 출로는 오늘날 중국이 그리는 해양 실크로드와 대체로 일치한다. 대륙 세력인 몽골족의 침입으로 국가 재정이 어려워지자, 명은 400여 년간 이어온 해상 진출을 중단했다. 약해진 중국의 해양력은 결국 동남 연안 지대를 파고드는 서구

다(유석준, 2010). 중화인민공화국의 해안(海岸)은 해양 세력으로부터, 폐쇄 또는 반폐쇄되어 있는 해양을 열어야 하는 과제를 안고 있다.

7 '서쪽으로 진출하고 북쪽으로 화합함'을 의미한다. 실질적으로 러시아와 화합하고 서쪽 카자흐스탄과 투르크메니스탄, 파키스탄을 관통하는 송유관과 도로를 건설하는 것을 말한다.

열강의 해양 세력에게 곳곳을 조차해 주는 결과를 맞이해야 했다(캐플런, 2017: 316).

히말라야산맥이 위치한 서남아시아에 비해 동남아시아 국가들과 중국의 육상 국경에는 지형적 방해물이 없다. 또한 동남아시아 해양부 국가들은 비교적 역동적이며 부유하기 때문에 네트워크 형성에 용이하다. 중국은 과거 베트남을 1000년 동안 지배했을 뿐 아니라, 미얀마·태국까지도 몽골 원나라는 침략군을 보내기도 했다. 인도차이나반도의 화인(華人) 이주는 역사 이래 빈번히 이루어져왔는데, 즉 역동성이 떨어지고 인구밀도가 낮은 주변 지역으로 중국 연안의 인구와 부를 확장시키는 방법이 용이했기에 가능했다. 중국의 해상 실크로드는 동남 연안 지역의 부와 인구 팽창의 통로를 해양 경제 네트워크로 여는 것이다. 이에 중국의 일대일로는 항만 사업과 거점항구 건설투자가 중요한 역할을 한다.

3. 중국은 동남아시아 일대일로 네트워크 구상을 통해 무엇을 얻으려 하는가?

1) 동남아시아 대륙부 국가와 육상 실크로드[一帶]의 실현, 메콩 유역에서 중국의 동립남하

중국의 지리는 역사, 경제, 정치, 문화적으로 유럽, 이슬람, 인도의 문명권에서 차단된 독자적인 중화 문화 발전 환경을 만들어냈다. 상기 문명을 차단했던 지리는 험준한 사막, 초원, 산맥으로 내몽고, 외몽고, 신장 위구르, 티베트는 중화 문명을 보호했던 완충지역 역할을 했다. 중국 대륙의 한가운데 위치한 '15인치 강우선'으로 나뉘는 변경과 그 완충지대는 중원(中原)이라는 지역과 구분되면서, 중국인의 부의 축적과 관계된 중요한 지리적 경계가 된다. 중원 지역의 중국 인구는 지나칠 정도로 빽빽한 인구밀도로(1km²당 775명) 중국 대륙의 동남 연안 지역에 집중되어 있다(정의길, 2018: 406). 이 과밀한 인구와 경제 세력은 다시 해양으로 팽창할 수밖에 없는 압력을 지녔는데, 이러한 중국 인구의 팽창 압력이 그대로 투사되는 지역이 인도차이나반도를 아우른 동남아시아 지역이다.[8] 2013년, 시진핑은 내부 결속과 정치적 단결을 통해, 변경 지역과 중원 지역을 더욱 강력하게 통합한 후, 육상과 해상 일대일로 구상을 발표한다. 육상 철도와 운하를 포함한 해상운송을 재편하고, 강화된 무역 교류와 투자로 중국 자본을 이동시키고자 한 중국의 새로운 의도는 '지정학적 변혁과 통제된 개인'을 연결하는 기술혁명과 결합되면서, 세계 패권을 둘러싸고 권력경쟁을 벌이던 미국을 더욱 자극했다. 〈표 5-1〉은 중국의 일대일로 네트워크 구상 내용으로, 미국과 서구 사회가 재편해 놓은 정치적·기술적 장벽과 관계된 내용을 담고 있다.

과거 동남아시아 대륙부 국가들은 무역 및 정치 관계에서 중국과 의미 있는 교류를 했다. 경제적으로는 중국과의 무역 자체에서 많은 이익을 얻을 수 있었으며, 정치적으로는 무역 혹은 조공 관계로부터 이 지역 왕조 지배자인 자신들의 위상을 확고히 하는 정치적 정당성을 얻었다(이충렬 외, 2017: 78). 대륙부 동남아시아 국가들은 태국과 캄보디아를 제외하고 중국과 국경선을 공유하고 있으며, 역사적으로도 화인의 이주[9]가 자연스럽게 이루어진 곳이다. 중국에서 이동한 화인들은 자신의 독특한 정체성을 유지하면서 정치·경제적으로 중국과 이주 국가 지역에서 양측을 연결하는 가교 역할을 했으며, 중국 문화의 전파에

---

8   이를 두고 『거대한 체스판(The Grand Chessboard)』을 저술한 미국의 저자, 즈비그뉴 브레진스키(Zbigniew Brzezinski)는 중국 지정학의 역사를 '통일·팽창·쇠퇴·분열'의 순환으로 분석했다.

9   19세기 중반 이후, 유럽 세력이 동남아시아를 지배했을 당시, 화인과 인도인은 동남아시아로 이주해 유럽 국가들에게 저임의 노동력을 공급했는데, 태국의 쌀농사, 말레이반도의 광산업, 베트남 남부의 인프라 건설, 미얀마의 인도인 이주 노동력이 대표적이다.

표 5-1 중국의 일대일로 네트워크 구상 내용

구분	분류	네트워크 수단	내용
유형적 연계	에너지 네트워크	수송로 건설	· 에너지 자원 수송을 위한 인프라 건설
	물류 및 운송 (오프라인·온라인) 네트워크	도로 및 철도 건설	· 인적·물적 이동을 위한 중국 중심의 인프라 연결
		인터넷 인프라	· 전자상거래 및 전자 물류 연계 강화
	군사 네트워크	전략 항구 건설	· 상업항구 건설 · 군사 거점항구 건설
	산업단지 네트워크	산업단지 조성	· 대외무역 협력 지대(對外貿易合作區) 및 해외 제조업 기지 건설
무형적 연계	경제적 네트워크	무역 연계 금융 상통	· 교역과 투자의 경제적 자원 네트워크 · 연선 8개국에 인민폐 결재 시스템 구축 및 27개국에 인민폐 결재 은행 설치 · AIIB 등 아시아 금융 활성화
	사회·제도적 네트워크	정책 소통 정치 외교 협력	· AIIB, RCEP, ASEAN+3, ARF, APEC(긴밀한 연계 ↔ 느슨한 연계) · 중국식 표준 확산의 네트워크화 · 사회적 자원의 네트워크
	문화적 네트워크	민심 상통	· 아시아적 가치 및 아시아 중심 문화로 단합, 서방과의 차별성 강조 · 문화적 자원의 네트워크

자료: 미국지질조사국(USGS) 및 기타 자료를 참조해 필자 작성.

도 많은 기여를 했다.

동남아시아 대륙부 국가들을 관통하는 중국의 육상 일대(一帶)는 미얀마, 라오스, 태국을 통해 인도양, 남중국해로 진출하는 방향이다. 크게 '중국·중남반도 경제회랑(中国-中南半岛经济走廊)'과 '방·중·인·미 경제회랑(孟中印缅 经济走廊)' 건설과 관계가 있다. 중국·중남반도 경제회랑은 인도차이나반도를 남하하는 라오스·태국 국경 지역[방콕·농카이(Bangkok-Nong Khai), 2023년 완공 계획]을 중심으로 한 '쿤밍·싱가포르' 구간 공사가 진행되고 있다. 처음 계획은 2012년 미얀마와 베트남 중심에서 말레이반도로 이어지는 것이었지만, 쿤밍과 하노이를 잇는 고속철도를 둘러싼 베트남과 중국 간의 이견으로 협력이 지체되자, 라오스에서 먼저 첫 삽을 뜨게 된다. 중국과 베트남 사이, 공사가 지체된 표면적

그림 5-2 2019년 중국과 인도차이나반도의 개선된 노후 철로 상황

───── 노후 철로　━━━ 개선된 철로

자료: The World Bank(2019).

원인은 철로의 기술표준 경쟁이지만, 중국 세력의 남하를 저지하고자 한 베트남 정부의 거리두기 협상전략의 결과이기도 하다. 미얀마(군부 정권)는 이미 송유관과 가스관 건설, 고속도로 건설투자 협력으로 중국이 원하는 해양 출로 그림을 그리는 데 큰 협력을 제공했다. 일본과의 철도 협력에 더 적극적인 베트남의 경우, 중국과의 인프라 협력은 해상과 육상에서 모두 정체 상태에 있는데, 경제적 협력 효과가 강한 베트남 지역의 육상 인프라 협력은 중국에게 중요한 미래 협력과제로 등장했다.

인도차이나반도의 일대일로 건설 계획 수정에 따라, 라오스 정부는 인도차이나반도 철도회랑 교통 요지 중심으로 라오스의 지정학을 바꾸는 데 성공했다. 미얀마·중국 경제회랑도 에너지 수송 인프라, 투자 및 무역, 인적 교류의 분야에서 양국 간 핵심 협력 사업이 되었다.[10] 미얀마와 태국은 인도차이나반

10　특히 미얀마에서는 중국이 믈라카해협을 거치지 않고 인도양으로 이어지는 송유관과 가스관

표 5-2 중국의 대륙부 동남아시아 국가와 일대일로 연계점 선정과 협력 방식

	국가명	지정학 가치	전략 연계 지역	전략 가치	협력 방식
대륙부국가	베트남	고	· 쿤밍 및 난닝 국경 연결	· 미·중 세력균형 충돌 지역	· 일대일로 유계획, 인프라 연결 미실행국 · 남중국해 최대 분쟁국
	라오스	중	· 우돔싸이·비엔티안 고속철도 연결	· 윈난성과 인도차이나반도 북남 내륙 운송의 핵심국	· 고속철도 연결(중·싱 경제회랑)
	캄보디아	중	· 시아누크빌항 · 코콩항	· 중국의 경공업 중점 이전 계획 · 경제무역합작구 대규모 건설	· 시아누크빌 경제협력특구 건설 · 시아누크빌 항구는 유일한 심해 상업항
	태국	고	· 쿤밍·싱가포르 구간 도로 및 고속철도 · 방콕항 · 항공 운송 · ㄲ라 운하	· 말레이반도 북남 고속철도 연결 협력국 · 방콕항 및 믈라카해협 항구 개발 협력국	· 라오스·태국 말레이반도 고속 철도 핵심 협력국 · 쿤밍·방콕 간 고속도로 연결 · 방콕항: 상업항 · ㄲ라 운하, 믈라카해협의 우회지(중·싱 경제회랑)
	미얀마	고	· 차우퓨항 · BCIM 회랑	· 송유관과 가스관 기점	· 에너지 수송의 핵심 항구 상업항(방·중·인·미 경제회랑)

자료: 祝哲 等(2017: 149~150), 민귀식(2019: 143~149) 재인용 및 기타 자료 참조 필자 재구성.

도에서 동서 경제회랑을 건설하고자 한 '일본'과 북남 경제회랑을 건설하고자 한 '중국' 투자 모두를 적극적으로 받아냈다.

2) 동남아시아 해양부 국가와 해상 실크로드[一路]의 실현, 해양 진출 거점 확보

해양에 대한 중국의 관심은 덩샤오핑 시대에 구체화된다. 과거 굴욕의 한

(1100km, 2013년 완성)이 건설됨에 따라, 미얀마는 중국 에너지 안보에 큰 기여를 하게 되었다. 중국은 벵골만에 위치한 미얀마의 시트웨(Sittwe) 가스전에서 생산된 천연가스를 쿤밍에서부터 중국 전역으로 이어지도록 설계했다. 중국은 방·중·인·미 경제회랑으로, 인도·방글라데시까지 인프라 건설이 확장되는 기회를 얻었다.

세기가 허약한 해군력에 기인했다고 판단한 덩샤오핑은 중국 해군력을 강화시키기 위해, 1982년 해군 사령관으로 류화칭(劉華淸)을 임명했고, 그는 '적극적 방어 전략'을 해군에 적용해 '근해 방어 전략'으로 제1도련선과 제2도련선을 설정11하게 된다. 이후 2014년 11월 11일 인민일보(人民日報)에서 시진핑은 동중국해, 남중국해, 대만해를 핵심 해양 이익으로 명명하고 해양 권익을 강조했다. 중국의 '진주 목걸이'(strings of pearls, 2005년 미 국방성에서 사용한 용어) 전략이 중국(하이난)·미얀마[시트웨(Sittwe)]·방글라데시(치타공)·스리랑카(함반토타)·파키스탄(과다르) 등의 항구를 연결해 물류항으로 사용하면서 필요시에는 해군 함정의 정박이나 군수보급을 위해 사용하려는 전략적 내용을 담고 있다면, 일대일로의 해양 실크로드는 경제성을 부각시켜 해양 국가들과의 해양 경제협력 연대를 강화하려는 전략으로 볼 수 있다.12 해양 세력으로부터 폐쇄된 또는 반폐쇄된 중국의 해양 출로를 자유롭게 열기 위해 중국은 군사적 접근보다는 동남아시아 해양부 국가들에게 해양 경제협력 구애(求愛)를 하기로 한 것이다.

동남아시아의 해양부 국가들은 대륙부 국가들보다 GDP 규모가 크며, 경제 규모 및 자원 보유 규모도 크다. 중국의 입장에서 보자면, 경제협력 가치가 큰 국가들이 동남아시아 해양부 국가들인 것이다. 그러나 전통적으로 이들은 미국의 '인도·태평양 전략'과 깊은 연관성을 지니고 있어, 중국의 해양 일대일로 전략의 성공 여부는 중국의 물질적 협력 제공, 그리고 인도·태평양 전략 균형을 이용하려는 해양부 동남아시아 국가들의 협력 의지가 중요한 변수가 된

---

11 제1도련선은 쿠릴열도, 오키나와제도, 대만, 필리핀, 인도네시아열도까지를 연결한 선으로 동아시아의 주변국들과 마찰 요소가 내재된 해상 방어선이며, 제2도련선은 오키나와 동쪽 섬 인 보닌제도, 사이판, 괌, 캐롤라인제도를 연결하는 선으로 미 해군의 서태평양 작전지역과 중첩되는 지역이다(동아시아평화문제연구소, 2017.1.22).

12 장윈링(張蘊嶺), 왕이웨이(王義桅) 등의 중국 학자들은 일대일로의 해양 실크로드 명칭에 '21세기'를 붙이는 이유에 대해, 과거 패권 확보에 목표로 둔 서구의 제국주의적 질서와 구별하기 위한 것으로, 개방적이고 공유되는 해양 신질서를 만들고, 공영하는 해양 통로 건설을 의미한다고 설명하고 있다.

다.[13] 중국이 해양 실크로드(一路) 구상[14]을 통해 동남아시아 해양부 국가들에게 접근하고자 하는 방법은 해상 항구 지점(node)을 연계점으로 설정하는 것이다. 이를 통해 해양 물류 경제협력, 상업항구 건설, 연해 공업단지 건설, 항구 신도시 건설, 원양어업, 해양 산업단지 협력의 거점을 마련해, 정치군사적 영향력 행사, 주변 해양통제 등을 실현하며, 해양과 관련된 중국의 세력의 남하를 용이하게 하는 것이다.[15]

중국의 해양 경제협력 전략은 인프라가 상대적으로 부족한 인도네시아, 필리핀에게는 매력적 제안이 될 수 있지만, 이미 해양 경제 우위를 구축한 말레이시아, 브루나이, 싱가포르, 태국에서는 새롭게 등장하고자 하는 해양 경제 경쟁국인 중국의 제안이 합리적인 이익 공유가 될 수 있을지 검토하는 데 시간

---

13 제2차 세계대전 이후, 한반도 북한 지역의 접경지역에서 베트남에 이르는 지역까지, 중국의 해양 출로는 미국 해양 세력과 그 동맹 국가들에 의해 해양 출로 확보에 큰 어려움이 있어왔다. 여전히 동중국해에서 일본과 갈등하며, 남중국해에서는 동남아시아 해양 국가들과 영해 갈등을 하고 있다.

14 중국의 해양 실크로드 단계 전략은 두 개의 100년(兩個百年) 계획에 의해 구상되었다. 그 장기 전략 중 첫 번째 100년인 2050년까지의 계획에 따르면, 거점지역 확보, 주변국과 지역 연계 강화, 경제 및 인문 교류 통로 구축, 지방정부 간 협력 추진, 공동 플랫폼 구축의 5대 기능 수행이라는 구체적인 계획이 수립되어 있다. 해상 실크로드의 세부적 방향은 '해상 통로'를 건설하는 것으로, 해상 국가들과 무역을 증가시키고 협력 수준을 넓히고자 하는 것이다. 이를 위해 점(항구)에서 선(인프라 통로), 다시 선에서 면(경제특구, 도시 등의 배후지)을 확장해 지역(국가)을 확대하는 공간 확대 방식을 추구한다. 중국의 대내 개혁개방 방식(점·선·면)이 해외에서의 확장에도 적용된 것이다. 1단계 세부 실행 단계는 '13·5 규획'이 끝나는 2020년까지의 단기 계획, 즉 해상 실크로드에 대한 계획을 주변국에게 인식시켜 참여와 협력을 제도화하고, 거점지역(node)에 1단계 SOC 사업을 실시, 아세안 개별 국가 간 FTA를 전면적 실시, 중·아세안 자유무역지구 업그레이드를 실현하는 내용을 담고 있다. 2단계 실행 단계는 2021~2030년으로, 거점에서 선(line)으로 확대해 해양 실크로드를 연결하려는 계획이다. 마지막 실행 단계는 2031~2050년이다. 이 시기 계획에 따르면 일대일로 구상이 전면적 성과에 다가선 단계가 된다(민귀식, 2019: 137~140).

15 중국의 해외 항구 개척 방법은 항구 건설과 수리에 투자, 항구 운영권 확보, 일정 투자 지분으로 항만 관리권 획득, 중국 항구와 해외 항구를 연맹하는 등의 방법으로 진행된다(민귀식, 2019: 146).

그림 5-3 해양 실크로드의 동남아시아 핵심 거점지 7개 항구

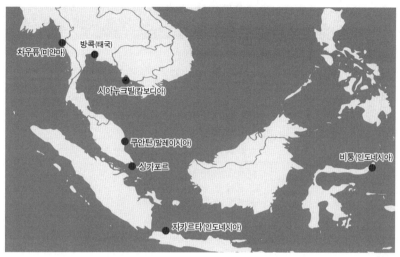

자료: 필자 작성.

이 필요한 입장이다. 그러나 중국은 여러 차례 태국의 끄라(Kra)항 건설, 말레이시아 코타키나발루 항구, 캄보디아 시아누크빌, 태국 남부 꼬란따(Koh Lanta) 항구, 끄라 운하 건설 투자에 협력을 시도해 중국이 개입할 협력 공간을 열어두었다. 〈그림 5-3〉에서 표시된 중국의 동남아시아 전략 거점 7개 항구(미얀마 차우퓨항, 태국 방콕항, 캄보디아 시아누크빌항, 말레이시아 쿠안탄항, 싱가포르의 싱가포르항, 인도네시아 자카르타항과 비통(Bitung)항)는 군사적 성격보다는 중국의 경제적 이익과 관련되어 있는 곳으로, 자매 항구 결연을 맺거나 해양 실크로드 물류 협력 항구로 분류된 투자 협력 항구이다(민귀식, 2019: 148).

표 5-3 중국의 해양부 동남아시아 국가와 일대일로 연계점 선정과 협력 방식

	국가명	지정학 가치	전략 연계 지역	전략 가치	협력 방식
해양부 국가	말레이시아	고	· 쿠안탄항(상업항)	· 쿠안탄항: 석유화학 중심항	· 중국 친저우항과 네트워크를 연결하는 자매 항구/지분 참여/상업항(중·싱 경제회랑)
			· 클랑항(물류항)	· 클랑항: 해상 물류 네트워크 구축항	· 믈라카 게이트 해상 물류항
			· 게마스·조호르바루 철도 공사 · 동해안 철도(ECRL) 건설 재협상	· 쿤밍·싱가포르 고속 철도 구간	· 게마스·조호르바루 철도 개선 공사 진행 중 (2중궤 및 전기공사)
	인도네시아	고	· 자카르타항(상업항)	· 남아시아·태평양 해양 실크로드 거점항	· 투자/상업항
			· 비퉁항(어업항)	· 해양 실크로드 연선 항구	· 중국 취안저우항과 자매 항구/어업항
			· 자카르타·반둥 고속 철도	· 중국이 추진하는 일대일로 해양부 국가의 대표 사업 · 수도와 제3도시 반둥 지역 연결	· 중국 90% : 인도네시아 10% 투자 비율로 진행 · 중국의 고속철도 해외 수주 첫 사례 · 일본과의 수주 경쟁 성공 사례
	싱가포르	중	· 쿤밍·싱가포르 고속 철도 · 싱가포르항(보급항)	· 육상 북남고속철도 종착지 · 해상실크로드 핵심 거점국 · 다수의 일대일로 관련 첨단기술 사업 협력국	· 중국 해상 물류 운송의 거점지(믈라카해협: 중국 석유 수입 80% 차지) · 프로젝트 합작/보급항 (중·싱 경제회랑)
	필리핀	고	―	· 말리완 발전소 1단계 프로젝트 진행 중 · 코스와얀 발전소 프로젝트	· 미국과 군사동맹국 · 영해 문제 등으로 그동안 중국은 필리핀에서 프로젝트 수주에 어려움을 겪음
	브루나이	중	· 무아라항(물류항)	· 브루나이·광시 경제 회랑	· 관광, 물류 중심의 해운 항만 협력

자료: 祝哲 等(2017: 149~150), 민귀식(2019: 143~149) 재인용 및 기타 자료를 참조해 필자 재구성.

4. 동남아시아에서의 일대일로 지정학적 구도와 세력 경쟁 함의는 무엇을 말해주는가?

1) 중·일 경쟁 구도 속의 대륙부 동남아시아 국가와 중국 육상 네트워크

동남아시아에서 중국이 진행한 일대일로 협력의 방향성과 경제교류의 확대는 지역 내 세력균형 현상(regional status quo)을 흔드는 다음의 몇 가지 요인을 제공했다.

첫째, 남북 물류를 필요로 하는 중국의 적극적인 경제교류로 인해, 동남아시아 대륙부 국가(캄보디아, 라오스, 미얀마, 베트남: CLMV)의 개발 협력 사업에 대한 중국의 기여가 적지 않다. 중국과 국경을 연접한 인도차이나반도 저개발국들은 대체적으로 중국과 적극적인 국경 협력이 이루어지기를 환영한다. 중국 측의 기술과 자금이 저개발국의 국경 경제 발전에 충분조건을 제공하기 때문이다. 라오스를 예로 들자면, 개발 지역 인근 주민들은 반중 정서를 지니지만, 물류 인프라 연계로 인도차이나반도의 물류 중심국을 구상하는 라오스 정부의 발전 전략이 중국 정부의 인프라 연결 계획과 합치하고 있다. 전체 국민의 반중 정서가 깊은 베트남에서도 북부 국경지역의 발전과 중국의 협력은 깊은 상관관계를 지니고 있다. 미얀마와 중국의 국경지역은 주변국에 비해 상대적으로 험준한 산지가 많다. 미얀마와 중국은 산지 지형을 이용한 자원 개발협력을 공동 사업으로 활용해 중국은 성공적으로 벵골만으로 향하는 육로를 확보했다. 중국은 인도차이나반도 국가의 반중 정서를 경제적 수혜를 제공하는 방법으로 극복할 수 있는 것이다.

둘째, 중국의 일대일로 사업 추진은 인도차이나반도에서 새로운 '미·일 대(對) 중국'의 경쟁 구도를 불러왔다. 아세안 국가들의 부는 상대적으로 동남아시아 해양부 국가들에게 몰려 있는데, 이는 전통적으로 미국과 일본을 중심으로 한 해양 경제 교역 빈도와 관련이 있다. 상대적으로 인도차이나반도의 저개발국들과 중국 대륙의 교역은 이렇다 할 큰 진전이 없었던 상황하, 중국의 부상과 경제적 부가 중국의 해외투자와 자원 에너지 개발로 이어지면서, 인도차이나반도의 성장 활기도 7%대의 GDP 성장률로 이어졌다. 중·일 인프라 경쟁의 각축에도 변화의 조짐이 발생했는데, 미얀마와 태국의 경우, 남북 물류회랑을 건설하려는 중국과 동서 물류회랑을 건설하려는 일본의 경쟁이 자국의 국토 내에서 전개되면서, 미얀마와 태국 정부는 양측의 경쟁 사이에서 좀 더 유리한 인프라 개발 협상 조건을 지렛대로 사용하고 있다. 한편 국가 간 외부적 각축 구도도 형성되기 시작했는데, 캄보디아와 라오스는 중국과 협력관계가 한층 깊어졌으며, 베트남은 일본 및 미국과의 경제협력이 깊어졌다. 결국 미·중 간 세력 경쟁 구도 안에서, 각국 정부는 자국의 지정학에 따라 외부 세력을 다루는 내부 역량에 의해 자국 발전의 향방을 가늠하게 되었다.

셋째, 중국과 지리적으로 인접한 대륙부 동남아시아 국가들은 중국의 지정학적 진출 전략에 따라, 중국이 구상한 네트워크의 거점지에서 새로운 투자 협력에 적극적 모습을 보였다. 중국이 진출한 거점지역은 중국의 투자로 새로운 발전이 예상되는 지역이기도 하며, 미·중의 지정학적 경쟁 때문에 그 경쟁 수혜로 발전이 가능해진 지역이다. 전자는 중국의 경제회랑이 지나는 미얀마, 라오스를 꼽을 수 있으며, 후자는 미·일 영향력이 강한 베트남과 태국을 꼽을 수 있다. 특히 베트남은 중국이 제해(制海)해야 하는 해양 길목에 위치해 있어, 베트남 정부의 대중 정책에 따라 미·중 갈등 향방이 급진전될 소지를 안고 있다. 태국과 말레이시아는 중국의 해상과 육상 실크로드가 접목된 지점에 위치한 지정학적 요충지로서 중국에게 의미 있는 동남아시아 전략 협력국으로 부상했다.

2) 해양부 동남아시아 국가의 정치적 유연성과 중국 해양 경제 네트워크

해양 진출에 대한 중국의 해양 정체성 확립은 '중국이 대륙국가로 안주할 것인가, 아니면 미국과 견줄 만한 해양 세력으로 성장하느냐?'의 국가적 명운이 걸린 문제이다. 따라서 중국에게 있어 해양부 동남아시아 국가들과의 협력은 해양 진출의 중요한 의미를 부여해 준다. 결국, 중국의 해양 지정학은 남중국해 및 동중국해에서 해양 세력으로부터 폐쇄 또는 반폐쇄되어 있는 해양 출구를 여는 일이다.

먼저, 중국은 해양 남하(南下)를 위해 새로운 거점항구 설정을 필요로 했는데, 이에 따라 항구 개발과 항만 협력을 진행했다. 해상 일대일로 거점항구와 진주 목걸이 전략항구[16] 중첩지는 경제·군사적으로 중국에게 중요한 의미가 있다. 이 중첩 지역은 지정학 측면에서 중국의 지원으로 개발되는 곳이며, 특히 상업항구 협력이 군사항구 거점지역으로 변환될 가능성이 크다. 예를 들자면, 중국 진주 목걸이 전략항구에 해당하는 캄보디아(코콩(Koh Kong) 또는 시아누크빌), 미얀마(시트웨), 방글라데시(치타공), 스리랑카(함반토타) 등 저개발 국가의 몇몇 심해 항구는 상업항구 협력에서 미래 군사 협력항 거점으로의 전환이 예측 가능하다. 〈그림 5-3〉은 상업적 협력을 필요로 하는 중국 해양 일로(一路)의 동남아시아 주요 거점항구이다.

둘째, 중국에게 있어, 일로(一路)와 관계해 동남아시아 해양부 국가들의 협력을 이끌어내는 일은 상대적으로 대륙부 국가들보다 힘든 구조를 지닌다. 동남아시아 해양부 국가들은 전통적으로 부유했으며, 해양 세력 영향력이 상대적으로 컸다. 중국이 추구하는 '사회주의, 독자적 에너지 운송로 개발, 미군 주둔 반대' 기조는 전통적으로 해양부 국가들이 지향해 온 방향과는 거리가 있다. 따라서 동남아시아 해양부 국가들은 중국의 일대일로 협력에 대해 관망하면서, 자국에 이익을 가져오는 제한적 협력 기회에만 관심을 두어왔다. 이 때문에 일대일로 사업 협상에도 사업 지연, 협상 번복·취소 같은 변화가 자주 일어

---

16 중국의 '진주 목걸이' 전략항구는 2013년부터 이 지역 개발에 중국의 자금과 기술이 적극 제공되고 있다. 2012년 6월 완공된 스리랑카 남부 함반토타항과 2013년 2월 파키스탄의 과다르 항은 중국이 기항 거점지로 확보한 곳이다.

났다. 특히 남중국해 분쟁 당사국(베트남, 필리핀, 말레이시아, 브루나이)과 싱가포르, 인도네시아는 일대일로와 관련해 경제협력은 지지하는 입장이지만, 남중국해 문제에서만큼은 전술적 태도를 유지하는 공통점을 보이고 있다. 이 때문에, 남중국해 문제를 다루는 중국의 전술이 중요해지고 있다.

셋째, 중국은 해양부 국가들과 해양 경제협력 노력을 기울이면서도, 이들 국가와 군사적으로도 상당한 협력 분위기를 조성하고자 한다. 중국과의 합동 군사훈련에 동남아시아 해양 국가들을 합류시키고, 중국의 무기를 염가에 제공함으로서 해상에서의 군사적 긴장을 상당히 완화시켰고, 군사적 해로를 여는 데도 성공하고 있다. 특히 해군 협력에서 말레이시아와 태국을 우호적으로 전환시키는 데 성공했다. 필리핀의 두테르테 대통령이 반미 외교 행보를 보였을 때, 중국은 필리핀에게 군사협력과 저가 무기 판매를 제의했다. 미안마와 인도네시아의 대중국 군사협력도 이전에 비해 강화[17]되었다. 동남아시아 10개국은 2018년 10월 중국과 남중국해에서 처음으로 합동군사훈련을 했지만, 2019년 9월에는 미국과 해상합동훈련을 태국만 일대에서 가졌다. 동남아시아 국가들이 미·중 사이 세력균형이라는 명분을 통해, 중국에게도 군사 영역의 행동반경을 넓혀주었다는 사실에서, 중국의 동남아시아 지정학이 이전과는 다

---

17 이때 중국은 필리핀에게 우호 협력 관계의 표시로 M-4 소총 3000정을 제공했다. 태국 육군은 1년 6개월 전 구매 계약을 체결한 1억 4700만 달러(약 1685억 원)어치의 중국산 전투용 탱크 VT4 1차분 28대를 2017년 가을 인수했다. 태국은 2016년 말 중국산 039A형 디젤·전기 동력 공격잠수함 3척에 이어, 2017년 3월 VN1 장갑차까지 중국에서 구매했다. 말레이시아는 2016년 11월 나집 라작 총리가 방중 때 중국산 해안경비선 4척을 구입기로 합의했는데, 이 중 2척은 중국에서, 나머지 2척은 말레이시아에서 건조될 계획을 밝혔다. 중국은 경비선 매매계약에 기술이전을 약속했는데, 구매액은 2억 7700만 달러(약 3175억 8000만 원)에 이른다. 또한 중국은 미안마 공군이 보유한 전투기 대부분과 장갑차량, 총기, 해군 함정을 제공하는 최대 무기 공급자이기도 하다. 인도양에서 미안마와 중국의 해군 훈련도 대대적으로 이루어졌다. 인도네시아는 2005~2009년 사이 C-802 대함 미사일, 휴대용 지대공 미사일, 항공 탐색 레이더를 중국으로부터 구입했으며, 특정 군사 장비 기술 교환에도 합의했다(≪한국일보≫, 2017. 10.19).

르게 변하고 있음을 알 수 있다.

3) 중국의 전략 협력 방식과 지정학적 네트워크 투자

네트워크 권력을 체제(system), 과정(process), 행위자(actor)의 차원에서 작동하는 메커니즘으로 이해하고, 중국의 교역과 투자를 바라보자면, 전통적인 국제정치학에서 권력을 지닌 국가가 보유한 물질 자원, 즉 군사력과 경제력 등에 기반한 국제 권력을 확보하는 과정에서 중국의 교역과 투자는 수단화되는 과정에 있음을 이해할 수 있다. 즉, 중국이 새롭게 네트워크를 구성하는 과정에서 네트워크 대상이 되는 국가는 새로운 노드(node)를 제공해야만 하고, 노드와 노드를 잇는 링크(link) 권력의 세력화 수단에 중국의 무역과 투자가 사용되는 것이다. 물론 이러한 배경에는 기존 국제정치에서 네트워크 링크 권력을 차지하고 있는 세력에 대한 새로운 세력(중국)의 도전과 그 전략 수립이 전제가된다. 때문에 중국과 무역과 투자가 확대되는 지역을 지정학이라는 관점을 통해 분석할 때, 네트워크 노드와 링크 역할을 하게 될 가능성이 크다. 일대일로 5통(通) 중 무역 원활화(貿易暢通)는 중국과 연선 국가 간 무역을 확대해 교류를 증진시키고, 최종적으로는 투자 장벽을 제거해 양호한 투자 환경을 조성하는 것과 관계가 있다. 동남아시아 지역에서 중국과 큰 무역 거래를 하는 국가는 베트남, 말레이시아, 싱가포르, 태국, 인도네시아, 필리핀을 꼽을 수 있으며 중국 일대일로 전체 무역 거래국 상위 10위권 안에 포함되는 국가들이다(〈표 5-4〉 참조).

〈그림 5-4〉와 같이, 동남아시아 대륙부 국가들의 대중 무역의존도는 해양부 국가들보다 더욱 가까운 사실을 알 수 있다. 중국 사회과학원에서는 동남아시아 국가들의 대중 무역 불균형 상태를 중국 기업들의 현지 직접투자로써 만회할 수 있다고 분석했는데, 중국의 산업이 저개발국으로 이전되면, 이전된 국가에서 생산한 중간 가공품이 중국에 재수출됨으로써 중국과 무역균형이 최종

표 5-4 중국 일대일로 협력 10대 무역국   (단위: 억 달러)

순위	국가	무역액	수출	수입	순위	국가	무역액	수출	수입
1	한국	2,804	1,030	1,774	6	태국	806	388	418
2	베트남	1,219	714	505	7	싱가포르	797	455	343
3	말레이시아	962	420	542	8	인도네시아	634	349	285
4	인도	847	684	163	9	필리핀	513	321	192
5	러시아	842	430	412	10	사우디아라비아	500	183	317

주: 일대일로 협력 71개국의 무역통계에서 상위 10위 국가 배열.
자료: 国家信息中心(2018).

그림 5-4 2017년 동남아시아 국가들의 미·중 무역 비중 비교   (단위: %)

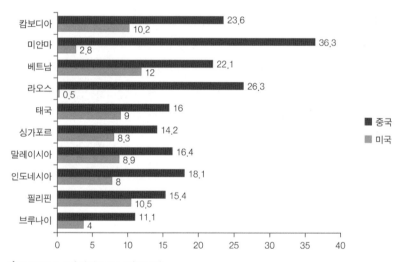

자료: ISEAS-Yusof Ishak Institute(2019.1).

가능해진다고 해석했다. 이에 따라 '라오스'를 무역과 투자 균형이 잘 이루어진 형태가 가능할 것으로 최종 분석했는데, 이를 네트워크 전략 측면에서 해석하자면, 무역과 투자가 모두 중국에게 경도된 대표적 사례로 분석할 수 있다.

중국은 2013년 일대일로 발표 이후, 몇 년 동안 세계 곳곳에 활발한 투자를 진행했는데, 2015년 중국의 해외투자금액을 지역별로 살펴보면 아시아 지역에 투자된 금액이 전체 중국의 해외투자액의 74.4%를 차지했다. 그 뒤를 중남미 8.7%, 북미 7.4%, 유럽 4.9%순으로 이어진다. 중국의 네트워크는 도로, 에너지 수송관, 철도, 항공, 해로를 통해 인적 교류가 이루어지며, 이러한 교류들이 중첩될수록 강력한 힘을 발휘한다. 중국과 인접한 동남아시아 대륙부 국가들과 역동적인 해양부 국가들은 중국이 지닌 지정학에 따라 네트워크 형성이 용이한 곳에서 중국의 지정학적 전략 협력에 호응했으며, 이 과정에서 협력국의 경제성 문제를 다시 검토해야 하는 문제가 대두되고 있다.

4) 일대일로 네트워크 협력과 남중국해 문제의 지정학적 리스크

남중국해는 태평양과 인도양을 이어주는 지정학적 요충지이며, 동남아시아 각국의 영유권 문제가 얽혀 있는 동시, 미국과 일본 해양 세력이 '항행의 자유'로 개입한 지역 패권과 관계된 곳이다. 중국에게는 해양으로 나아가는 관문이며, 핵심 이익의 문제, 해양 패권, 군사력 투사, 에너지 자원, 영토 영유권 등의 문제가 개입된 국제정치의 요지이다. 남중국해는 제2차 세계대전 기간 일본이 영향력을 행사했던 지역으로, 이후 일본과 연합국 사이의 체결된 샌프란시스코 조약에 명시되지 않은 난사군도와 시사군도의 영유권 문제로 인해 동남아시아 분쟁의 중심이 되어왔다. 1953년 중국이 본격적으로 남해 9단선을 설정하고, 영유권 확장을 주장함에 따라 주변 베트남, 필리핀, 말레이시아, 브루나이에서는 자신의 영유권 침해를 방어하는 차원에서 분쟁이 격화된다(McDougall, 2018: 281). 남중국해 분쟁의 심각성은 중국의 부상이 가시화되고 이 지역 국가들의 전략 균형이 깨지기 시작한 2010년 이후 본격화되는데, 중국이 해양 패권 확보 전략을 가시화시키고 남중국해에서 암초 매립과 군사기지화를 진행하면서 미국을 비롯한 세계 이목도 집중된다. 미국은 해양 안보 차원에서 중국의 영유권 주장을 수용하지 않았으며, 이 지역 자유무역과 항행의 자유를 중국에게 넘겨줄 수 없다는 자국 패권 수호의 양상이 남중국해 문제 심각성을 더했다.

남중국해를 중심으로 중국 세력 남하를 저지하기 위해, 미국과 공통의 안보 목소리를 내던 동남아시아 해양부 국가들은 지역 안정을 위해 중국과의 우호 관계도 고려해야만 하는 상황에 직면했다. 중국의 일대일로 네트워크는 동남아시아 국가들 중에서 남중국해 문제를 접하고 있지 않는 라오스, 태국, 캄보디아, 미얀마에서 상대적으로 강화되었다. 베트남, 필리핀은 중국의 일대일로 협력을 심화하기에 앞서, 남중국해 문제에서 상대적으로 자유롭기 힘들다. 말레이시아는 남중국해 문제에 대해 반중국적 입장을 취해 왔는데, 중국이 말레이시아 나집 정권에 협력하고 투자를 확대하자, 한동안 남중국해 문제에 소극적인 태도를 취하기도 했다. 결국 동남아시아 국가들이 중국과 개별적 경협을 확대하는 한, 아세안은 남중국해 문제에 대해 공동의 안보 문제를 제기하는 데 소극적 자세가 될 수밖에 없다. 이에 아세안 다자안보전략에 힘을 실을 수 있는 미국과 일본의 역량 발휘가, 향후 동남아시아로 하여금 중국을 효과적으로 견제하도록 이끌 수 있는 힘이 될 것이다.

5. 동남아시아 지역에서 중국 일대일로 건설은 성공 가능한가?

중국의 부상과 일대일로 네트워크 전략은 동남아시아 국가들로 하여금 지정학적 관계 변화를 마주하게 했다. 동남아시아 국가들에게 있어서 중국의 존재감은 과거에 비해 크게 변화했으며, 지리적으로 먼 곳에서 투사해야 하는 미국의 영향력에 비해 중국의 영향력은 더 빠르고 강력해졌다. 동남아시아 국가들은 중국이 주장하는 '중화 질서'에 의한 '줄 세우기' 전략을 경계하기 위해 아세안의 틀 안에서 정치적으로 일치단결하는 힘을 중국에게 보여주고자 한다. 또한 동남아시아의 안정과 안보를 위해 일본, 미국, 한국, 인도, 러시아의 힘도 중요하다고 여기고 있다. 그러나 중국의 부상과 미·중 경쟁 구도에서 오는 미·중 사이의 협력 기회 포착 문제는 동남아시아를 스스로 지키고자 했던 '정체성'과 '응집력'을 약화시키고 있기도 하다. 대륙부 동남아시아 국가들은 동남아시아의 다양성을 어렵게 수용하며, 중국의 자국 중심적 권력에 대한 경계의 목소리를 아세안이라는 테두리 안에 담아왔다. 그러나 이웃한 중국의 눈부신 경제발전과 일대일로가 가져다줄지도 모르는 자국의 경제적 이익을 상상하며, 발전에 대한 욕망도 키우고 있다. 한편 해양부 국가들은 중국과 남중국해 분쟁을 겪으면서 해양 권력에 대한 중국의 욕심을 확인했지만, 다가올 아시아 시대를 위한 중국과의 해양 경제협력에도 귀를 기울이고 있다. 중국은 동남아시아에서 육상과 해상의 일대일로 네트워크 파워 재편을 통해 동남아시아 개별 국가의 성장욕을 자극했으며, 새로운 지정학적 협력 질서 등장을 자극했다. 그러나 동남아시아 지역 국가들이 직면한 현실 과제는 남중국해 경쟁 및 갈등과 더불어 '미·중의 분쟁지역'으로 부상해야 하는 현실이다.

중국 패권의 남하(南下) 관점에서 동남아시아 지역은 중국의 네트워크 확보에 유리한 지정학을 제공했지만, 중국이 동남아시아 국가들의 이해 요구를 수용하고, 일대일로 사업 추진의 '이익 재분배'에 대한 믿음과 불확실성 측면에서 신뢰 가능한 확신을 제공하지 못한다면, 동남아시아는 분쟁지역 그 이상도 이하도 아닌, 피곤한 아시아가 재현되는 현실일 뿐인 것이다.

참고문헌

곽성일 외. (2018.12.28). 「ASEAN 지역의 인프라 시장 확대와 한국기업의 진출 방안」. 대외경제정
　　책연구원 연구보고서.

김상배. (2008). 「네트워크 권력의 세계정치: 전통적인 국제정치 권력이론을 넘어서」. ≪한국정치
　　학회보≫, 제42권, 제4호, 387~408, 554쪽.

김상배 외. (2008). 『지식질서와 동아시아: 정보화시대 세계정치의 변환』. 경기: 한울.

동아시아평화문제연구소. (2017.1.22). "중국의 해양전략". http://www.east-asia.or.kr/active/act2_
　　view.asp?sp_idx=197&page=(검색일: 2019.9.25).

미어셰이머, 존 J.(John J. Mearsheimer). (2017). 『강대국 국제정치의 비극: 미·중 패권경쟁의 시대』.
　　서울: 김앤김북스.

민귀식. (2019). 「중국 해상실크로드와 항만네트워크 전략」. ≪중소연구≫, 제43권, 제1호(통권 제
　　161호), 133~164쪽.

박원호. (2016). 「조약의 네트워크: 한중일과 주변국들을 중심으로」. 『아시아는 통한다』. 경기: 진
　　인진.

손열. (2007). 『매력으로 엮는 동아시아』. 서울: 지식마당.

유석준. (2010). 『海洋戰略과 國家發展』. 서울: 한국해양전략연구소.

이충렬 외. (2017). 『포스트 차이나 아세안을 가다』. 서울: 디아스포라.

정융녠·류바오지엔. (2018.10.19). 일대일로와 중국의 평화적 부흥". 동북아역사재단 '중국의 세계
　　화 전략연구: 일대일로와 동아시아국제회의' 발표자료.

정의길. (2018). 『지정학의 포로들』. 서울: 한겨레출판.

창, 펠릭스 K. (2014.12.24). "비교를 통해 본 동남아시아 국가들의 군 현대화: 세력, 정책, 지정학적
　　변화". 아산정책연구원, 아산포럼.

캐플런, 로버트 D.(Robert D. Kaplan). (2017). 『지리의 복수』. 서울: 미지북스.

하영선·김상배 편. (2006). 『네트워크 지식국가: 21세기 세계정치의 변환』. 서울: 을유문화사.

McDougall, Derek. (2018). 『동아시아국제관계』. 서울: 명인문화사.

≪연합뉴스≫. (2018.12.20). "미얀마서 中·日 영향력 확대". https://www.yna.co.kr/view/GYH
　　20181220000500044?section=search.

≪조선일보≫. (2018.4.19). "中 일대일로, 돈 안되는 항구에 수억달러 '수상한 투자'". http://news.
　　chosun.com/site/data/html_dir/2018/04/19/2018041900266.html(검색일: 2019.9.20).

≪중앙일보≫. (2017.10.19). "동남아에 무기 '폭탄 세일'하는 中, 그 노림수는?". https://www.joong
　　ang.co.kr/article/22028185#home//(검색일: 2019.9.27).

≪한겨레≫. (2014.9.10). "시진핑 '걸끄러운 이웃' 인도 끌어안기". http://www.hani.co.kr/arti/inter
　　national/china/654674.html(검색일: 2019.9.18).

_____. (2018.10.16). "중, 말레이·타이와 해군훈련…미 국방 방문 맞춰 무력시위?". http://www.
　　hani.co.kr/arti/international/china/866051.html#csidx4964d80a642cc0587ef643f8d45bf48(검
　　색일: 2019.9.25).

≪한국일보≫. (2019.3.21). "세계에서 한국산 무기 가장 많이 사는 '동남아의 맹주'". https://www.hankookilbo.com/News/Read/201903211053085340(검색일: 2019.9.25).

国家信息中心. (2018). 『"一带一路"大数据中心』.

商务部. (2018). 『对外投资合作国别(地区)指南: 马来西亚, 新加坡, 文莱, 菲律宾, 印度尼西亚, 泰国, 缅甸, 柬埔寨, 老挝, 越南』. 商务部国际贸易经济合作研究院.

吴迎新. (2014). 『环南中国海现代产业体系与经济圈研究』. 北京: 社会科学文献出版社.

除泰法·林勇灵. (2012). 『中国-东盟多元政治体制下的政治合作研究』. 北京: 人民日报出版社.

钟飞腾. (2019.4.16). "〈一带一路〉的机制化建设与进展评估". 汉阳大学 中国问题研究所 '一带一路建设与东北亚区域合作' 2019年 韩中国际学术会议.

祝哲 等. (2017). 『新战略, 新愿景, 新主张 — 建设21世纪海上丝绸之路战略研究』. 北京: 海军出版社.

何广顺. (2018.12.1). "坚持陆海统筹形成建设海洋强国的合力". 中国社会科学网 http://www.cssn.cn/zx/201812/t20181201_4786688.shtml(검색일: 2019.9.1).

Chong, Ja Ian. (2018). "It's Complicated : SINGAPORE-CHINA Relations, An Overview." *RISE: Asia Prospect*, No.20 (July, 2018).

Kuik, Cheng-Chwee. (2008). "The Essence of Hedging: Malaysia and Singapore's Response to a Rising China." *Contemporary Southeast Asia*, Vol.30, No.2, pp.159~185.

Li, Xue and Li Yongke. (2017). "The Belt and Road Initiative and China's Southeast Asia Diplomacy." *The Diplomat* (November 28).

Mackinder, Halford J. (1904). "The Geographical Pivot of History (1904)," *The Geographical Journal*, Vol.170, No.4 (December 2004), pp.298~321.

Weatherbee, Donald. (2015). *International Relations in Southeast Asia: The Struggle for Autonomy*. New York: Rowman & Littlefield.

The World Bank. (2019). *Belt and Road Economics: Opportunities and Risks of Transport Corridors*. NW, Washington, DC.

제6장

중국의 대아세안 인프라 자금 지원 현황과 특징*

김선진 | 동아대학교 중국학과 조교수

중국 일대일로 이니셔티브(一帶一路, Belt and Road Initiative, 이하 BRI) 구상에서 아세안은 전략적 거점지역으로 그 역할과 중요성이 점차 부각되고 있다. 중국의 대아세안 투자가 2015년을 기점으로 두드러지게 증가하고 있다는 사실만 보더라도 이를 짐작하기 어렵지 않다. 다만, 중국의 대아세안 인프라 협력이 크게 주목을 받고 있는 원인이 중·아세안 간 협력 규모가 상당하기 때문이라고 해석할 수 있겠으나, 미·일의 오랜 관리 대상 지역에 중국의 진출이 또 다른 경쟁 구도와 긴장을 야기시킬 수 있을 것이란 시각에서 비롯된다고도 볼 수 있다. 중국의 아세안에 대한 의중은 2016년 '중·아세안 엑스포(CAEXPO)'에서 언급한 '21세기 해상 실크로드와 긴밀한 중·아세안 운명 공동체(community of common destiny) 건설'에서 드러난다. 중국과 아세안의 경제협력 관계는 교역, 투자, 개발 협력 등 경제협력 면에서 빠른 증진을 보여왔다. 중국은 과거 어느 시기보다 해외 수요 확충, 에너지 안보, 지정학적 영향력을 확대하고자 아세안과의 경제·외교 협력에 긴밀한 노력을 꾀했다. 아세안 역시 인프라 개발 자금

---

*   이 글은 ≪전자무역연구≫, 제19권, 제2호(2021.5)에 실린 논문 「중국의 대아세안 인프라 투자와 BRI-AIIB의 연계성 분석」을 수정·보안해 작성했다.

지원 확대를 위해 중국과 협력을 강화했다. 아세안은 2010년부터 '아세안 연계성 마스터플랜'(Master Plan for ASEAN Connectivity, 이하 MPAC) 정책으로 인프라 개발을 통한 경제발전을 시도하고 있다. 그러나 당초 계획과는 달리 지지부진하게 성과를 내지 못했던 MPAC 정책은 중국의 BRI 정책을 마중물로 삼고 기동력으로 중국의 인프라 지원 자금을 적극 활용할 유인을 갖기에 충분하다. 즉, 중국의 BRI 정책과 아세안의 MPAC 정책은 인프라 개발을 통한 지역 간 연계성이라는 공통된 화두가 존재하며, 자금 융통 측면에서 중국의 BRI 정책과 자금 지원에 대한 활용 가치는 크다고 할 수 있다.

1. 아세안의 MPAC 정책

아세안은 2015년 출범한 아세안 공동체(ASEAN Community: AC)의 풍요로운 번영을 위해 회원국 간 개발 격차를 축소하고 균등한 발전을 위한 연계성(connectivity)이 개선되어야 한다고 인식했다. 연계성에 대한 논의는 2010년 아세안 정상회담에서 MPAC이 제시되면서 본격적으로 시작되었고, 구체적인 세부 실행을 놓고 2014년 아세안 정상회담에서 'MPAC 이행에 대한 종합적인 검토와 아세안 연결 기본 계획 2025(MPAC 2025)'의 수립을 결정했다.

MPAC는 첫째, 도로, 항만, 전력 등 인프라 건설 사업으로 물류 연계를 범지역 단위로 확산하는 '물리적 연계성(physical connectivity)', 둘째, 상품, 서비스, 투자 자유화로 지역 간 통합을 강화하는 '제도적 연계성(institutional connectivity)', 셋째, 문화관광과 교육 협력으로 지역 간 시민들의 소통을 가속화하는 '인적 연계성(people-to-people connectivity)'으로 정치안보적(ASEAN Political-Security Community: APSC), 경제적(ASEAN Economic Community: AEC), 사회문화적(ASEAN Socio-Cultural Community: ASCC) 축을 달성하고, 궁극적으로 아세안 통합 비전을 실현하는 총체적인 지역통합 전략을 내세우고 있다.

표 6-1 아세안 연계성 우선 사업 15개 항목

연계성 분야	세부 분야
물리적 연계성 (projects under physical connectivity)	아세안 고속도로망(AHN) 미연결 구간 완공 및 라오스·미얀마 TTR(Transit Transport Route) 개선 사업
	싱가포르·쿤밍 철도망(SKRL) 미연결 구간 완공 사업
	아세안 광대역 회랑(ABC) 형성
	믈라카·페칸바루 전력망 연결 사업
	서칼리만탄·사라와 전력망 연결 사업
	로로(Ro Ro) 운항 시스템 네트워크 구축 및 근해 수송 연구
제도적 연계성 (projects under institutional connectivity)	우선 선정 산업에 대한 상호인정협정(MRA) 개발 및 운영 사업
	표준 및 적합성 평가 절차에 관한 공통 규칙 마련
	2012년까지 모든 회원국의 창구 단일화(NSWs) 사업
	투자 장벽의 단계적 축소 및 제거에 관한 방안 마련 사업
	원활한 물품·서비스 이동 활성화에 관한 아세안 협정 운영 사업
인적 연계성 (projects under people-to-people connectivity)	아세안 비자 요건 완화 사업
	아세안 온라인 학습 센터(AVLRC) 개발 사업
	ICT 기술표준 개발
	아세안 공동체 구축 프로그램

자료: The ASEAN Secretariat(2016: 2~3).

아세안은 지속 경제성장과 개발 격차 축소를 위해서는 육로, 철도, 항만과 같은 기초 인프라 시설 확충의 필요성을 절감하며, 역내 핵심 지역 곳곳을 연결하는 인프라 개발에 상당한 관심을 두고 있다. 이에 아세안은 물리적 연계성을 제도적·인적 연계성 구축을 위한 기본 연계성으로 지정하고, 도로, 철도 등 육상 루트와 로로선(Ro Ro vessel), 근거리 해양 교통 등 해양 루트의 인프라 구축을 우선으로 삼아 아세안의 인프라 통합 노력을 지속하고 있다. 이는 효율적인 교통로를 형성해 통합적이고 경쟁력 있는 다기능 교통 시스템(multimodal transport system)을 구축하기 위함이다.

그간 아세안은 물리적 연계성 증진을 위해 각종 프로젝트를 수행하기 위한 인프라 해외투자 유입이 절실히 필요했으나, 재원 마련은 쉽지 않았다. 사실상

표 6-2 아세안 연계성 사업 계획과 성과

연계성 분야	세부 분야	프로그램 계획	프로그램 실행
물적 연계성	아세안 고속도로 네트워크 완성	11	2
	싱가포르·쿤밍 철도(SKRL) 사업 완성	11	1
	내륙 통합 수로 네트워크 구축	1	0
	해상수송 통합시스템 구축	4	1
	다기능모드(multimodal) 수송 시스템 구축	8	3
	ICT 인프라 및 서비스 개발 가속화	7	6
	에너지 인프라 우선순위 제도적 마련	13	5
제도적 연계성	3개 무역 원활 프레임워크 (AFAFGIT, AFAFIST, AFAMT) 구축	6	2
	국가 간 여객 운송 수단 원활화 조치 마련	2	0
	아세안 단일 항공 시장(ASAM) 개발	9	2
	아세안 단일 배송 시장(single shipping market) 개발	2	2
	아세안 상품 자유화를 위한 무역 장벽 제거	15	4
	물류 부문: 유통·통신·수송 서비스 개선	2	0
	실질적 무역자유화 증진	6	2
	국경무역 역량 개선	3	0
	공정한 투자 법제 정비를 통한 대내외 투자 증진	2	2
	제도적 역량 강화 및 정책·프로그램·사업 개선	3	1
인적 연계성	아세안 사회문화적 이해	10	5
	아세안 인적 이동 증진	10	1
총합		125	39

주: 2016년 5월 기준.
자료: The ASEAN Secretariat(2016: 22).

고속도로·철도·수송 인프라와 관련된 물적 연계성 마련이 시급하나, 2016년을 기준으로 125개 프로그램 중 39개 사업만이 실행되고 있을 뿐이다. 이는 처음 연계성 사업이 경제적 수요에 의해 시작되었다기보다 아세안의 단합과 정체성 부각을 위한 실리적 외교의 정치적 수요에서 출발했기 때문이다. 따라서 현재 아세안의 연계성 사업은 조직과 제도, 재정의 미비로 인해 사업의 연속성이 부족하고 지지부진한 상황이다.

2. 아세안 인프라 개발 수요와 현주소

아세안의 경제와 무역 규모의 증가를 감안해 볼 때, 인프라 수요는 더욱 확대될 수밖에 없다. 아시아개발은행(Asian Development Bank, 이하 ADB)에 따르면, 2016~2030년 동안 전 세계적인 인프라 수요는 연간 3.3조 달러, 총 49조 달러라는 상당한 규모의 투자가 필요한데, 그중 아시아 지역은 연간 1.7조 달러, 총 26.2조 달러의 인프라 투자가 필요하다.

아시아를 지역별로 살펴보면, 투자수요는 중국을 포함한 동아시아가 16조 62억 달러로 가장 높고, 그 뒤를 이어 남아시아가 6조 3470억 달러, 아세안은 3조 1470억 달러, 유라시아는 5650억 달러, 태평양 도서 국가들이 460억 달러로, 아세안은 아시아 전체 인프라 수요의 12%로 예상된다. GDP 대비 투자 비중을 살펴보면, 유라시아가 투자수요는 적은 대신 GDP 대비 투자 비중이 높아 7.8%이며, 남아시아 8.8%, 동아시아가 5.2%, 아세안은 5.7%가 될 것으로 전망된다(〈표 6-3〉 참조). 사업 분야별로 살펴보면, 전력 부문이 14.7조 달러, 교통 부문이 8.4조 달러인데, 이는 전체 사업의 88.2%에 달해 상당한 인프라 투자가 필요하다. 통신은 2.3조 달러, 물과 위생은 8020억 달러로 예상된다(〈표 6-4〉 참조).

반면 2004~2013년까지 아시아 지역 내 인프라 개발을 위해 조달된 자금은 총 2360억 달러이며, 그중 ADB가 아시아 인프라 개발에 지원한 규모는 연간 약 120억 달러(2010~2013년 평균)에 불과해 수급 불균형이 심각한 실정이다. 따라서 기존 체제인 세계은행(World Bank, 이하 WB), ADB하에서는 인프라 개발 수요를 충족하기에 상당한 무리가 있다.

아세안의 인프라 발전 정도는 각 국가별로 상이한데, 아세안 내 개발도상국

표 6-3 아시아 지역별 인프라 개발 투자수요(2016~2030) (단위: 10억 달러)

아시아	2030년 예상 GDP	일반 투자수요			기후변화를 고려한 투자수요		
		투자수요 (A)	연평균	A/GDP (%)	투자수요 (B)	연평균	B/GDP (%)
유라시아	6,202	492	33	6.8	565	38	7.8
동아시아	18,602	13,781	919	4.5	16,062	1,071	5.2
남아시아	3,446	5,477	365	7.6	6,347	423	8.8
동남아시아	7,040	2,759	184	5	3,147	210	5.7
도서 국가	2,889	42	2.8	8.2	46	3.1	9.1
합계	9,277	22,551	1,503	5.1	26,167	1,744	5.9

주: 2015년 화폐가치 기준.
자료: ADB(2017: 16).

표 6-4 아시아 산업별 인프라 개발 투자수요(2016~2030) (단위: 10억 달러)

산업	일반 투자수요			기후변화를 고려한 투자수요		
	투자수요(A)	연평균	비중(%)	투자수요(B)	연평균	비중(%)
전력	11,689	779	51.8	14,731	982	56.3
운송	7,796	520	34.6	8,353	557	31.9
통신	2,279	152	10.1	2,279	152	8.7
수자원 및 위생	787	52	3.5	802	53	3.1
합계	22,551	1,503	100.0	26,166	1,744	100.0

주: 2015년 화폐가치 기준
자료: ADB(2017: 16).

과 저개발국 사이에는 극명한 차이를 보인다. 아세안 내 선진국은 싱가포르, 개발도상국은 말레이시아·태국·인도네시아·베트남으로 볼 수 있으며, 저개발국가는 필리핀·캄보디아·라오스·미얀마로 분류할 수 있다.

먼저 교통 및 전력 전반 인프라의 연도별 추이를 보면, 베트남·필리핀·캄보디아를 제외한 아세안 국가들의 인프라 경쟁력 순위 및 지수는 전반적으로 경쟁력이 낮음을 알 수 있다. 여객과 화물 교통의 원활화를 위한 교통수단의 기본인 철도 부문 인프라는 개발이 가장 시급하며, 아세안 대부분 경쟁력이 낮

표 6-5 아세안 주요국 인프라 경쟁력 순위 및 지수

국가	연도	교통·전력 전반	도로	철도	항만	항공	전력
싱가포르	2015/2016	2(6.5)	2(6.3)	5(5.7)	2(6.7)	1(6.9)	2(6.8)
	2017/2018	2(6.5)	2(6.3)	4(5.9)	2(6.7)	1(6.9)	3(6.9)
말레이시아	2015/2016	24(5.4)	20(5.5)	15(5.1)	17(5.4)	20(5.7)	39(5.8)
	2017/2018	22(5.5)	23(5.3)	14(5.0)	20(5.4)	21(5.7)	36(5.9)
태국	2015/2016	49(4.4)	60(4.2)	77(2.5)	65(4.2)	42(5.0)	61(5.1)
	2017/2018	43(4.7)	59(4.3)	72(2.6)	63(4.3)	39(5.2)	57(5.2)
인도네시아	2015/2016	60(4.2)	75(3.9)	39(3.8)	75(3.9)	62(4.5)	89(4.2)
	2017/2018	52(4.5)	64(4.1)	30(4.2)	72(4.0)	51(4.8)	86(4.4)
브루나이	2015/2016	78(3.9)	41(4.7)	n/a	87(3.7)	84(4.1)	52(5.3)
	2017/2018	60(4.3)	33(4.8)	n/a	74(3.9)	63(4.5)	53(5.4)
베트남	2015/2016	79(3.9)	89(3.5)	52(3.1)	77(3.8)	86(4.1)	85(4.4)
	2017/2018	79(3.9)	92(3.4)	59(3.0)	82(3.7)	103(3.8)	90(4.3)
필리핀	2015/2016	95(3.4)	106(3.1)	89(2.0)	113(2.9)	116(3.2)	94(4.0)
	2017/2018	97(3.4)	104(3.1)	91(1.9)	114(2.9)	124(4.9)	92(4.2)
캄보디아	2015/2016	106(3.2)	93(3.4)	98(1.6)	76(3.9)	99(3.9)	106(3.3)
	2017/2018	106(3.1)	99(3.2)	94(1.6)	8(3.7)	106(3.7)	106(3.5)
라오스	2015/2016	108(3.1)	91(3.4)	n/a	132(2.0)	100(3.8)	77(4.7)
	2017/2018	102(3.3)	94(3.3)	n/a	127(2.3)	101(3.8)	75(4.8)

주: 2016~2017년 자료는 139개국, 2017~2018년 자료는 137개국. 괄호 안 숫자는 각국의 인프라 경쟁력 지수를 의미하며, 1~7점 중 7점 만점.

자료: World Economic Forum(2017, 2018)을 토대로 필자 정리. 같은 자료의 2019년 데이터에는 교통·전력 인프라 지수가 표기되어 있지 않으므로, 2016~2017년 및 2017~2018년의 기존 자료를 사용했음.

다. 특징으로는 인도네시아의 인프라 경쟁력 상향이 가시적이며, 시아누크빌 항 투자로 캄보디아의 항만 지수가 2016년 76위에서 2017년 8위로 급상향한 점이 두드러진다. 인프라 조건이 가장 우수한 싱가포르를 제외하고, '말레이시아·태국·인도네시아'는 중상위권이나, '브루나이·베트남'은 낮은 편이다. 특히 '필리핀·캄보디아·라오스'는 상당히 미흡한데, 2017/2018년 기준으로 각각 97위, 106위, 102위인 최하위권에 머물러 있다. 그 외 데이터 부재인 미얀마의

표 6-6 아세안 물류 경쟁력 지수(LPI)

국가	LPI 순위	통관	인프라	국제 환적	물류 편의성	물류 추적 시스템	적시 배송
싱가포르	5(4.05)	2(4)	5(4.14)	8(3.72)	4(4.08)	8(4.05)	3(4.34)
태국	34(3.36)	37(3.13)	41(3.17)	32(3.4)	35(3.29)	35(3.38)	36(3.75)
말레이시아	35(3.34)	38(3.06)	33(3.3)	30(3.43)	34(3.34)	38(3.32)	46(3.6)
베트남	45(3.16)	51(2.86)	54(2.92)	45(3.15)	40(3.17)	44(3.23)	47(3.6)
인도네시아	51(3.08)	62(2.69)	61(2.81)	51(3.08)	48(3.07)	45(3.23)	49(3.59)
필리핀	64(2.91)	70(2.62)	71(2.67)	39(3.2)	64(2.8)	58(3.01)	83(3.11)
브루나이	73(2.78)	61(2.7)	77(2.59)	84(2.74)	84(2.64)	75(2.82)	78(3.18)
캄보디아	89(2.66)	94(2.47)	120(2.26)	69(2.87)	106(2.5)	93(2.64)	82(3.13)
라오스	120(2.48)	111(2.37)	128(2.23)	116(2.52)	114(2.45)	119(2.48)	130(2.77)
미얀마	139(2.34)	137(2.21)	145(2.11)	155(2.22)	133(2.28)	135(2.33)	120(2.86)

주: 2018년 기준으로, 총 160개국 중 순위, 1~5점 중 5점 만점. 괄호 안 수치는 각국의 물류 경쟁력 지수를 의미함.
자료: 세계은행 집계 LPI(검색일: 2021.1.10).

인프라 보완이 시급하다.

아세안의 물류 경쟁력 지수는 인프라 지수보다 비교적 나은 편이나, 선진국인 싱가포르, 개발도상국인 태국·말레이시아·베트남·인도네시아, 저개발국인 필리핀을 제외한 캄보디아·라오스·미얀마는 각각 89위, 120위, 139위로 상당히 낮은 수준이다. 물류 경쟁력 지수가 낮으면 물류비용이 높게 발생되어 가격 경쟁력 하락을 유발하므로, 통관, 환적, 물류 추적, 적시 배송 등 물류산업의 경쟁력 제고를 위해 도로, 철도 등 교통 인프라 시설을 확충해야 한다.

3. 중국의 대아세안 일대일로 정책과 투자 현황

시진핑 국가주석은 중화 민족의 위대한 부흥을 실현하기 위해 2013년부터 BRI 정책을 시작했다. BRI는 21세기 육·해상 실크로드로 불리는데, 그중 일대

(one belt)는 중국에서 유라시아를 지나 유럽으로 연결하는 육상 기반의 실크로드 경제벨트이며, 일로(one road)는 동남 및 서남아시아에서 중동과 아프리카를 경유해 유럽까지 이어지는 해상 기반의 실크로드 경제벨트이다. 중국의 BRI 전략은 중국 내수의 공급과잉 문제를 밖으로 해결하고, 대외적으로는 주변국과 경제적 연계성을 도모해 새로운 시장 확대를 통한 지속 가능한 발전을 이루겠다는 장기적인 프로젝트이다.

그렇다면, 주변국과의 연계성을 강화하기 위해서는 사전적으로 물리적 연계성인 에너지, 철도, 도로, 교통, 항만 등 기초적인 인프라 사업이 수행되어야 하는데, 이는 상당한 자금을 필요로 한다. 중국이 추진하고 있는 BRI 사업은 이른바 5통(通)[1]의 목표를 갖고 있으며, 이 중 BRI 정책에서 연선 국가들과 물리적 연계성을 위한 가장 중요한 협력 포인트는 인프라 연결(设施联通)을 위한 자금 융통(资金融通)으로 볼 수 있다.

인프라 연결인 육·해상 실크로드를 살펴보면, 육상 3개 노선은 ① 중국·유라시아·러시아·유럽(발트해), ② 중국·유라시아·서아시아·페르시아만·지중해, ③ 중국·동남아시아·남아시아·인도양이며, 해상 2개 노선은 ① 중국·남중국해·인도양·유럽, ② 중국·남중국해·남태평양을 연계한다. 이러한 연계성을 강화하기 위해 마련된 교통 사업 전략인 6대 경제회랑은 ① 중국·몽골·러시아 경제회랑(中蒙俄经济走廊), ② 신유라시아 대륙교(新亚欧大陆桥), ③ 중국·유라시아·서아시아 경제회랑(中国-中亚-西亚经济走廊), ④ 중국·중남반도(인도차이나) 경제회랑(中国-中南半岛经济走廊), ⑤ 중국·파키스탄 경제회랑(中巴经济走廊), ⑥ 방글라데시·중국·인도·미얀마 경제회랑(孟中印缅经济走廊)이다. 이 중, BRI 프로젝트와 아세안 지역 간의 연계성으로 육상 노선은 중국에서 시작하는 ① 중국·중남반도 경제회랑으로 인도차이나반도를 남하하는 쿤밍·싱가포르 구간 노선이

---

1   BRI 이니셔티브의 5통은 정책 소통(政策沟通), 인프라 연결(设施联通), 무역 원활화(贸易畅通), 자금 융통(资金融通), 민심 상통(民心相通)으로 유기적인 협력체계를 갖추고 있다.

표 6-7 아세안 지역 일대일로 프로젝트 협력

해당 국가	프로젝트명	항목
라오스 (5건)	중국에너지건설그룹이 건설한 라오스 남치안 수력발전소 2기 시운행 통과	수력발전
	라오스 비엔티안 사이세타 종합개발구 개발	산업단지
	철도 폭발물 해체 작업 시작	철도
	중국·라오스 철도 건설	철도
	라오스 비엔티안 사이세타 종합개발구의 혁신과 도전	산업단지
말레이시아 (4건)	말·중 쿠안탄 산업단지 철강(압연 봉재, 고속 와이어) 생산능력 연 140만 톤 예상, 말·중 쿠안탄 산업단지 누적 사업 투자액 200억 위안 초과, 우수 사업 지속 입주	철강, 산업단지
	중국: 말레이시아 발레 수력발전소 총 하도급 계약 체결	수력발전
	중국: 말레이시아 동해안 철도 공사 착공, 동해안 440만 명 인구 혜택	철도
	중국 전자동 무인 운행 경전철 차량 말레이시아 도입 예정	열차
미얀마 (5건)	중국·미얀마 유전 사업 11년 연장 협의	유전
	중국·미얀마 합자 천연가스 발전소 2018년 가동	천연가스
	만양촌 특대교 하부 시공 완성, 중국·미얀마 국제철도의 개통	철도
	중국·미얀마 철로의 대림 철도 첫 터널 관통	철도
	중국·미얀마 철도	철도
베트남 (4건)	중국기업이 베트남에서 건설한 첫 현수교 개통해 '혁신적인 도시로 명함'	교량
	중국이 베트남에서 건설한 산화알루미늄 사업 정식 운용	산화알루미늄
	베트남 내 화력식 발전소 건설로 남부 경제구역의 전력 부족 현상 해소 전망	발전
	베트남 룽장 공업단지	산업단지
브루나이 (2건)	브루나이 최대 중국 자본 투자 사업으로 원유 가공 능력 2200만 톤 예상	석유화학
	중국·브루나이 합자회사가 브루나이 무아라항 컨테이너 부두를 정식으로 인수	항구
싱가포르 (2건)	중·싱(충칭) 전략적 상호 연동 시범 사업으로 1억 8800만 위안의 융자 원가 절감	금융
	중국징예공사가 수주한 싱가포르 유니버설 스튜디오 사업의 관리 혁신 실천	건축
인도네시아 (4건)	중국 기업이 인도네시아에 탄소강 공장 및 발전소 건설 예정	산업, 발전
	중국·인니 경제무역협력구	산업단지
	중국·인니 쥐룽 농업산업협력구	산업단지
	중국·인니 협력 청산 공업단지: 어촌에서 니켈 산업단지로 변모	산업단지

해당 국가	프로젝트명	항목
캄보디아 (1건)	중국 시아누크빌항 경제특구 현지 경제 공헌율 50% 초과, 100여 개 기업 입주, '공영'의 이념을 기초로 시아누크빌항 경제특구가 '일대일로'의 모범사례임	산업단지
태국(1건)	태·중 라용 공업단지 86개 입주 기업이 태국에 2만여 개 일자리 창출	산업단지
필리핀(1건)	중·필리핀 경제협력 성과 뚜렷: 우선 37억 프로젝트 실행	산업협력
아세안(1건)	중국은 이미 7개 아세안 국가에 역외 경제무역협력구 건설	산업단지

자료: 양평섭 외(2018: 63).

표 6-8 아세안 지역 육상 실크로드 고속철도 건설 협력

국가	프로젝트명	주요 내용
라오스	중국·라오스 고속철도(414km)	· 중국 국경도시 모한·라오스 수도 비엔티안 연결 고속철도 · 2015년 11월 조인, 2016년 12월 착공, 2021년 개통 예정
캄보디아	프놈펜·시아누크빌 고속철도	· 중국철도총공사(CRCC), 캄보디아와 철도 건설 양해각서 체결(2017년 5월)
태국	태국 고속철도(252km)	· 태국 방콕·나콘라차시마 고속철도 건설 허가(2017년 6월)
말레이시아	동부 해안 고속철도 (688km)	· 남중국해 태국과의 국경 지점(톰팟)과 플라카해협(클랑항) 연결(2017년 8월 착공) · 비용의 85%는 중국수출입은행이 융자, 15%는 이슬람채권(수쿠크) 발행
인도네시아	자카르타·반둥 고속철도 (142km)	· 중국, 60억 달러 차관 공여(2017년) · 양국 간 EPC 계약 체결(2017년 4월) · 중국개발은행(CDB)과 프로젝트 컨소시엄 간 차관 제공 합의(2017년 6월)

자료: 양평섭 외(2018: 63).

있으며, ② 중국·미얀마 경제회랑으로 미얀마·라오스·태국을 통해 인도양으로 진출하는 노선이 있다.

중국의 BRI의 주변국에 대한 현황은 일대일로 공식 홈페이지를 통해 사업 추진 현황을 공개하고 있다. 이에 따르면, BRI 관련 사업은 60여 개국에서 진행되어 총 133건으로 집계되는데, 사업 분야별로 살펴보면 인프라 관련 사업이 84건으로 가장 많고, 에너지 분야가 34건, 산업단지 건설 분야가 32건이며, 이외 기술 교류, 의료·금융 서비스, 문화 교류, 교육 협력 분야 관련 사업이 추

표 6-9 아세안 지역 해상 실크로드 항구 건설 협력

국가	항구	항구 유형	전략적 가치	대응 사업	합작 방식
미얀마	차우퓨항	상업항	· 중·미얀마 송유관·가스관 거점 · 중국 에너지 확보 다양화 거점	방·중·인·미 경제회랑 RCEP	원조
캄보디아	시아누크빌항	상업항	· 캄보디아 최대 항구 · 중국과 경제 무역 합작구 · 중국 경공업 이전 중점 지구	중·싱 경제회랑 RCEP	경제특구 건설
싱가포르	싱가포르항	보급항	· 태평양·인도양 항운 요처 · 해상 실크로드 핵심 거점	중·싱 경제회랑 RCEP	합작 건설, 프로젝트 협력
말레이시아	쿠안탄항	상업항	· 석유 화학 중심항 · 중국·아세안 항구도시 협력 네트워크 구축	중·싱 경제회랑 RCEP	친저우항 자매항, 지분 참여
인도네시아	자카르타항	상업항	· 아시아 남부·태평양 항운 중심 · 해상 실크로드 핵심 거점	방·중·인·미 경제회랑 RCEP	투자
	비통항	어업항	· 해상 실크로드 연선 항구 협력	방·중·인·미 경제회랑 RCEP	취안저우항 우호 항구

자료: 민귀식(2019: 149).

진되고 있다. BRI 사업 영역은 철도, 도로, 교통, 항만 등 기초적인 인프라 사업뿐만 아니라 산업단지 건설을 위한 에너지, 상하수도, 도시재생, ICT 등이 포함된다. 이 중, BRI 정책에서 도로, 철도, 교통, 항만, 에너지 등은 가시적인 성과가 뚜렷하고 연선 국가의 수요도 높은 투자금을 많이 필요로 하는 기초 인프라 분야이다.

지역별로 보면, 아세안에서 추진되고 있거나 완료된 사업은 30건으로 BRI 연계 국가 중 가장 많은데, 이는 전체 사업 건수의 22%에 해당된다. 아세안 지역에서 큰 비중을 차지하는 분야는 산업단지 건설(10건), 인프라 분야(9건)이며, 그중 철도, 항구 관련 사업이 7건으로 아세안의 BRI 사업의 중점 분야는 철도, 항구 분야이다. 해당 지역은 라오스, 태국, 인도네시아, 말레이시아, 캄보디아, 네팔, 미얀마 7개국이다. 따라서 이는 위에서 제시한 6대 경제회랑 중 '쿤밍·싱

표 6-10 일대일로 프로젝트의 주요 투자 대상국과 신규 수주 계약 규모

연도	비금융산업 투자국 (개국, 억 달러)	아웃소싱			주요국
		투자국 (개국)	신수주 계약 수 (건)	신수주 계약 규모 (억 달러)	
2015	49 (148.2)	60	3,987	926.4	싱가포르, 카자흐스탄, 라오스, 인도네시아, 러시아, 태국
2016	53 (145.3)	61	8,158	1,260.3	인도네시아, 인도, 태국, 말레이시아
2017	59 (143.6)	61	7,217	1,443.2	싱가포르, 말레이시아, 라오스, 인도네시아, 파키스탄, 베트남, 러시아, 캄보디아, 아랍에미리트
2018	56 (156.4)	61	7,721	1,257.8	싱가포르, 라오스, 베트남, 파키스탄, 인도네시아, 말레이시아, 러시아, 캄보디아, 태국, 아랍에미리트
2019	56 (150.4)	62	6,944	1,548.9	싱가포르, 베트남, 라오스, 파키스탄, 인도네시아, 태국, 말레이시아, 아랍에미리트, 캄보디아, 카자흐스탄
2020. 1~7.	54 (102.7)	60	2,641	4,721.5 (억 위안)	싱가포르, 베트남, 태국, 라오스, 말레이시아, 인도네시아, 캄보디아, 필리핀, 아랍에미리트연합

자료: 商务部(2020.9.1) 토대로 필자 정리.

가포르 구간 노선'과 '미얀마·라오스·태국 노선'과 연관이 깊다고 할 수 있다.

일대일로와의 협력 중, 육상 실크로드의 연계성을 위한 고속도로 건설 협력은 인프라가 상대적으로 부족하면서도 지리적 접근성이 강한 라오스, 캄보디아, 태국에 집중되어 있으며, 말레이시아와 인도네시아도 적극적으로 중국의 투자 자금 지원을 받고 있다.

항만 분야는 해상 실크로드인 해양산업 협력과 항만 동맹, 물류 등이 포함되며, 중국의 해양 경제협력은 인프라가 상대적으로 부족한 인도네시아, 필리핀에 집중되어 있고, 해양 경제에서 우위를 점하고 있는 싱가포르, 말레이시아, 태국, 브루나이에게는 합리적인 이익 공유가 될 수 있을지 시간을 두고 타

진이 필요하다. 중국과 아세안 전략 거점 7개 항구(미얀마의 차우퓨항, 캄보디아의 시아누크빌항, 말레이시아의 쿠안탄항, 태국의 방콕항, 싱가포르의 싱가포르항, 인도네시아의 자카르타항과 비퉁항)는 중국의 경제적 이익과 관련된 물류 지구로, 중국은 여러 차례 캄보디아 시아누크빌, 말레이시아 코타키나발루, 태국 끄라항, 태국 남부 꼬란따, 끄라 운하 건설 투자에 협력 가능성을 마련했다.

그 밖에 상무부에서 제공하는 BRI 주요 투자국과 규모를 통한 중국의 대아세안 투자 현황을 살펴보면, 비(非)금융산업 영역에서 투자 대상국은 2019년 기준 56개국, 150억 4000만 달러로 2015년 이후 지속 증가하고 있다. 아웃소싱을 통한 투자국은 60~62개국이며 2019년 신규 수주 계약 건수와 규모는 6944건에 1548억 9000만 달러로 2015년 이후 크게 증가하는 추세이다. 이 중, 주요국으로 거론된 아세안 국가는 싱가포르, 말레이시아, 라오스, 인도네시아, 베트남, 캄보디아, 태국, 필리핀 8개국으로, 중국의 아세안에 대한 위치를 가늠해 볼 수 있다. 즉, 아세안은 중국과 국경을 맞대고 있는 인접국이자 전략적 요충지로 중국의 투자와 BRI에서 중요도가 높다고 할 수 있다.

4. 중국의 대아세안 인프라 투자 자금 출처와 특징

중국은 BRI 초기 인프라 구축을 위한 적극적인 금융 지원을 필요로 해 신흥 개발도상국 인프라 건설 지원을 위한 브릭스 신개발은행(BRICS New Development Bank, 이하 NDB), 상하이협력기구 개발은행(Shanghai Cooperation Organization Development Bank, 이하 SCODB)을 활용한 자금 협력이 이루어지고 있다. 그 밖에 중국의 아세안 인프라 자금 투자 기구는 중국수출입은행(中國輸出入銀行, Export-Import Bank of China, 이하 EXIM Bank)이 지원하는 ① 중국·아세안 투자협력기금(中國-东盟投资合作基金, China-ASEAN Investment Cooperation Fund, 이하 CAF), ② 실크로드 펀드(丝路基金, Silk Road Fund, 이하 SRF),[2] ③ 중국·아세안 해양협력기금(中国

표 6-11 중국 해외 인프라 투자 자금 출처

	NDB	SCODB	CAF	SRF	CMF
유형	국제금융 개발기구	국제금융 개발기구	중국 정부 주도의 투자 기금	중국 정부 주도의 투자 기금	중국 정부 주도의 투자 기금
참여국	5개국 (브라질, 러시아, 인도, 중국, 남아프리카)	회원국 8개국	중국	중국	중국
자본금	500억 달러 (5개 국가가 100억 달러씩 지불, 장기간으로 1000억 달러 목표)	100억 달러 (2012년)	100억 달러 (중국 전체 투자)	500억 달러 (중국 전체 투자)	30억 위안 (중국 전체 투자)
목표	BRICS 지역 인프라 프로젝트	회원국의 에너지, 교통 및 과학기술 프로젝트	국가 인프라 프로젝트	국가 인프라 프로젝트	국가 인프라 프로젝트

자료: 이승신 외(2017: 155~161)를 참고 및 필자 정리.

东盟海上合作基金, China-ASEAN Maritime Cooperation Fund, 이하 CMF)이 있다. CAF와 SRF 모두 공식 웹사이트에 프로젝트 규모 등 최소한의 정보만을 제공하며, CMF도 제한된 정보만을 제공한다.

　중국은 해외 원조와 투자에 대한 자료를 수집·공개한다고 주장하지만 해외 프로젝트의 대출 대상과 규모를 총괄적으로 파악할 수 있는 자료를 얻기가 쉽지 않은 상황에서 미국기업연구소(American Enterprise Institute, 이하 AEI)에서 제공하는 CGIT(China Going Global Tracker) 자료를 통해 추이를 살펴보고자 한다. 본 자료에서 제공하는 데이터 중 2005~2019년 누적 데이터를 활용했는데, 중·

2　실크로드펀드는 BRI 자금 지원을 위해 중국외화보유고(中国外汇储备), 중국투자유한책임회사(中国投资有限责任公司), 중국수출입은행(中国进出口银行), 국가개발은행(国家开发银行)이 공동 출자해 2014년 12월 29일 출범했다.

그림 6-1 중국의 아세안 산업별 인프라 투자 규모와 비중 (단위: 10억 달러, %)

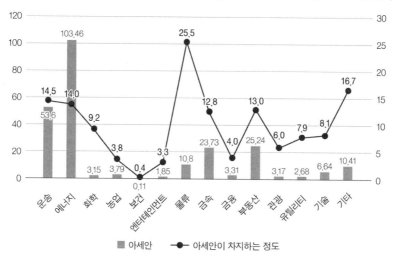

■ 아세안   —●— 아세안이 차지하는 정도

주: 2005~2019년 누적 데이터.
자료: China Going Global Tracker(2021.1.10)를 토대로 필자 정리.

아세안 FTA가 2004년 11월에 발효되었음을 감안해 보면, 2005년부터 중국의 대아세안 해외투자는 총 2518.5억 달러로 적극적·우호적인 투자가 이어졌음을 알 수 있다.

중국의 막대한 부는 아세안 내 에너지(1034.6억 달러) 개발과 교통(536억 달러) 투자로 이어졌고 인도차이나반도는 상당한 성장 활기를 찾게 되었다(〈그림 6-1〉 참조). 비록 물류(108억 달러) 투자 규모는 다른 산업에 비해 적은 편이나, 전 세계 대비 아세안 투자 비중만을 놓고 본다면 25%로 많은 비중을 차지함을 알 수 있다. 부동산(252.4억 달러) 투자는 최근에 두드러지는 현상임을 고려할 때 상당히 많은 금액이 투자되었음을 알 수 있으며 브루나이를 제외한 모든 국가에 투자되고 있음을 알 수 있다. 반면 물류 투자도 일정한 수준에 도달한다고 볼 수 있으나, 국가별 세부 항목으로 들어가면, 사실상 싱가포르에만 투자되었을 뿐, 싱가포르를 제외한 중국의 아세안 물류 부문에 대한 투자는 전무하다. 중국이 가장 많은 투자를 보이는 상위 3개 국가는 인도네시아(524.6억 달

그림 6-2 중국의 아세안 지역별 인프라 투자 규모　　　　(단위: 10억 달러)

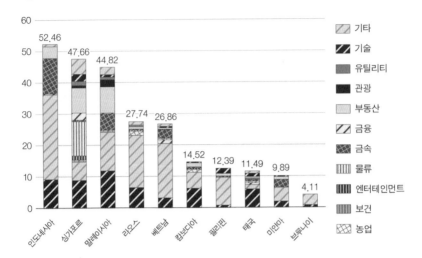

범례:
- 기타
- 기술
- 유틸리티
- 관광
- 부동산
- 금융
- 금속
- 물류
- 엔터테인먼트
- 보건
- 농업

주: 2005~2019년 누적 데이터.
자료: China Going Global Tracker(2021.1.10)를 토대로 필자 정리.

러), 싱가포르(476.6억 달러), 말레이시아(448.2억 달러)이며, 인프라 수준이 매우 저조한 라오스(277.4억 달러)에 대한 투자가 증가하고 있다.

아세안이 기존 WB, ADB 체제하에서 받은 인프라 지원은 매우 미미하며, 중국의 BRI와 인프라 투자로 인해 물리적 연계성이 강화되고 있는 것은 사실이다. 물론 BRI에 많은 잡음이 있으나, 인프라 투자는 지속 증가하고 있으며, 이는 중국이 아세안에 대한 전략적 가치를 중요시 여긴다는 것을 충분히 입증하는 것이다. 아세안은 중국과 인프라 투자에서 긴밀히 협조하고 있으며, 근미 노선을 보이는 싱가포르, 말레이시아, 인도네시아 지역에서 중국의 인프라 자원이 상당히 크다는 것은 유의미하게 지켜봐야 할 부분이다. 근중 노선을 지향하는 라오스, 캄보디아, 미얀마 국가뿐만 아니라 근미 노선을 보이는 국가들도 경제적 측면에서 중국을 적극 활용하고 있음을 알 수 있다.

5. 정리하며

아세안 지역의 경제와 무역 규모의 증가를 감안해 보면, 인프라 수요는 더욱 증대될 전망이다. ADB의 예측에 따르면, 2016~2030년 동안 전 세계적인 인프라 수요는 연간 3.3조 달러, 총 49조 달러라는 상당한 규모가 필요하며, 사업 분야별로 전력이 14.7조 달러, 교통 부문이 8.4조 달러로 전체 사업의 88.2%에 달한다. 그중 아시아 지역이 연간 1.7조 달러, 총 26.2조 달러의 인프라 투자를 필요로 한다. 다시, 아시아를 지역별로 살펴보면, 아세안이 아시아 전체 인프라 수요의 12%, 즉 연간 2100억 달러, 총 3조 1470억 달러를 수요로 한다.

이에 아세안은 2010년부터 MPAC을 추진했고, 구체적인 세부 실행을 놓고 2014년 아세안 정상회담에서 'MPAC 이행에 대한 종합적인 검토와 아세안 연결 기본계획 2025(MPAC 2025)'의 수립을 결정했다. MPAC 정책에서 주요하게 언급된 '물리적 연계성', '제도적 연계성', '인적 연계성'을 달성하자는 모토는 아세안의 지속 경제성장과 개발 격차 축소를 위해 기초 인프라 시설 확충의 필요성을 재인식시켰다. 그러나 물리적 연계성 증진을 위해 각종 프로젝트를 수행하기 위한 해외투자 유입과 재원 마련은 쉽지 않았다. 조직과 제도, 재정의 미비로 사업의 연속성도 지지부진했다.

아세안 지역의 인프라 경쟁력 순위와 지표를 살펴보면, 전반적으로 낮은 상황이다. 먼저 교통 및 전력, 도로, 철도, 항만, 항공 모두 인프라 조건이 가장 우수한 싱가포르를 제외하고, 말레이시아·태국·인도네시아는 중위권이나, 그외 베트남·브루나이는 낮고, 필리핀·캄보디아·라오스·미얀마는 인프라 보완이 시급하다. 이를 종합한 물류 경쟁력 역시 싱가포르·태국·말레이시아 수준을 제외하고, 그리 높다고 볼 수 없으며, 캄보디아·라오스·미얀마는 상당히 낮은 수준이다. 물류 경쟁력 지수가 낮으면 물류비용이 높게 발생되어 가격 경쟁력 하락을 유발하므로 물류산업의 경쟁력 제고를 위해 도로, 철도 등 교통 인프라 시설을 확충해야 한다. 아세안은 국가별로 물류 기반 인프라 격차가 상당히 크다.

이러한 상황 속에서 아세안은 중국이 추진하고 있는 BRI 정책을 적극 활용할 가능성이 높다. 중국의 지역별 투자를 보면 아세안에서 추진되고 있거나 완료된 사업은 30건이며, BRI 연계 국가 중 가장 많아 전체 사업 건수의 22%에 해당된다. 아세안이 기존 WB, ADB 체제하에서 받은 인프라 지원은 매우 미미한 반면, 중국의 BRI와 인프라 투자로 인한 물리적 연계성이 강화되고 있다. BRI에 많은 잡음이 있음에도 불구하고 인프라 투자가 지속 증가한다는 것은 중국이 아세안에 대한 전략적 가치를 중요시 여김을 충분히 입증하는 것이라 할 수 있다. 투자 건수를 살펴보면 산업단지 건설 10건, 인프라 분야 9건, 철도·항구 관련 사업이 7건이다. 그중 아세안의 BRI 사업의 중점 분야는 철도·항구 분야이며, 해당 지역은 라오스, 태국, 인도네시아, 말레이시아, 캄보디아, 네팔, 미얀마 7개국이다.

중국의 대아세안 전체 해외투자와 인프라 투자 규모를 살펴보기 위해 AEI에서 제공하는 CGIT 자료를 통해 추이를 살펴보았다. 중·아세안 FTA가 발효된 2004년 11월 이후, 2005년부터 중국의 대아세안 해외투자는 2518.5억 달러로 적극적·우호적인 투자가 이어졌음을 알 수 있다. 근중 노선을 지향하는 국가인 라오스, 캄보디아, 미얀마뿐만 아니라 근미 노선을 보이는 국가인 싱가포르, 말레이시아, 인도네시아도 경제적 측면에서 중국을 적극 활용하고 있음을 알 수 있다. 해외투자와 인프라 투자 규모는 거의 에너지·교통 투자로 이어졌고, 물류 부문은 싱가포르에 대한 투자가 가장 높다. 이는 ADB에서 밝힌 아세안이 수요로 하는 총규모 3조 1470억 달러의 9%에 해당되는 규모이다. 아세안이 요구한 물리적 연계성을 일정 부분 중국의 BRI와 인프라 투사에서 보존해 주는 것을 알 수 있다.

참고문헌

강명구. (2019). 「중국의 일대일로 구상과 유라시아 인프라 지원을 위한 금융협력」. ≪러시아연구≫, 제29권, 제2호, 1~28쪽.

김선진. (2021). 「중국의 대아세안 인프라 투자와 BRI-AIIB의 연계성 분석」. ≪전자무역연구≫, 제19권, 제2호, 67~91쪽.

김찬수·조영관·김은경·조재동. (2017). "AIIB와 아시아·CIS 인프라 개발". 한국수출입은행, 1~159쪽.

민귀식. (2019). 「중국 해상실크로드와 항만네트워크 전략」. ≪중소연구≫, 제43권, 제1호, 133~164쪽.

배기현(2015). 「아세안 연계성의 정치」. ≪국가전략≫, 제21권, 제1호, 171~192쪽.

양평섭·박영호·이철원·정재완·김진오·나수엽·이효진·조영관. (2018). "신흥국의 대중국 경제협력 전략 일대일로 이니셔티브 대응을 중심으로". KIEP 중국종합연구총서(18-69-09). 1~299쪽.

이승신·이현태·현상백·나수엽·김영선·조고운·오윤미. (2017). 「중국의 일대일로전략 평가와 한국의 대응방안」. KIEP 연구보고서. 1~339쪽.

이요한. (2018). 「아시아인프라투자은행(AIIB)과 아시아개발은행(ADB)의 경쟁과 공존 - ASEAN 개발도상국 인프라를 중심으로」. ≪동남아연구≫, 제28권, 제2호, 87~116쪽.

정혜영. (2020). 「중국의 지정학과 동남아 네트워크 협력구상: 대륙부·해양부 동남아국가와 중국의 일대일로를 중심으로」. ≪국제지역연구≫, 제24권, 제1호, 101~136쪽.

KIEP 북경사무소. (2017). "중국의 일대일로 추진 현황 및 평가와 전망". 1~20쪽.

KOTRA. (2017.5.29). "中 '일대일로' 2.0시대② 핵심 프로젝트 6대 경제회랑". KOTRA 해외 시장 뉴스.

商务部. (2020.9.1). "服务一带一路". http://fec.mofcom.gov.cn/article/fwydyl/tjsj/.

ADB. (2017). "Meeting Asia's Infrastructure Need," pp.1~106.

The ASEAN Secretariat. (2011). "Master Plan on ASEAN Connectivity," pp.1~80.

_____. (2016). "Master Plan on ASEAN Connectivity 2025," pp.1~115.

Geopolitical Monitor. (2017.12.19). "Fact Sheet: Kunming-Singapore High Speed Rail Network," https://www.geopoliticalmonitor.com/fact-sheet-kunming-singapore-high-speed-rail-network/.

World Economic Forum. (2017). "The Global Competitiveness Report 2016-2017," Insight Report, pp.1~382.

_____. (2018). "The Global Competitiveness Report 2017-2018," Insight Report, pp.1~379.

China Going Global Tracker. (2021.1.10). https://www.aei.org/china-global-investment-tracker/.

World Bank(WB). Aggregated LPI, https://lpi.worldbank.org/international/aggregated-ranking.

제7장

AIIB의 대아세안 자금 지원 평가와 BRI와의 관계*

김선진 | 동아대학교 중국학과 조교수

아시아인프라투자은행(AIIB)이 2016년 1월에 창설된 이후 인프라 수요가 높은 아세안의 기대감은 컸다. 아세안은 예부터 기존 세계은행(WB)과 아시아개발은행(ADB)의 영향력이 강한 지역이나, WB, ADB는 아시아 지역의 빈곤퇴치, 환경문제, 제도 마련 및 인권 분야에 집중할 뿐 인프라 개발 지원은 미미했다. 이러한 와중에 AIIB의 창설은 인프라 자금 수요를 갈망하던 아세안 국가에게 지속적인 경제성장의 기반을 마련하고 구축할 수 있는 좋은 기회임에 틀림없다.

중국은 AIIB 설립을 통해 2013년부터 진행해온 일대일로 이니셔티브(BRI)의 성공 가능성을 높이고, 인프라 수요가 높은 주변국 특히 아세안 국가들에 대한 경제협력과 영향력 강화를 기대했다. 아세안 역시 2015년부터 '아세안 연계성 마스터플랜(MPAC)' 정책으로 인프라 개발을 통한 경제발전을 꾀하고 있으나, 지지부진한 성과로 인해 AIIB 자금을 적극 활용할 유인을 갖기에 충분하다.

중국이 운명 공동체(community of common destiny)로 바라보는 아세안은 미·

---

* 이 글은 ≪무역연구≫, 제16권, 제3호(2020.3)에 투고한 논문 「AIIB의 ASEAN 인프라 개발에 대한 자금지원 평가와 BRI와의 관계」를 수정·보완해 작성했다.

중·일이 만나는 격전지이자 패권 경쟁의 중심지로 중·아세안의 공고한 관계 유지는 중국의 전략적 관점에서 매우 중요하다. 따라서 AIIB을 통한 아세안 내 인프라 자금 지원이 집중될 소지는 충분하다는 예견들이 많았다. AIIB 자금 지원을 중국의 의도가 드러나는 구체적 사례라고 본 것이다. 그러나 서방의 시각처럼 AIIB가 과연 중국의 영향력 확대 수단, 무엇보다 BRI에 편향된 자금 지원책으로 활용될 것인가는 평가해 볼 필요가 있다.[1] 이를 위해 AIIB가 설립된 이후 5년이 지난 시점에서 승인된 사업을 분석해 정량 지표를 통한 논거를 확보하는 것은 AIIB의 행보를 객관적으로 평가할 수 있는 잣대이며, 특히 아세안 내에서의 평가는 함의가 크다고 여겨진다.

이에 창립 초기부터 다분히 중국 영향력 확대라는 경계심과 신흥국 인프라 자금 지원이라는 긍정적 평가를 동시에 받아온 AIIB의 역할을 객관적으로 평가하고자, AIIB 자금 지원 현황과 BRI와의 관계에 대해 아세안을 중심으로 논하려고 한다. 이를 위해 먼저는 개괄적으로 AIIB의 사업 목표와 과제 및 전략을 조망하고, 지난 5년간 지원한 승인·후보사업 현황과 그 특징을 분석한다. 다음은 세부적으로 AIIB의 아세안 지원 수준을 가늠하고자 남아시아와 유라시아 지원 현황과 비교한다. 마지막으로 아세안을 중심으로 AIIB와 BRI의 관계를 분석하고 그 특징을 논하도록 한다.

1. AIIB의 사업 현황과 특성

AIIB는 앞서 언급한 바와 같이 중국 내부적으로는 BRI의 자금 융통을 위해

---

[1] 일본 정부가 아세안 정상회의 성명에서 중국이 주도하는 '아시아인프라투자은행'을 언급하는 것에 반대하고 있으며, 이를 두고 중국이 아세안에서 정치·경제적 영향력을 확대하는 것을 미국과 일본이 함께 견제하려는 의도로 풀이된다고 밝혔다(≪연합뉴스≫, 2020.11.13).

대외적으로는 아시아 지역 내 인프라 연계성 강화를 목적으로 역내(아시아 국가)·외(아시아 외 국가) 협력과 파트너십을 활성화하고 지속 가능한 경제발전과 부의 창출을 위해 설립되었다. AIIB는 2016년 1월 출범 이후 역내·외를 포함한 57개국의 창립 회원국을 시작으로 2020년 4월 현재 회원국이 102개국으로 크게 확대되었다.

AIIB의 자본금 규모는 1000억 달러로, ADB가 1638억 달러, WB가 2328억 달러임을 감안할 때 결코 작은 규모가 아니므로 설립 초기인 점을 고려해 AIIB의 선제적인 활용 방안 모색이 요구된다. AIIB는 기존 다자개발은행(Multilateral Development Bank, 이하 MDB)인 WB, ADB, 신개발은행(NDB), 미주개발은행(Inter-American Development Bank, 이하 IDB), 유럽부흥개발은행(European Bank for Reconstruction and Development, 이하 EBRD), 유럽투자은행(European Investment Bank, 이하 EIB) 등과 함께 공동사업 추진 및 각국 정부·비정부보증사업 시행 등 다양한 교류 협력으로 2020년 4월 기준 총 70개 사업을 승인하며 빠르게 성장하고 있다. 이에 일부 초기 AIIB의 대외 신용도가 낮아 채권발행 등을 통한 자금조달이 쉽지 않을 것이라는 전망은 기우인 듯하다.

AIIB는 기존 국제질서의 기준인 WB나 ADB와는 달리 아시아 개발도상국의 인프라 투자시장에 대한 지원을 강화하고 있으며, 주로 에너지, 운송, 수자원, 도시개발, ICT, 펀드 조성에 집중하고 있다. AIIB의 원활한 사업 진행을 위해 사업 추진 3대 과제, 조직발전 4대 목표, 운영전략 3대 원칙을 토대로 추진하고 있다. 사업 추진 3대 과제로는 지속 가능한 인프라(sustainable infrastructure)를 바탕으로 국가 간 연계(cross-country connectivity), 민간 자본 유치(private capital mobilization)를 제시했다. 구체적으로 환경을 고려한 지속 가능한 인프라를 지원하며, 육로 및 해상 루트를 포함한 국가 간 교통 인프라 연계에 우선순위를 두고, 타 MDB와 국가 및 민간 금융 제공자 등과의 협력 중 민간 자본을 적극 활용하고자 한다.

조직발전은 구체적으로 ① 전략적 집중 부문 설정 및 AIIB의 브랜드 확립

(sharpening the bank's strategic focus and shaping its corporate brand), ② 고객 지원 확대 및 사업 프로세스 개선(scaling-up support to clients and refining the programming approach), ③ 재정 안정성 및 시장 접근성 강화(bolstering financial sustainability and paving the way for market access), ④ 조직 정비 지속(continuing institution building)으로 설정했다.

운영전략은 효율(lean), 윤리(clean), 환경친화적(green)의 3대 핵심 원칙에 기반을 두고 있다. 특히 사업 운영의 효율을 강조하는데, 이는 기존 MDB와 달리 상임 이사회를 두지 않고 실무진 위주로 신속하게 사업을 추진하려는 방침이다. 인프라 사업 중 에너지 분야는 중장기 전략이 수립되었고 교통 및 도시개발 등 타 분야도 전략을 수립하고 있다.

2. AIIB의 전체 지역 및 아세안 자금 지원

1) AIIB의 전체 지역 자금 지원 현황

AIIB는 2016년 출범 이후 70개 사업에 대해 총 137억 7100만 달러[2] 규모의 사업을 승인[3]했다. 세부적인 승인사업 분야는 에너지, 펀드 조성, 운송, 수자원, 도시개발, ICT, 기타 분야로 구분되며, 총 사업비 중 AIIB 투자비와 건수 기준으로는 에너지가 21건, 38억 7900만 달러로 가장 많은 비중을 차지하고

---

[2] 총 70개 사업으로 승인된 137억 7100만 달러는 AIIB의 자금 융자액만을 의미하며, 사업 중 단독융자(stand-alone)가 아닌, 협조융자(co-financed) 방식으로 진행되어 WB, ADB 등 기존 다자개발은행(MDB)의 사업 참여까지 고려하면 그 규모는 훨씬 크다.

[3] 연구 시기를 2020년 4월까지로 한정한 것은, 2020년 4월 이후 AIIB 사업 승인 영역이 코로나 19 관련 분야가 주를 이루어, 기존의 교통, 에너지 등 인프라 위주 투자와는 다른 양상을 보이기 때문에 이 연구에서는 논외로 한다.

있다. 이는 인프라 사업 분야 중 에너지 분야가 가장 시급하며, AIIB의 중장기 전략 수립에 따른 결과이다.

그다음으로는 펀드 조성(32억 2900만 달러, 17건), 운송(28억 3130만 달러, 13건), 수자원(21억 2270만 달러, 10건), 도시개발(9억 6490만 달러, 4건), ICT(2억 2710만 달러, 2건), 기타 분야(5억 1700만 달러, 3건)순으로 나타났다. 이는 AIIB 출범 후 2여 년간 에너지, 운송 분야에 집중되었던 것과 달리 인프라 개발을 위한 펀드 조성의 중요성이 커진 것으로 해석될 수 있다. 식수 및 위생 시설 확충을 위한 수자원 개발의 필요성 역시 커지고 있다.

연도별 승인사업을 보면, 2016년에 16억 9400만 달러의 융자를 승인한 데 이어, 2019년은 전년 대비 38.9% 상승한 23억 5270만 달러를 승인해 4년간 평균 39.1%씩 큰 폭으로 증가했음을 알 수 있다. 이는 기존 MDB에서 사업 승인 절차가 2년 이상 소요되던 것과는 상반되게 빠른 심사로 신속하게 사업을 추진해 AIIB의 핵심 가치인 효율에 부합하고 있다.

후보사업은 2020년 4월 기준으로 총 38건이며, 해당 사업이 승인되면 AIIB는 109억 380만 달러를 투자할 예정이다. 향후 후보사업을 투자비와 건수 기준으로 살펴보면, 운송 분야가 42억 580만 달러, 15건으로 상당히 높은 비중을 차지하고 있다. 그 뒤를 이어 기타(28억 500만 달러, 7건), 에너지(18억 6800만 달러, 6건), 수자원(8억 8500만 달러, 4건), 도시개발(2억 9000만 달러, 3건), 펀드 조성(7억 달러, 2건), ICT(1억 5000만 달러, 1건)순이다. AIIB 출범 당시 에너지·수자원 분야에 집중되었던 것과 달리 다수의 사업들이 운송 분야로의 확대가 두드러지는데, 이는 향후 BRI 프로젝트와의 연계 가능성 때문으로 보인다.

AIIB는 출범 초기 대부분의 사업을 기존 MDB(WB, ADB, EBRD, EIB 등)와 공동으로 협력하는 형태를 보였다. 이는 기존 MDB와 협력해 리스크를 경감하고 사업 경험을 축적하려는 의도임을 알 수 있다. 그러나 연도별로 살펴보면 건수를 중심으로 단독사업(stand-alone) 비중이 2018년과 2019년 각각 62%, 71%로 크게 증가함을 알 수 있는데, 이는 초기 2년간 승인사업이 협조융자(co-financed)

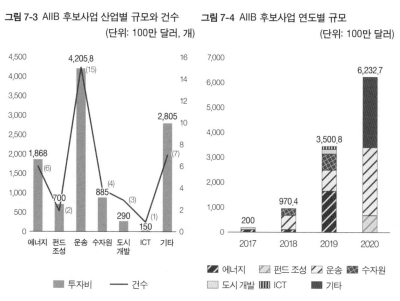

그림 7-1 AIIB 승인사업 산업별 규모와 건수
(단위: 100만 달러, 개)

그림 7-2 AIIB 승인사업 연도별 규모
(단위: 100만 달러)

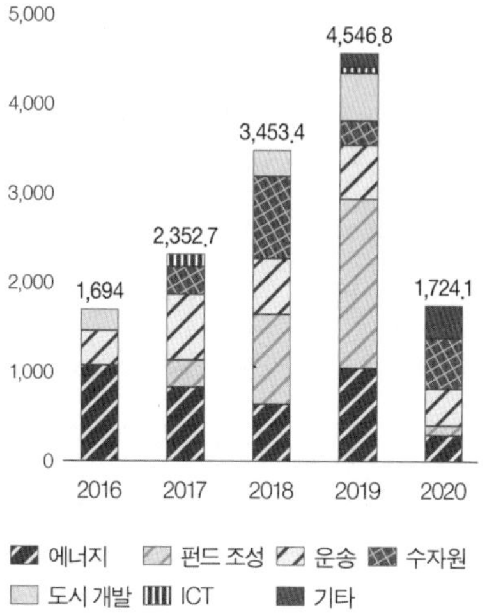

자료: AIIB(검색일: 2020.4.28).

그림 7-3 AIIB 후보사업 산업별 규모와 건수
(단위: 100만 달러, 개)

그림 7-4 AIIB 후보사업 연도별 규모
(단위: 100만 달러)

자료: AIIB(검색일: 2020.4.28).

중심으로 추진되었던 것과 크게 대조된다. 2016~2020년까지 단독사업 규모는 총 86억 660만 달러로, 협조융자 규모인 51억 6380만 달러에 비해 많으며, 단독사업 건수도 총 39건으로 협조융자 건수 31건보다 높아 단독사업 규모와 건수가 점차 증가 추이를 보이고 있다. 이는 AIIB가 사업 초기에는 단독사업을 추진할 내부 역량 부족으로 기존 MDB와의 협력을 통한 리스크 경감과 경험 축적에 중점을 두고 있었다면, 향후에는 투자의 다변화를 꾀하며 단독사업 중심의 적극적인 투자를 수행하겠다는 의지로 해석된다.

한편 후보사업에서 주목할 점은 단독사업이 총 21건으로 승인사업 내 단독사업 건수와 비교해 상당히 늘어났는데, 특히 운송 분야의 단독 비중이 두드러짐을 알 수 있다. 운송 분야의 후보사업을 국가별로 살펴보면 인도가 가장 많은 7건, 방글라데시 3건, 우즈베키스탄 2건, 라오스·파키스탄·타지키스탄이 각각 1건인데, 그중 단독사업이 인도 3건, 방글라데시 3건, 라오스·파키스탄·우즈베키스탄이 1건으로, 운송 분야 총 15건 중 9건이 단독이다. 그 밖에 에너지 분야도 총 6건 중 4건이 단독이다. 이는 승인사업 내 운송과 에너지 분야의 협조융자와 단독사업 비중이 비슷한 점을 감안할 때 상당한 진전을 이룬 것으로, 사업 운영 노하우 습득을 통한 단독 중심의 사업 수행 의지를 엿볼 수 있다.

그 밖에 주목할 것은 2020년에 기타 분야가 급증했음을 알 수 있는데, 이는 코로나19에 대한 적극적 대응과 공공보건 기반 시설에 대한 긴급 지원 필요성에 기인하며, 해당 국가는 중국, 방글라데시, 인도네시아, 필리핀, 인도, 조지아, 세르비아 7개국이다. AIIB의 사업 범위를 공공보건 기반 시설 등으로 확장해 환경친화적 전략을 부각시켜 인프라 건설을 수단으로 대응해 이행하고 있음을 알 수 있다. 즉, AIIB가 기존 NDB가 충족시키지 못한 인프라 개발뿐만 아니라, 가치 실현이라는 역할에도 편승하고 있음을 내보였다.

사업 융자의 참여 주체를 살펴보면, AIIB 초기에는 정부보증사업(sovereign) 비중이 81%로 상당히 높았으나, 2019년에 들어 65%로 감소한 반면, 비정부보증사업(non-sovereign) 영역은 19%에서 35%로 크게 증가했다. AIIB는 향후에도

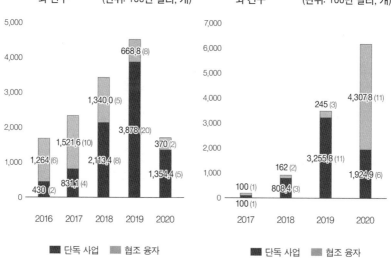

그림 7-5 AIIB 승인사업 단독 대 협조융자 규모
와 건수 (단위: 100만 달러, 개)

그림 7-6 AIIB 후보사업 단독 대 협조융자 규모
와 건수 (단위: 100만 달러, 개)

자료: AIIB(검색일: 2020.4.28).

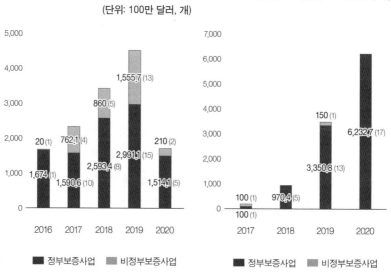

그림 7-7 AIIB 승인사업 정부보증 대 비정부보
증 규모와 건수
(단위: 100만 달러, 개)

그림 7-8 AIIB 후보사업 정부보증 대 비정부보증
규모와 건수 (단위: 100만 달러, 개)

자료: AIIB(검색일: 2020.4.28).

개별 사업의 수익성 개선을 위해 인프라 공동 융자에 주안점을 두고 다른 민간 금융기관과 함께 민관협력(Public Private Partnership, 이하 PPP) 프로젝트를 포함한 자금조달에 중점을 둘 것으로 전망된다. PPP 사업은 개발도상국이 추구하는 유효한 방법이 될 수 있는데, 이는 재정적 한계나 거버넌스 취약 등의 이유로 공공이 그 역할을 적시에 수행할 수 없을 경우, 민간 부문이 공공의 역할을 대신해 효율적인 인프라 공급이 가능하기 때문이다.

2) AIIB의 아세안 자금 지원 현황

AIIB의 아세안 자금 지원 현황은 총 10건, 13억 3650억 달러로, 신흥 지역 대비 투자 비중은 건수 기준으로는 14.3%이나, 금액 기준은 9.7%를 점유한다. 이는 ADB(2017)에서 밝힌 2016~2030년 아시아 전체 인프라 개발 수요 중 아세안의 비중이 12%임을 볼 때, 다소 저조함을 알 수 있다.

승인사업 중 사업 항목을 보면, 아세안의 AIIB 자금 지원은 주로 수자원과 도시개발에 집중되어 있다. 특히 도시개발은 2건으로 4억 6490만 달러인데, 신흥 지역 전체 도시개발 사업이 4건임을 감안하면 아세안 내에서 상당히 큰 비중을 차지한다.

반면 에너지와 교통이 지역 간 연계를 위한 기초 인프라로 아시아에서 가장 수요가 높은 사업 분야임을 고려하면, 아세안 내 AIIB 에너지 투자 비중은 신흥 지역 대비 상당히 낮은 0.5%에 불과하며, 교통 분야도 매우 낮은 1.4%에 그쳤다. 에너지와 운송은 지역 간 연계를 위한 기초 인프라로 아시아 전체에서 가장 수요가 높은 사업 분야이며, BRI의 인프라 연결(设施联通)과 아세안 내 물리적 연계성(physical connectivity) 강화 정책에서 운송 분야가 가장 우선시됨을 감안하면, AIIB가 싱가포르·쿤밍 철도(SKRL)와 중국·중남반도(인도차이나) 경제회랑 등과 같은 중·아세안 물리적 연계성을 위한 자금 지원은 거의 없다고 유추된다.

표 7-1 아세안 지역 내 AIIB 승인사업 현황   (단위: 100만 달러)

		합계	에너지	펀드조성	교통	수자원	도시개발	ICT	기타
AIIB 투자국(A)	건수	70	21	17	13	10	4	2	3
	금액	13,771	3,879	3,229	2,831.3	2,122.7	964.9	227.1	517
아세안 (B)	건수	10	1	2	1	3	2	1	
	금액	1,336.5	20	154	40	582.6	464.9	75	
B/A (%)	건수	14.3	4.8	11.8	7.7	30.0	50.0	50.0	
	금액	9.7	0.5	4.8	1.4	27.4	48.2	33.0	
인도네시아		939.9(5)		100		375	464.9		
미얀마		20(1)	20						
캄보디아		75(1)						75	
필리핀		207.6(1)				207.6			
싱가포르		54(1)		54					
라오스		40(1)			40				

자료: AIIB(검색일: 2020.4.28).

그림 7-9 AIIB의 아세안 연도별 승인사업 규모와 건수 (단위: 100만 달러)

그림 7-10 AIIB의 아세안 국가별 승인사업 규모와 건수 (단위: 100만 달러, 개)

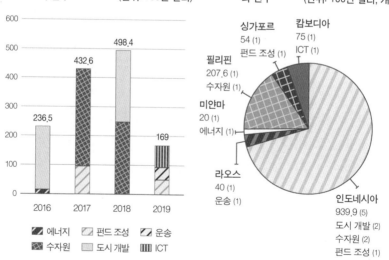

자료: AIIB(검색일: 2020.4.28).

AIIB가 사업 지원을 가장 많이 승인하고 검토하고 있는 국가는 인도네시아로 9억 3990만 달러(도시개발·수자원·펀드 조성, 5건)를 지원했는데, 이는 아세안 전체의 70%에 해당되며, 도시개발과 수자원 인프라 건설 및 투자 자원 확보를 위해 AIIB를 적극 활용하고 있음을 알 수 있다. 그 밖에 싱가포르(펀드 조성), 필리핀(수자원), 미얀마(에너지), 라오스(운송), 캄보디아(ICT)가 1건씩 승인받음에 그쳐 투자 규모와 산업 비중을 볼 때 인도네시아를 제외한 국가에서 AIIB 자금 활용이 활발하게 이루어지고 있다고 보기 어렵다.

한편 아세안의 후보사업은 총 6건, 2246억 달러 지원 예정으로, 규모 면에서 AIIB 전체 후보사업의 21%를 점해 승인사업인 9.7%에 비해 크게 증가했는데, 이는 코로나19에 기인함을 알 수 있다. 즉, 기타 사업이 1750억 달러로 전체 후보사업 중 62.4%를 점하는데, 이는 앞서 기술한 코로나19에 대한 적극적 대응 및 공공보건 기반 시설에 대한 긴급 지원으로 해당 국가는 인도네시아, 필리핀 2개국이며, 사업 수는 3건이다. 그 밖에 융자 후보사업은 에너지(인도네시아), 운송(라오스), ICT(인도네시아) 영역이 각각 1건으로 나타났다.

아세안에서 이루어지고 있는 승인사업의 대다수가 타 MDB와 협조융자 방식으로 추진되고 있다. 아세안에서 승인된 사업 10건 중 AIIB와 타 MDB 간 협력은 7건으로, AIIB 전체 사업 협조융자 비중과 비교해 보면 상당히 높은 편이다. 이는 WB, ADB가 아세안의 지역 기반 시설에 오랫동안 관여했음을 고려해 볼 때 AIIB가 사업을 단독 수행하기보다 기존 MDB와 협력하는 것이 갈등을 최소화하는 방안이라 판단하기 때문으로 여겨지며 일정 수준 미·일의 견제가 작용했다고 해석할 수 있다. 협력 비중을 보면 전체 7건 중 WB가 5건으로 가장 많으며, 분야는 도시개발(인도네시아), 펀드 조성(인도네시아), 수자원(인도네시아·필리핀), 에너지(미얀마) 등 다양한 사업에서 협력하는 것으로 나타났다. 그 외 ADB 및 국제부흥개발은행(International Bank for Reconstruction and Development, 이하 IBRD)와의 협력 사업은 각각 에너지(미얀마)와 수자원(인도네시아) 분야에서 1건, 차입자(borrower)는 수자원 분야(인도네시아)에서 1건이다. 융자 후

표 7-2 아세안 지역 내 AIIB 후보사업 현황 (단위: 100만 달러)

		합계	에너지	펀드조성	교통	수자원	도시개발	ICT	기타
AIIB 투자국(A)	건수	38	6	2	15	4	3	1	7
	금액	10,903.8	1868	700	4,205.8	885	290	150	2,805
아세안 (B)	건수	6	1		1			1	3
	금액	2,246	310		36			150	1,750
B/A (%)	건수	15.8	16.7		6.7			100	42.9
	금액	20.6	16.6		0.9			100	62.4

주: 2020년 4월 말 기준.
자료: AIIB(검색일: 2020.4.28).

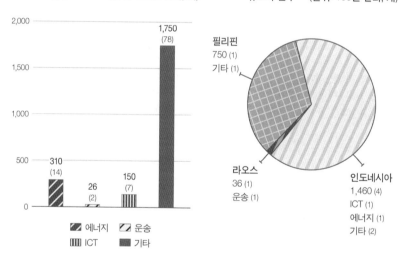

그림 7-11 아세안 지역 내 AIIB 후보사업 규모와 건수 (단위: 100만 달러, 개)

그림 7-12 아세안 지역 내 국가별 AIIB 후보사업 규모와 건수 (단위: 100만 달러, 개)

자료: AIIB(검색일: 2020.4.28).

보 6건 중에서 타 MDB와의 협조는 WB가 2건, ADB가 1건이며, 3건 모두 코로나19 분야인 것으로 나타났다. 단독 후보사업 3건은 에너지(인도네시아), ICT(인도네시아), 운송(라오스) 분야이다.

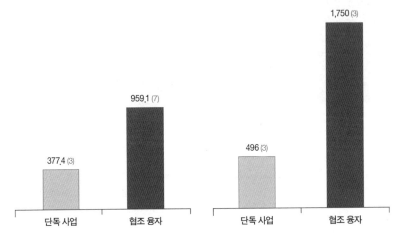

그림 7-13 아세안 지역 내 AIIB 승인사업 단독
대 협조융자 규모와 건수
(단위: 100만 달러, 개)

그림 7-14 아세안 지역 내 AIIB 후보사업 단독
대 협조융자 규모와 건수
(단위: 100만 달러, 개)

자료: AIIB(검색일: 2020.4.28).

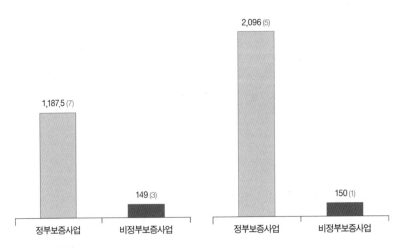

그림 7-15 아세안 지역 내 AIIB 승인사업 정부보
증 대 비정부보증 규모와 건수
(단위: 100만 달러, 개)

그림 7-16 아세안 지역 내 AIIB 후보사업 정부보
증 대 비정부보증 규모와 건수
(단위: 100만 달러, 개)

자료: AIIB(검색일: 2020.4.28).

사업 참여 주체는 승인사업에서 정부보증사업이 7건, 비정부보증사업이 3건(ICT·펀드조성·에너지)으로 정부보증사업 참여 비중이 높음을 알 수 있다. 후보사업도 정부보증사업이 5건, 비정부보증사업이 1건(ICT)으로 여전히 정부보증사업 참여 비중이 높아 투자한 전체 지역 흐름과 대조적이다. 이는 앞서 기술한 바와 같이 다른 지역에 비해 WB, ADB와의 협조융자 비중이 높은 만큼 비정부보증사업의 비중은 낮을 수밖에 없다.

3) 소결: AIIB의 전체 지역 및 아세안 자금 지원 특징

중국 주도로 출범한 AIIB가 아시아 개발도상국에 대한 인프라 개발 협력을 위해 어떠한 행보를 보였는지 평가하고자 아세안을 중심으로 그간의 사업 성과를 분석했다.

AIIB는 2016년 1월 출범 이후 역내·외를 포함한 57개국의 창립 회원국을 시작으로 2020년 4월 기준 회원국이 102개국으로 크게 확대되었으며, 현재까지 사업 승인 70건, 총 137억 7100만 달러를 지원해 AIIB 설립 당시 대외 신용도가 낮아 채권발행 등을 통한 자금조달이 쉽지 않을 것이라는 우려는 기우인 듯하다. 또한 기존 MDB에서 사업 승인 절차가 2년 이상 소요되던 것과는 달리 신속하게 사업을 추진하고 있다.

반면 아세안의 인프라 개발은 총 10건을 사업 승인하고 13억 3650만 달러를 지원했는데, 전체 사업 중 9.7%를 점유하는 수준에 그쳤다. 아세안은 가장 안정적인 경제 성장세를 보이는 신흥 지역으로 AIIB의 적극적인 투자가 이루어질 것으로 예상했으나, 예상 외로 미흡한 실적을 보였다.

AIIB의 아세안에 대한 승인·후보사업의 특징을 살펴보면, AIIB 전체는 에너지, 펀드 조성, 운송 분야에 집중되어 있는 반면, 아세안은 에너지와 운송 분야의 투자가 상당히 미미하며, 수자원과 도시개발 분야에 치중되어 있음을 알 수 있다. 아세안이 운송, 전력·통신과 같은 필수 인프라 투자와 공급이 부족한 상황이므로 관련 신규 인프라 투자가 시급한데, 이에 대한 AIIB의 투자는 거의 없다고 보인다. 단, 이는 기존 중국의 대아세안 인프라 투자로 이미 진행되고 있는 부분이다. 국가별로 보면 인도네시아가 5건(펀드 조성·수자원·도시개발)을 승인받았으며, 향후 4건〔에너지·ICT·기타(코로나19)〕이 승인을 기다리고 있다. 그 밖에 싱가포르(펀드 조성), 필리핀(수자원), 미얀마(에너지), 라오스(운송), 캄보디아(ICT)가 1건씩 승인을 받았는데, 전반적으로 아세안에 대한 AIIB의 자금 지원은 성과를 논하기에 시일이 필요하다고 하겠다.

AIIB의 기존 MDB와의 협력 특징을 살펴보면, 규모가 큰 사업일수록 기존 MDB와 협력 비중이 높으며, 리스크를 경감하고 사업 경험을 축적하려는 경향이 나타나나, 2018년 이후에는 점차 단독사업 건수가 급증함을 알 수 있다. 이는 초기 2년간 승인된 사업이 협조융자 중심이었던 것과는 크게 대조된다. 아세안은 승인된 10건의 사업 중에서 타 MDB와의 협력은 총 7건으로 나타나 AIIB 전체 단독사업 비중 증가 추이와 거리가 있다. 그중 WB와의 협력은 5건으로 다양한 사업에서 협력이 이루어졌다. 융자 후보 6건 중 3건은 WB 및 ADB와의 협력으로 모두 코로나19 관련 분야이며, 3건은 단독 수행이 예정되어 있다. 전체 지역 및 아세안 사업 수행 모두 MDB와 협력 프로젝트를 진행하며 얻은 노하우를 바탕으로 향후 경제성을 고려해 BRI 프로젝트의 투자 비중을 높일 가능성은 예상되나, 아직은 이르다는 판단이다.

아세안은 10건 중 7건이 정부보증사업이며, 후보사업 6건 중 5건이 정부보증사업으로 예정되어 있으나, 이후 도시개발에 따른 신도시 및 산업단지 개발, 공공주택 공급, 그 밖에 수자원에 따른 식수 및 위생 시설 확충 개선을 진행하며, 공적 자금 투입에 따른 인프라 공급 한계를 해소하기 위해 민간 부문의 인프라 개발 시장 참여가 촉진될 것으로 예상된다. 이는 WB, ADB가 아세안의 지역 기반 시설을 오랫동안 개발했음을 감안해 볼 때 AIIB가 단독으로 사업을 수행하기보다 기존 MDB와 협력하는 것이 갈등을 최소화하는 방안이라 판단하기 때문으로 여겨지며 일정 수준 미·일의 견제가 작용한다고 해석된다.

사업융자 참여 주체를 살펴보면, 전체로 비정부보증사업 비중이 증가하고 있다. 이는 AIIB가 실제 지원 가능한 투자액만큼 인프라 투자가 증가함에 따라 민간에서 보다 적극적인 개발 의지를 보이고 있다. 그러나 아세안 내 사업은 정부보증사업 비중이 여전히 높음을 알 수 있다. 그 밖에 특징은 코로나19 후보사업이 7건으로 공공보건 기반 시설에 대한 긴급 지원을 수행하고 있는데, 이는 AIIB의 운영 전략에 맞춰 환경친화적 패러다임에 인프라 건설을 수단으로 대응하고 있음을 알 수 있다.

3. AIIB의 남아시아·유라시아 자금 지원

1) AIIB의 남아시아 자금 지원

남아시아는 아세안과 달리 AIIB 자금 활용이 월등히 높음을 알 수 있다. 남아시아는 아세안과 마찬가지로 중국 BRI 프로젝트 중, '중국·파키스탄 경제회랑'과 '방글라데시·중국·인도·미얀마 경제회랑'(이하 방·중·인·미 경제회랑)을 연계하고 있다. AIIB의 남아시아 투자는 총 53억 7710만 달러로 31건이며, 주로 투자한 산업 영역을 보면 교통이 9건, 23억 8480만 달러로 압도적인 투자 규모를 보이고 있고, 에너지가 11건, 14억 3230만 달러로, 신흥국이 가장 필요한 교통과 에너지 산업에 집중되어 있음을 알 수 있다. 이는 BRI와의 연계성이 높을 수 있다고 유추할 수 있는 대목이다. 남아시아가 BRI와의 물리적 연계성이 아세안보다 높고, 민간 자본과 재정 상황이 열악해 AIIB 자금을 적극 활용했다고 해석할 수 있다. ADB(2017)가 밝힌 2016~2030년 아시아 인프라 개발 수요를 놓고 보더라도, 남아시아의 수요 비중이 24.3%인 것을 고려한다면, 현재(2020년 4월 기준) 전체 지역 투자 규모 대비 점유 비중이 39%라는 것은 AIIB 자금을 적극 활용하고 있음으로 해석할 수 있다.

표 7-3 남아시아 지역 내 AIIB 사업 승인 현황   (단위: 100만 달러)

		합계	에너지	펀드 초성	교통	수자원	도시 개발	ICT	기타
AIIB 투자국(A)	건수	70	21	17	13	10	4	2	3
	금액	13,771	3,879	3,229	2,831.3	2,122.7	964.9	227.1	517
남아시아 (B)	건수	31	11	4	9	5	1		1
	금액	5,377.1	1,432.3	425	2,384.8	855	200		80
B/A (%)	건수	44.3	52.4	23.5	69.2	50.0	25.0		33.3
	금액	39.0	36.9	13.2	84.2	40.3	20.7		15.5
방글라데시		1279(8)	605		404	270			
네팔		202.3(2)	202.3						
파키스탄		511.81(4)	300		171.8	40			
스리랑카		280(2)					200		80
인도		3,104(15)	325	425	1,809	545			

주: 2020년 4월 말 기준.
자료: AIIB(2020.4.28).

그림 7-17 AIIB의 남아시아 연도별 승인사업 규 **그림 7-18** AIIB의 남아시아 국가별 승인사업 규
　　　모와 건수　　　(단위: 100만 달러)　　　　　　　모와 건수　　　(단위: 100만 달러, 개)

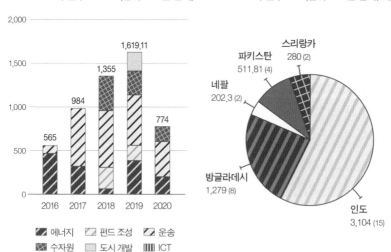

자료: AIIB(검색일: 2020.4.28).

AIIB가 남아시아에서 사업 지원을 압도적으로 승인한 국가는 인도로 31억 400만 달러에 15건이며, 교통에 집중되어 있고, 방글라데시는 12억 7900만 달러로 8건이며, 에너지와 교통에 집중되어 있다. 그 뒤를 이어 파키스탄(5억 1170달러, 4건), 스리랑카(2억 8000만, 2건)와 네팔(2억 230만 달러, 2건)순이다.

2) AIIB의 유라시아 자금 지원

유라시아 역시 아세안과 달리 AIIB 전체 아시아 투자 규모 중 건수 기준 27.1%, 금액 기준 31.6%를 점유하며 높은 투자 비중을 나타내고 있다. 유라시아는 아세안과 마찬가지로 중국 BRI 프로젝트 중, '중국·몽골·러시아 경제회랑', '신유라시아 대륙 교량', '중국·유라시아·서아시아 경제회랑' 등 가장 많은 노선이 지나가며 교통 및 에너지 인프라 발전을 꾀하고 있다.

AIIB가 유라시아에 투자한 규모는 19건에 총 43억 5240만 달러이며, 주로 투자한 산업 영역은 에너지가 7건에 16억 7670만 달러로 상당한 규모이고, 낮은 경제 수준과 재정 상태로 인해 펀드 조성이 4건에 1억 500만 달러를 차지하고 있다. 이어 교통은 3건에 4억 650만 달러가 투자되었다. 이에 투자 규모가 교통보다 에너지에 집중되어 있으며, 펀드 조성 비중이 높음을 알 수 있다.

AIIB가 유라시아에서 사업 지원을 가장 많이 승인한 국가는 튀르키예로 14억 달러에 5건이며, 주로 에너지와 펀드 조성, 수자원에 집중되어 있다. 그 뒤를 이어 이집트, 아제르바이잔은 각각 6억 6000만 달러, 6억 달러가 에너지에 투자되었다. 러시아는 5억 달러로 펀드 조성, 오만은 4억 7710만 달러가 투자되어 교통과 ICT에 집중되어 있고, 우즈베키스탄은 4억 6710만 달러로 수자원에 집중되어 있다. 그 뒤를 이어 조지아, 타지키스탄, 카자흐스탄은 모두 교통과 에너지에 투자되었다. 이에 유라시아는 BRI와의 연계성이 강해 교통 투자 비중이 높을 것으로 예상되었으나, 교통보다 에너지 비중이 압도적이며 재정 상황이 열악해 펀드 조성을 적극 추진했음을 알 수 있다.

표 7-4 유라시아 지역 내 AIIB 사업 승인 현황 (단위: 100만 달러)

		합계	에너지	펀드 조성	교통	수자원	도시 개발	ICT	기타
AIIB 투자국(A)	건수	70	21	17	13	10	4	2	3
	금액	13,771	3,879	3,229	2,831.3	2,122.7	964.9	227.1	517
유라시아 (B)	건수	19	7	4	3	2	1	1	1
	금액	4,352.4	1,676.7	1,050	406.5	685.1	300	152.1	82
B/A (%)	건수	27.1	33.3	23.5	23.1	20.0	25.0	50.0	33.3
	금액	31.6	43.2	32.5	14.4	32.3	31.1	67.0	15.9
러시아		500(1)			500				
카자흐스탄		46.7(1)	46.7						
타지키스탄		87.5(2)	60		27.5				
우즈베키스탄		467.1(2)				385.1			82
조지아		114(1)			114				
아제르바이잔		600(1)	600						
이집트		660(3)	210	150		300			
오만		477.1(3)	60		265			152.1	
터키		1,400(5)	700	400			300		

주: 2020년 4월 말 기준.
자료: AIIB(검색일: 2020.4.28).

3) 소결: AIIB의 아세안 및 남아시아·유라시아 자금 지원 특징

AIIB의 지역별 자금 지원 규모와 비중을 살펴보면, 아세안 지역의 자금 지원 현황은 10건, 총 13억 3650만 달러로, 전체 지역 투자 대비 비중은 건수 기준으로 14.3%, 금액 기준으로 9.7%를 점유한다. 반면 남아시아의 AIIB 자금 지원은 31건, 총 53억 7710만 달러로, 전체 지역 투자 대비 차지하는 비중은 건수 기준 44.3%, 금액 기준 39%이며, 신흥 지역 중에서 압도적인 투자 지원을 받고 있다. 유라시아 역시 19건, 총 43억 5240만 달러로, 건수 기준 27.1%, 금액 기준 31.6%를 점유하고 있어 AIIB의 자금 지원이 남아시아와 유라시아에 집중되고 있음을 알 수 있다.

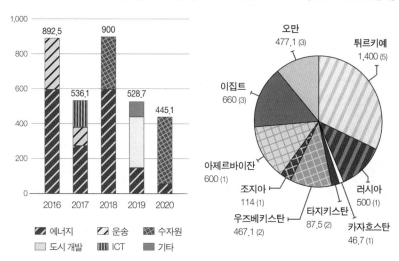

그림 7-19 AIIB의 유라시아 연도별 승인사업 규   그림 7-20 AIIB의 유라시아 국가별 승인사업 규
모와 건수   (단위: 100만 달러)   모와 건수   (단위: 100만 달러, 개)

자료: AIIB(검색일: 2020.4.28).

AIIB의 지역별 투자 산업 영역을 살펴보면, 아세안은 인도네시아를 중심으로 6개 국가에서 수자원과 도시개발 분야에 아세안 전체 자금 지원의 78.4%가 투자되고 있다. 반면 남아시아는 방글라데시를 중심으로 5개 국가에서 교통과 에너지 분야에 전체 자금의 71%가 투자되고 있다. 유라시아는 튀르키예를 중심으로 9개 국가에서 에너지, 교통, 펀드 조성, 수자원 분야에 전체 자금의 87.7%가 투자되었고, 그중 에너지와 교통 분야에 47.8%가 투자되었다.

결론적으로 신흥 지역 인프라 개발 중 가장 수요가 높은 에너지, 교통 분야에서 AIIB의 대아세안 투자 비중은 상당히 낮다. BRI 정책과의 연계성 및 아세안 내부의 교통 인프라에 대한 중요도를 고려해 볼 때도 아세안에 대한 투자는 미미하다. 반면 남아시아와 유라시아에서 교통과 에너지 분야의 투자 규모는 높으며 이는 BRI와의 연관성을 유추해 볼 수 있다. AIIB가 BRI의 자금 지원책 역할을 수행할 것이라는 여러 선행 연구들의 우려를 감안해 볼 때, AIIB의 자

표 7-5 중국 해외 인프라 다자 개발 금융 플랫폼

	AIIB	SRF	NDB	SCODB
유형	국제금융 개발기구	중국 정부 주도의 투자 기금	국제금융 개발기구	국제금융 개발기구
참여국	102개국	중국	5개국(브라질, 러시아, 인도, 중국, 남아프리카)	회원국 8개국
자본금	1000억 달러 (중국 지분 50%)	500억 달러 (중국 전체 투자)	500억 달러 (5개 국가가 100억 달러씩 지불, 장기간으로 1000억 달러 목표)	100억 달러 (2012)
목표	아시아 개발도상국 기반 시설 프로젝트	국가 인프라 프로젝트	BRICS 지역 인프라 프로젝트	회원국의 에너지, 교통 및 과학기술 프로젝트

자료: 이승신 외(2017: 158~161).

금 지원 규모와 분야는 지역별로 다름을 알 수 있으며, 무엇보다 두드러지는 특징은 AIIB의 아세안 지역 내 지원만큼은 BRI와의 연계성이 거의 없다는 사실이다.

4. AIIB와 일대일로(BRI) 자금 융통의 관계

중국은 BRI 초기 인프라 구축을 위한 적극적인 금융 지원을 필요로 해 AIIB 외에, 실크로드 기금(SRF), 신흥 개발도상국 인프라 건설 지원을 위한 브릭스 신개발은행(NDB), 상하이협력기구 개발은행(SCODB)을 활용한 자금 협력을 진행하고 있다.

사실상 중국이 BRI 건설을 장기적으로 이끌고 가기 위해서는 국제 자금조달 플랫폼이 필요하다. 중국 정부는 2015년 3월 발표한 BRI 청사진에 AIIB, SRF, NDB, SCODB을 국제 협력을 통해 추진·설립·운영한다고 명시했다. 중국이

그림 7-21 BRI 자금 조달 기관   (단위: 10억 달러)

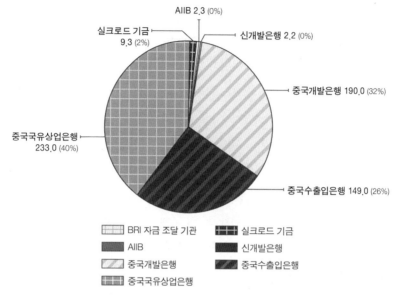

자료: NBR, NDB, SRF 각 웹사이트.

주도하되 다수 국가가 참여하는 이 새로운 국제 금융 기구들이 BRI 전략 실현
을 위한 자금 공급원임을 확인한 것이다. 이를 근거로 AIIB 관련 선행 연구에
서는 AIIB가 BRI 건설에 대한 지원을 강화하며 역내 인프라 사업에 주력할 것
이라는 전망이 강했다.

　　그러나 대다수의 전문가들이 바라보는 것과는 달리, AIIB가 BRI 금융 공급
원으로서의 기여는 실제 그리 많지 않다. NBR(The National Bureau of Asian Research)
자료에 따르면, BRI에 대한 자금 지원은 5860억 달러로 추정되었는데, 그중
AIIB의 BRI 자금 지원은 2.3%에 불과하다. 중국국유은행과 중국개발은행(China
Development Bank, 이하 CDB) 및 중국수출입은행(Export-Import Bank of China)이
대다수의 비중을 차지하고 있다. SRF, NDB, AIIB의 BRI에 대한 자금 공급원
으로의 역할이 장기적으로는 확대될 것으로 전망되나, 현재까지 비중은 미미
하다.

5. 정리하며: 아세안 내 AIIB와 BRI의 연계성 평가

기존 WB, ADB가 신흥국에게 인프라 자금 투자 지원이 낮았던 측면을 고려하면, MPAC 정책을 시행하며 인프라 개발 수요가 높은 아세안에게 자금 융통 측면에서 AIIB 활용 가치는 크다고 할 수 있다. 중국 역시 BRI를 통해 주변국과의 연계를 강화하는 가운데 아세안을 운명 공동체로 보고 그 전략적 가치를 중요하게 삼고 있는 상황에서, AIIB 출범은 중국의 의도를 보여주는 구체적 사례로서 아세안 인프라 자금 지원에 집중할 것이라는 의견이 강했다. 또한 AIIB가 BRI에 편향된 행보를 보일 것이라는 전망이 우세했다.

따라서 이 글에서는 과연 AIIB와 BRI의 연계 수준은 어떠한가를 놓고, AIIB 설립 이후 4년 반이 되는 시점에서 승인된 사업 70개에 대한 분석을 시도했다. 물론 AIIB가 설립된 이후 데이터 시계열이 부족한 면이 있으나, 정량 지표를 통한 논거를 확보하는 것은 AIIB의 행보를 객관적으로 평가할 수 있는 잣대라고 보며, 특히 아세안 내에서의 평가는 함의가 크다고 여겨진다.

결론적으로 그동안 AIIB의 자금 지원 규모를 살펴보면, 다른 신흥 지역에 비해 유독 아세안에 대한 자금 지원은 미미하다. 산업별로 보면, 아시아 인프라 개발 중 가장 수요가 높은 에너지, 교통 분야의 투자 비중 역시 매우 낮다. 다시 말해 물리적 연계성이 높은 교통, 에너지 산업 분야보다 상하수도와 같은 수자원, 도시개발이 주를 이루고 있다. 중국 BRI 정책에서 아세안에 대한 투자 건수가 많은 비중을 차지함과 더불어 아세안 입장에서도 교통 및 물류 인프라 확충이 시급했음을 고려해 볼 때, 교통 분야의 AIIB 자금 지원은 예상외로 낮음을 알 수 있다. 이는 지역별로 비교할 때 확연히 드러나는데, 남아시아는 교통 분야에서, 유라시아는 에너지 분야에서 압도적인 투자가 이루어졌다.

지역별로 보면, 먼저 아세안 내에서 중국과의 경제협력 밀접도와 AIIB 자금 지원 간의 관계가 아예 무관한 것은 아니다. 해상 영역에서 중국과 밀접하게 협력관계를 유지하고 있는 인도네시아, 중국과 인접되어 근중 성향을 보이는 캄보디아와 라오스, 반면 미·중 간 등거리외교를 취하고 있으나 '방·중·인·미 경제회랑' 구상을 가능하게 해주며, 인도로 진출하는 육로 통로와 차우퓨 항구 해로 개발에 중국과 협력하고 있는 미얀마, 남중국해 영유권 문제는 반대 입장이나 일대일로에 협력하는 필리핀, 중립노선인 싱가포르는 AIIB의 자금 지원을 받은 국가들이다. 반면 반중 정서가 강한 베트남과 말레이시아, 근미 성향인 태국에 AIIB 자금 투자가 없는 것을 볼 때, 자금 지원이 중국과의 경제협력 관계와 관련 있음을 유추해 볼 수 있다. 또한 남아시아와 유라시아 지역은 미국의 영향력이 상대적으로 덜 미치는 권위주의 체제를 띤 국가들로, 중국의 자금이 쉽게 진입했음을 알 수 있다.

그렇다면 가장 많은 관심이 집중되어 있는 아세안에 유독 AIIB의 자금 지원이 미미한 원인은 무엇인가를 살펴볼 필요가 있는데, 이를 다음 네 가지 이유로 정리했다.

첫째, 아세안의 지정학적 요인에 따른 원인이다. 아세안이 중국에게 지정학적으로 중요한 전략적 요충지인 것은 사실이나, BRI 육상 실크로드에서 중요한 지점은 아세안을 경유하는 '중·미얀마 경제회랑'과 '중·중남반도 경제회랑'보다 '중국·유라시아·서아시아 경제회랑'과 '중국·파키스탄 경제회랑'이다. BRI 해상 실크로드에서 거점 역시 아세안 내 캄보디아의 시아누크빌항도 중요하나, 미국 해군 함대의 주요 집결지인 필리핀과 믈라카해협의 부담감을 덜어내고 원활한 해양 출로와 원유의 해상 수송로 확보 차원에서 스리랑카 함반토타항과 파키스탄의 과다르항의 협력도 긴요하다.

둘째, 중국의 대아세안 자금 지원 경로의 다양화에서 찾을 수 있다. 아세안 내 인프라 자금 지원처가 AIIB 외에 중국 4대 국유은행과 NDB, SCODB뿐만 아니라, 중국수출입은행이 지원하는 CAF, SRF, 중국·아세안 해양협력기금 등 다양한 정책 금융기관을 통해 이미 공격적으로 지원하고 있음에 연유한다. 중국은 아세안에 중·아세안 FTA를 활용한 지속적인 경제협력을 꾀하고 있기 때문에 BRI 자금책이라는 우려를 안고 있는 AIIB를 통한 투자를 상대적으로 낮추어 미국과의 직접적인 충돌을 우회하고자 함을 엿볼 수 있다.

셋째, 미·중 사이에서의 지정학적 및 지경학적 요인 때문이다. 아세안 국가의 미·중 간 줄다리기로 제한적인 자금 지원만을 수용할 가능성이 높다. 아세안 지역은 경제적으로는 중국과 협력하고 있으나, 중국과 남중국해 영유권 문제가 상당히 민감해 중국의 남하 방침에 거부감이 있고 이를 헤징하기 위해 미·일과의 협력을 강화하는 세력균형 전략을 취하고 있다. 게다가 BRI 프로젝트의 부채 문제가 불거지면서 많은 국가들이 타당성 조사를 통해 수익성을 담보받지 못할 경우 사업 지연, 협상 번복·철회하는 사태가 발생하고 있는 만큼 아세안 국가 역시 신중한 접근을 하고 있다.

넷째, 국제기구로서의 AIIB의 위상 제고적 측면에서 원인을 찾을 수 있다. AIIB가 중국 BRI 편향의 역할과 방향성을 확대할 수 있다는 미국·유럽을 비롯한 서방 국가 및 주변국 들의 경계심을 낮추고 AIIB의 국제 다자 기구로서의 방향성을 공고화하려는 모습으로 보인다. 사실상 BRI는 갈수록 불거지는 부채 문제와 함께 중국 중심성 이익 구조가 두드러지는 정책이므로, 미·중·일의 격전지로 관심이 쏠리고 있는 아세안 내 AIIB의 인프라 자금 지원은 자칫 충분히 논란거리가 될 수 있는 만큼 관심을 우회하기 위한 전략으로 판단된다. 게다가 미·일이 아세안 내 지역 기반 시설을 오랫동안 개발해 왔음을 감안해 보면 AIIB가 단독으로 사업을 수행하기보다 WB와 ADB와 협력하는 것이 갈등을 최소화하는 방안으로 볼 수 있다. 즉, 중국은 원활한 BRI 정책 추진을 위해서는 AIIB와 협조할 수 있는 더 많은 다자간 개발 기구와 상업 금융기관이 필요함을 피력하고, AIIB의 창립 목적이 기존 국제 금융 질서를 개혁하고 보완을 모색한다는 장기적인 추진 전략이 필요한 만큼 BRI 전담 기구의 이미지를 벗어나려는 제스처로 해석된다.

참고문헌

김선진. (2020). 「AIIB의 ASEAN 인프라 개발에 대한 자금지원 평가와 BRI와의 관계」. ≪무역연구≫, 제16권, 제3호, 449~465쪽.

_____. (2021). 「중국의 대아세안 인프라 투자와 BRI-AIIB의 연계성 분석」. ≪전자무역연구≫, 제19권, 제2호, 67~91쪽.

김현. (2020). 「아시아인프라투자은행 (AIIB) 가입 및 미가입 요인 분석: 한국, 영국, 미국, 일본 사례를 중심으로」. ≪아시아연구≫, 제23권, 제4호, 95~112쪽.

민귀식. (2019). 「중국 해상실크로드와 항만네트워크 전략」. ≪중소연구≫, 제43권, 제1호, 133~164쪽.

양평섭·박영호·이철원·정재완·김진오·나수엽·이효진·조영관. (2018). "신흥국의 대중국 경제협력 전략 일대일로 이니셔티브 대응을 중심으로". KIEP 중국종합연구총서(18-69-09). 1~299쪽.

이성량. (2018). 「아시아인프라투자은행(AIIB)의 평가와 전망: 아세안과 중국의 협력관계를 중심으로」. ≪사회과학연구≫, 제25권, 제2호, 124~151쪽.

이승신·이현태·현상백·나수엽·김영선·조고운·오윤미. (2017). "중국의 일대일로 전략 평가와 한국의 대응방안". KIEP 연구보고서. 1~339쪽.

이요한. (2018). 「아시아인프라투자은행(AIIB)과 아시아개발은행(ADB)의 경쟁과 공존 ─ ASEAN 개발도상국 인프라를 중심으로」. ≪동남아연구≫, 제28권, 제2호, 87~116쪽.

이현태·김준영. (2016). "AIIB 발전 전망과 정책적 시사점". KIEP 오늘의 세계경제, 16(25), 1~14쪽.

이현태·김준영·오윤미. (2017). "AIIB 발전 현황과 시사점 ─ 제2차 한국 연차총회를 중심으로". KIEP 오늘의 세계경제, 17(22), 1~16쪽.

임호열. (2015). "AIIB 추진현황과 한국의 대응방향". KIEP 오늘의 세계경제.

정연우·유종훈·성장환. (2019). 「국제개발협력을 위한 아시아인프라투자은행(AIIB) 사업추진 방향 연구」. ≪한국지역개발학회지≫, 제31권, 제4호, 151~171쪽.

≪연합뉴스≫. (2020.11.13). "아세안 성명서 신경전…日 'AIIB' 삭제 中 '인도·태평양' 반대". https://www.yna.co.kr/view/AKR20201113041700073?input=1195m(검색일: 2020.12.30).

昆仑策网. (2019.10.26). "陈文玲: 国际能源格局演化与全球治理". http://www.kunlunce.com/llyj/fl1/2019-10-26/137582.html.

环球网. (2016.7.27). "欧晓理: 亚投行与一带一路没有直接"关系"". https://world.huanqiu.com/article/9CaKrnJWKIJ.

商务部. (2020.9.1). "服务一带一路". http://fec.mofcom.gov. cn/article/fwydyl/tjsj/.

Åberg, John HS. (2016). "Chinese Bridge-building the AIIB and the Struggle for Regional Leadership," *Global Asia*, Vol.11, No.1, pp.70~75.

ADB. (2017). "Meeting Asia's Infrastructure Need," pp.1~106.

The ASEAN Secretariat. (2016). "Master Plan on ASEAN Connectivity 2025," pp.1~115.

Kamphausen, Roy D. (2019.6.4). " Promoting American Jobs Reauthorization of the U.S. Export-

Import Bank," The National Bureau of Asian Reserch(NBR). https://www.nbr.org/publication/promoting-american-jobs-reauthorization-of-the-u-s-export-import-bank.

Tang, Siew Mun. (2015). *The Politics of the Asian Infrastructure Investment Bank (AIIB)*. ISEAS Publishing.

Asian Infrastructure Investment Bank(AIIB) Project. (2020.4.28). https://www.aiib.org/en/projects/list/index.html?status=Approved.

New Development Bank. https://www.ndb.int/projects/list-of-all-projects.

Silk Road Fund. "News and Press Releases." http://www.silkroadfund.com.cn/enweb/23809/23812/index.html.

제8장

중국의 아시아 해양 물류 네트워크 구축 전략*

민귀식 | 한양대학교 국제학대학원 부교수

1. 해상 실크로드의 부활

실크로드는 오랫동안 무역과 인문 교류를 통해 동서 문화를 융합하는 핵심 통로였다. 그러나 항해술이 발달하고 이슬람 세력이 약화되어 해상 통로가 열리자 육상 실크로드는 경쟁력을 잃어갔다. 그리고 서양 세력이 동양을 압도하던 근세 이후 해상 실크로드도 역사의 뒤안길로 사라졌다. 그런데 21세기 들어 중국이 부상하자, 시진핑은 이 실크로드의 역사성을 활용해 다시 문명 교류의 중심에 서고자 하는 의지를 분명히 하고 나섰다. 그는 2013년 9월 카자흐스탄에서 '실크로드 경제벨트' 건설을 제안하고, 한 달 뒤 인도네시아에서 '중국·아세안 운명 공동체를 건설하자'는 연설로 '21세기 해상 실크로드' 구축안을 제시했다. 그리고 이 두 제안이 2015년 3월 '전망과 행동'으로 약칭되는 전략 문건으로 정리되어 시진핑 시대를 대표하는 '일대일로' 전략이 되었다.

일대일로를 제기한 배경에는 먼저 세계경제를 주도한 핵심축의 이동을 중

* 이 글은 2015년 대한민국 교육부와 한국연구재단의 지원을 받아 수행된 연구(NRF-2015 S1A5A2A03047798)를 수정·보완한 것이다.

국이 주도적으로 이끌어가겠다는 의지가 깔려 있다. 세계 금융 위기 이후, 각국이 WTO 체제 내에서 무역과 투자 관계를 조정하기보다는 개별 국가 간의 FTA 체결로 자국의 이익을 확보하려는 경향이 강해졌다. 특히 미국이 앞장서 통상 압력을 강화하면서 국제 체제에 대한 신뢰가 현저히 저하되자, 협상력이 약한 국가들은 새로운 대안을 마련할 필요성이 커졌다. 이에 중국은 개방적 지역 협력 확대와 문화 다양성을 바탕으로 상호 공존과 협력을 확대한다는 기치로 대륙 간 연계와 공영을 주창하고 나섰다. 이를 통해, 중국은 기독교 문명 위주의 서구 중심축을 종교·문화의 공존을 전제로 한 아시아 중심의 새로운 문명 축으로 바꾸려는 큰 그림을 그리고 있다.

일대일로를 제기한 국내적 배경에는 경제적 요인이 더 강하게 작용했다. 지난 30여 년간 투자 위주의 고속 성장 방식을 계속한 결과 중복 시설로 인한 공급과잉이 심각해졌다. 그 결과 내수 시장만으로는 국내 공급과잉을 소화할 수 없어, 주변국으로 투자처를 이전하려는 전략의 하나로 실크로드 전략을 제시했다. 따라서 일대일로는 주변 국가와 공간을 연결하는 교통망 구축이 핵심 사업이 될 수밖에 없고, 국가 간 물동량을 확보하기 위해 무역량을 획기적으로 늘리는 일이 이 전략의 성패를 가늠하는 관건이 된다.

중국은 또 무역을 늘리는 중국과 일대일로 연선 국가의 장기적인 협력을 보장하는 조치로 '공동산업단지'를 세우는 일도 중요한 과제로 추진하고 있다. 이런 협력 기제를 통해 중국은 개혁개방 체제를 더욱 공고히 해 전면적인 소강 사회를 이룩하고, 건국 100주년이 되는 2049년까지 '위대한 중화 민족의 부흥' 기치를 내건 '중국의 꿈'을 실현하고자 한다. 이렇게 해서 일대일로는 '중국의 꿈'을 실현하는 장기적인 전략과제로 승격되었다. 즉, 일대일로는 중국 경제발전 전략이자 대외 전략이며 중국인의 꿈을 하나로 묶어낸 '염원의 성수'라고 할 수 있다.

중국은 이를 실현하기 위해서 몇 개의 실크로드 경제벨트를 설정한다. 먼저 중국·중앙아시아·러시아·유럽의 발트해에 이르는 실크로드 북부 지역 경제벨트를 구축하고, 다음으로 중국·중앙아시아·서아시아·지중해에 이르는 중부 지역 경제벨트를 활성화하며, 중국·남아시아·인도양으로 향하는 남부 지역 경제벨트를 형성한다. 경제벨트가 활성화되기 위해서는 각 지역의 생산과 소비가 활발하게 교환되어야 한다. 그래서 대륙을 관통하는 철도와 도로를 건설하고, 각 지역의 중심 도시를 연결해 연계 효과를 높이려 한다. 그 방법으로 중국은 '6대 회랑'을 구축하려는 구체적인 실행 프로그램을 진행하고 있다.

그런데 '6대 회랑'은 장기적인 관점에서 중국의 힘을 중앙아시아를 거쳐 유럽까지 투사하는 데 반드시 필요한 전략이기는 하지만, 현 단계에서 경제적 이득은 크지 않은 사업이다. 그 많은 비용을 들여 건설하는 '회랑'에 비해 중앙아시아와 중동 국가의 경제 역량이 크지 않기 때문이다. 그래서 경제적 측면에서만 본다면 '회랑'의 가성비는 낮은 편이라고 할 수 있다. 결국 현 단계에서 실크로드 경제벨트는 대국으로 가기 위한 장기 투자이자 정치적 견인술의 성격이 강하다고 할 수 있다.

이에 비해, 해상 실크로드는 경제협력 효과가 매우 큰 것으로 평가된다. 중국과 실크로드 연선 국가 사이에 10대 교역 국가는 러시아를 제외하면 모두 바다를 접하고 있는 아시아권 국가들인 데다 앞으로도 성장 가능성이 큰 나라들이다. 따라서 일대일로 전략의 성공 여부는 이들 해상 실크로드 연선 국가들과의 협력관계 구축에 달려 있다고도 할 수 있다. 중국은 실크로드 연선 국가를 동남아시아와 서남아시아 및 중동·동부아프리카로 나누지만, 구체적으로는 '7대 그룹'으로 나눠서 지역 전략을 강화하고 있다. 7대 그룹으로는 아세안, 남아시아협력연맹(South Asia Association for Regional Cooperation: SAARC), 해안아랍국가협력위원회(Gulf Cooperation Council: GCC), 남아프리카관세동맹(Southern African Customs Union: SACU), 동아시아화폐연맹(현재 논의 단계), 남태평양지역 국가군, 태평양연맹(Pacific Alliance)이 그것이다. 이처럼 지역별 핵심사업 설정을 통해 전략적 접근을 한다.

중국은 이들 국가의 항구 운영권을 사들이는가 하면 항구 개발에 적극적으

표 8-1 일대일로 연선 국가 중 중국의 10대 무역국(2017) (단위: 억 달러)

순위	국가	무역액	수출액	수입액
1	한국	2,803.8	1,029.8	1,774.0
2	베트남	1,218.7	714.1	504.7
3	말레이시아	962.4	420.2	542.2
4	인도	847.2	683.8	163.4
5	러시아	841.9	430.2	411.7
6	태국	806.0	388.1	417.9
7	싱가포르	797.1	454.5	342.6
8	인도네시아	633.8	348.6	285.2
9	필리핀	513.3	321.3	192.0
10	사우디아라비아	500.4	183.0	317.4

자료: 中商産業研究院.

로 뛰어들어 지분과 거점 확보에 심혈을 기울이고 있다. 동시에 막대한 경제적 지원을 대가로 스리랑카와 파키스탄 등에 군사항구 운영 권리를 획득해 인도양으로 나가는 전략적 요충지를 확보했다. 이렇게 보면, 중국은 실크로드 육상 루트 못지않게 해상 루트에 전략적 투자를 하고 있다는 것을 알 수 있다.

중국이 항구 개발권과 운영권을 사들이는 것 이외에도, 해외에 '경제무역협력지구' 설립을 적극 추진하고 있다. 2015년 6월 상무부 합작사(合作司)가 관리하는 '중국 해외경제무역 협력지구 투자촉진 공작기제(COCZ, 中国境外合作区投资促进工作机制)'를 설립해, 일대일로 진출 플랫폼으로 활용하고 있다. 이런 활동에 힘입어, 2017년 해외에 있는 '협력지구'는 120개가 넘었는데, 이 중 65% 이상은 일대일로 연선 국가에 있고, 동남아시아에 약 30%와 러시아에 약 20% 정도가 집중되어 있다.

그런데 일대일로 연선 국가들이 경제 건설과 인프라 구축에 필요한 자금을 동원할 수 없는 현실적인 문제에 놓여 있다. 이를 돌파하기 위해 중국은 '아시아인프라투자은행(AIIB)'을 설립했다. 즉, 일대일로를 끌고 가는 기관차 역할로 AIIB를 설정한 것이다. 이를 통해 아시아, 유럽, 아프리카까지 연계하는 범지구적 네트워크 구축으로 구체화되고, 대륙 간 육상 교통망 구축과 해상 운수 노선 정비를 통한 '물류 네트워크' 완성으로 담보된다. 중국은 이를 통해 전 지구적 차원에서 '중국 중심의 물류 네트워크'를 구축하려는 것이다

2. 해상 실크로드와 물류산업

물류산업은 운수업, 창고업, 발송 대행업, 정보산업이 결합된 복합형 서비스 산업으로 경제발전의 기초를 담당하는 전략산업이다. 중국의 경우 특히 면적이 넓기 때문에 물류산업 경쟁력은 곧 국민 경제 경쟁력에 직결된다. 그런데 중국의 물류시스템은 여전히 다른 분야에 비해 낙후한 상태이다. 중국은 각 성과 지역마다 물류 서비스 기준이 표준화되지 못하는 등 물류시스템이 충분히 정비되지 않았고, 물류 행정 서비스도 열악해 선진국에 비해 물류비용이 많이 든다. 서구 선진국은 일반적으로 물류비가 상품 가격의 10~15%인 데 비해, 중국 제품은 물류비 비중이 30~40%에 이른다.

그래서 중국은 물류 경쟁력을 높이기 위해 '물류업 발전 중장기 규획(2014~2020년)'을 발표해, 2013년 국내 사회적 물류 총액이 GDP의 18%를 차지하는 것을 2020년까지 16%로 줄이겠다는 계획을 추진하고 있다. 중국의 한 연구 자료에 따르면, 1단위의 GDP가 성장하기 위해서는 3.4단위의 물류 총액 증가가 필요하며, 물류업이 6.8% 성장하면 서비스업이 1%가 성장하며, 물류업이 1% 성장할 때마다 대략 50여만 개의 일자리가 늘어난다고 한다.

그런데 중국은 2009년 '물류업 조정과 진흥 규획'을 비롯해 물류업 진흥 정책을 여러 번 발표했음에도 불구하고, 국내 물류산업 발전에는 여전히 많은 난관이 존재하고 있다. 예를 들면, 행정 허가 사항이 너무 많아 수속이 복잡하고 시간 지체와 관리 비용이 많이 들고, 통행료 등 비용 징수 비율이 너무 높아 물류 경쟁력을 떨어뜨린다. 도로 통행비가 총비용의 20%나 되고, 도로에서 부과

하는 벌금이 5~8%를 차지하는 것이 현실이다. 그리고 물류기업에 대해 부과하는 세금을 '영업세'로 전환한 이후, 조세부담이 증가한 것도 물류업 발전을 저해하는 요인으로 지적되고 있다.

이렇게 물류산업 발전을 가로막는 국내적 요인 이외에도 국제물류 성장에는 더 큰 장애물들이 놓여 있다. 첫째, 중국과 연계된 국제화물 노선의 안정성이 취약하다. 중국에서 유럽에 이르는 철로와 도로가 여러 나라의 험난한 지형을 통과해야 한다는 자연조건의 어려움도 있지만, 각 나라마다 철로 관리 체계와 운송 비용 정산 시스템이 달라 시간과 비용을 많이 소모한다. 둘째, 물류 운송 시스템이 합리적으로 정비되지 않아 화물 수송 연계를 원활하게 지원하지 못하고 있다. 항만의 경우 육상과 해상의 화물 전환선적 기능(port logistics)이 떨어져 경쟁력을 저하시키고 있다. 또한 충칭·발트해를 연결하는 노선(渝新歐)과 청두·유럽을 연결하는 철로(蓉新歐)가 이미 개통되었음에도 불구하고, 대부분은 수출품 물동량은 있지만 돌아오는 열차의 화물이 적어 운송 비용이 크게 올라가는 상황이다. 셋째, 중앙아시아에 산재한 테러단체와 종교 극단주의자들의 방해가 수송 안전을 위협하고 자연재해 역시 육로 운송을 어렵게 하는 요인으로 작용하고 있다.

〈표 8-2〉에 나타나듯이, 동남아시아의 무역 비중은 여전히 절반 이상을 차지한다. 다만 중국 무역이 다변화되면서 동남아시아에 치중되던 무역구조가 조금 개선되고는 있지만, 전체적으로는 20여 년 동안 지역별 비중 변화는 크지 않다. 이렇게 아시아 국가가 중국의 주요 무역 파트너라는 말은 일대일로 중심 사업인 도로교통 인프라 건설도 이 지역에 집중되어야 한다는 의미이다. 무역량은 결국 물류양이고 이는 교통 운수 체계의 완비를 요구하기 때문이다. 그래서 물류시스템을 정비해 물류비용을 줄인다면, 무역 경쟁력과 무역량 자체가 늘어난다는 것을 쉽게 유추할 수 있다.

한편 중국은 무역량의 90%를 해운이 담당하지만, 일대일로 추진 구상이 주로 육로 건설 프로젝트에 집중되었다. 그러다 2017년 6월 국가발전개혁위원회

표 8-2 중국·해상 실크로드 연안 지역의 무역 구성비 변화   (단위: 만 달러, %)

구분	1995 수출입 총액	1995 비중	2005 수출입 총액	2005 비중	2015 수출입 총액	2015 비중
남아시아	1,951,283	57.2	12,902,321	54.5	46,899,262	51.8
서남아시아·중동	241,549	7.1	2,393,760	10.1	9,507,579	10.5
대양주	584,780	17.2	4,629,585	19.6	15,793,749	17.4
아프리카 동부	478,920	14.0	2,993,457	12.7	12,531,945	13.8
합계	153,808	4.5	738,102	3.1	5,865,992	6.5

자료: 1996, 2006, 2016년 중국통계연감 정리.

와 국가해양국이 공동으로 발표한 '일대일로 건설 해양협력 구상'을 계기로 해상 실크로드에 대한 정부 주도 추진 방안이 더욱 분명해졌다. 이에 따라 중국·인도양·아프리카·지중해 블루 경제 통로, 중국·태평양·남태평양 블루 경제 통로, 중국·북극해·유럽 블루 경제 통로 등 세 방면의 해상 통로 구축을 추진 중이다. 중국은 북극권에 국경이 있는 나라는 아니지만, 지구 온난화의 영향으로 향후 북극 항로가 매우 중요한 통로가 될 것이기 때문에 북극 항로 개척에 매우 적극적이다. 시진핑 주석이 2017년 7월 모스크바에서 밝힌 '빙상 실크로드' 개척이 대표적이라고 할 수 있다. 중국의 논리는 북극이 이미 개별 국가의 범위를 뛰어넘어 지역 현안이자 국제사회 전체 이익에 관계되는 것이므로, 중국은 '넘보지도 빠지지도 않겠다'는 입장을 견지하면서 적극적인 자기 역할을 찾겠다는 것이다. 또한 남태평양 블루 경제 통로 구축을 강조하는 것은 태평양 진출 통로가 봉쇄되는 것을 막기 위한 전략적 선택이다. 따라서 이 통로는 경제보다 군사·안보 논리가 강하게 작용하고 있다. 그렇기 때문에 실제 경제적 관점이 중시되는 인도양 블루 경제 통로가 해상 실크로드 구축의 핵심이라고 할 수 있다.

해상 실크로드에 연계된 나라는 32개 국가로 40억 명의 인구가 생활하고 있다. 그에 비하면 GDP 규모는 25% 이하로 가장 큰 경제 권역은 아니지만, 성장 속도는 세계 평균치를 훨씬 웃돌고 있다. 따라서 이 지역의 해상 물류도 빠르게 성장하고 있다. 2017년 믈라카해협을 통과하는 중국의 물류 비중은 원유 80%와 천연가스 50% 이상이고, 전체 수출입의 43% 이상을 점하고 있다. 이런 상황에서 중국은 해운산업 발전을 국가의 주요 전략으로 삼고, 해운산업의 비중을 GDP의 20%까지 올리려는 계획을 가지고 있다. 당연한 얘기지만, 무역 대국인 중국은 국내 항구 사이의 경쟁도 치열하다. 중국은 항구를 창장(長江)삼각주 지구, 양안시안(兩岸西安) 지구, 주장(珠江)삼각주 지구, 발해만 지구, 북부만 지구의 5개 집단군으로 묶어 규모화·집약화·현대화를 추진하고 있다. 이 가운데 특히 창장삼각주 지구와 주장삼각주 지구의 경쟁이 치열한 상황이다. 이런 경쟁에서 이기는 방법은, 각 항구가 해외 항구들과 네트워크를 얼마나 잘 구축할 수 있느냐가 관건이 된다. 따라서 중국의 각 지방정부와 항구는 물류 시설 공동 운영 같은 해외 협력 시스템 구축에 많은 노력을 기울이고 있다.

그런데 중국의 육·해상 국제물류는 여전히 해결해야 할 많은 과제를 안고 있다. 중국과 유럽이라는 대륙 양쪽의 생산량은 많으나 중간 지대인 중앙아시아와 중동의 생산력이 낮은 U 자형 물류 시장이 형성되어 있어 물류비용이 상대적으로 많이 들고, 유라시아의 긴 노선 때문에 돌발 상황이 발생할 수도 있다. 또한 해상에서는 믈라카해협 같은 위험지역을 통과하는 비중이 높아 안전 확보에 걸림돌이 된다.

그러나 이러한 난관이 있다고 해도, 일대일로를 중국의 발전 전략으로 추진하고 있는 중국으로서는 국제화물 통로를 개척해야 하는 절대적인 과제를 안고 있다. 개방을 확대하고 지역 통합을 통해 국내외 시장(兩個市場)과 자원(兩種資源)을 동시에 활용해 서부 지역 발전과 지역 균형 발전을 달성해야 하기 때문이다. 이를 위해 중앙아시아와 유럽을 연결하는 육상 물류체계를 공고히 하고, 수출입의 90%를 담당하고 있는 해운산업을 건실하게 육성해야 한다. 그리고 물류 경쟁력 강화는 열악한 물류 인프라를 새롭게 건설하는 것부터 출발해야 한다. 따라서 중국이 일대일로 전략을 추진하면서 물류시스템을 개선하고 교통 인프라 건설에 적극적으로 나서는 것은 당연한 귀결이라 하겠다.

3. 해상 실크로드 공간 범위와 주요 항구

역사적으로 중국의 해상 실크로드는 3개의 노선이 있었다. 동부 항구에서 출발해 조선 및 일본과 연계된 동해 노선과 동남부 항구에서 출발해 동남아시아, 서아시아 각국을 경유해 인도양 연안국가와 북아프리카로 연결된 남해 노선, 그리고 푸젠성 취안저우에서 출발해 필리핀 마닐라를 경유해 미주에 도달하는 미주 노선이 그것이다.

이와 달리 '21세기 해상 실크로드'는 남해 노선을 위주로 전개되고 있다. 그래서 연계되는 지역도 동남아시아와 서남아시아 및 중동·북동아프리카 그리고 대양주로 대별된다. 즉, 해상 실크로드의 공간 범위는 아시아에서 아프리카에 이르는 서진 노선과 규모는 작지만 호주에 이르는 남진 노선으로 구분된다. 남진 노선은 호주의 지하자원을 수입하는 경제적인 이유도 있지만, 이보다는 태평양으로 나가는 출로를 확보하기 위한 전략적 설정이 강하다. 따라서 여기서는 서진 노선을 중심으로 각 지역과 항구의 연계성을 살펴보기로 한다.

중국은 세계에서 가장 많은 물동량을 처리하는 국가이다. 2015년 기준으로 중국 자금이 들어간 항구에서 처리되는 컨테이너 물동량이 전 세계의 67%나 된다. 물론 중국 항구의 컨테이너 처리량도 세계적인 수준이다. 세계 10대 항구 가운데 저우산(舟山), 상하이, 톈진, 홍콩 쿠이칭(Kwai Chung), 광저우, 쑤저우(蘇州), 칭다오(青島) 등 일곱 곳이 바로 중국에 있다. 나머지 세 곳은 싱가포르항과 부산항 그리고 두바이항뿐이다. 이렇게 보면, 10대 항구는 모두 아시아에 있음을 알 수 있다. 그런데 국제물류와 관련해서 더욱 주목할 것은, 중국이 해외 항구 장악력을 급속히 높이고 있다는 점이다.

중국은 일대일로를 추진하기 이전부터 해외 항구 운영권을 확보하는 전략을 추진해왔는데, 2010년 이후 6년 동안 해외 항구 확보에 투자한 금액이 총 456억 달러(약 53조 원)에 달한다. 2016년에도 해외 항구에 210억 달러를 투자했는데, 그 이전에도 이미 해상 실크로드 연선 국가 23개 국가의 각 항구에 투

그림 8-1 중국의 해상 실크로드 루트와 3대 거점 지역

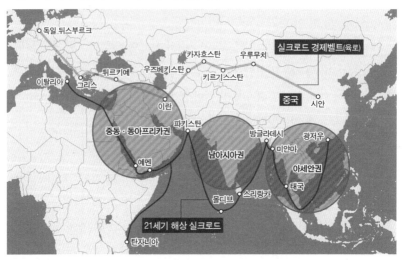

자료: 필자 작성.

표 8-3 중국·해상 실크로드 연안 국가 연계 주요 항구

동남아시아		남아시아		중동·동아프리카	
국가	주요 항구	국가	주요 항구	국가	주요 항구
브루나이	세리바자만, 말라	인도	콜카타, 뭄바이	사우디아라비아	다만, 제다
캄보디아	시아누크빌	파키스탄	카라치, 과다르	아랍에미리트	두바이, 샤카
인도네시아	자카르타	스리랑카	콜롬보, 함반토타	카타르	도하
말레이시아	클랑, 페낭	몰디브	말레	오만	무스카트
미얀마	양곤			바레인	바레인
필리핀	마닐라			쿠웨이트	쿠웨이트시티
싱가포르	싱가포르			이라크	바스라
태국	방콕, 램차방			예멘	아덴
베트남	하이퐁, 호찌민			이집트	수크나 스프링스
				수단	수단

자료: 中商産業硏究院.

자했으며, 그 규모는 매년 평균 100억 달러를 초과한다. 예를 들면, 중국에서 가장 큰 항구운영회사인 중국원양해운집단(中遠海運集團)은 전 세계 30여 개 항

표 8-4 중국 자본이 진출한 해상 실크로드 연안 지역 항구

시기	나라	항구	내용
2013	말레이시아	쿠안탄	· 주식 매입 · 동남아시아 항구 운영권 첫 확보
2013	지부티	지부티	· 유럽, 아프리카, 아시아 3대륙의 요충지, '석유 운송로 초병' 별칭 국가 · 23.5% 지분 매입, 99년 운영
2015	호주	다윈	· 99년 임대 · 3.7억 달러 투입
2015	이스라엘	헤이포인트	· 이스라엘 최대 항구의 개발 운영권 25년 확보
2016	인도네시아	잠비안	· 국제 통합 항구 개발
2016	파나마	마거릿 아일랜드	· 파나마 최대 항구 9억 달러에 매입 · 대서양·태평양 통과의 황금 수로
2016	이란	키슘섬	· 5.5억 달러 투입 · 석유 운송 핵심 지역에 부두 건설
2016	이탈리아	바도	· 주식 9.9% 확보
2016	키프로스	리한나	· 25년 운영권 획득 · 키프로스 최대 여객·화물·무역 중심 항구
2016	그리스	피레우스	· 그리스 최대 항구 주식 67% 매입 · 지중해 진출의 첫 교두보 확보
2017	인도네시아	탄중 프리옥	· 최대 화물운송 항구 확장 공사에 5.9억 달러 투자
2017	스페인	노아툼	· 2.03억 유로로 51% 지분 매입 · 지중해 진출 교두보 확보

자료: 1996, 2006, 2016년 중국통계연감 정리.

구에 투자했는데, 그중 열한 곳이 해상 실크로드 연선 국가이다. 그 결과, 세계 50대 컨테이너 항구 가운데 3분의 2는 중국계 자금이 투자되어 있다. 그리고 해외 거점 항구를 확보하는 과정에서 군사적 고려를 많이 하는 점도 중국의 세계 경영 전략을 말해준다. 예를 들면, 인도양 장악에 결정적으로 중요한 지부티(Djibouti)항이나 과다르항 그리고 콜롬보(Colombo)항의 운영권을 확보할 때는 경제협력을 목적으로 투자한다는 명분을 앞세우지만, 일단 운영권을 확보한 뒤에는 군사 용도로도 겸용하려고 한다. 중국 언론은 2013년 이후 이렇게 확보한 해외 항구가 적어도 20여 곳 이상이라고 한다.

중국은 해운산업이 비약적으로 커지고 항구도 확장되었다. 그런데 항구 운영과 물류시스템 관리는 아직 뒤떨어진 부분이 많아 하드웨어와 소프트웨어의 불균형이 심한 상태이다. 그러나 중국은 관리 기술과 운영 방법 등 소프트웨어는 언젠가 따라잡을 수 있다고 보고, 해외 거점 확보에 열을 올리고 있다. 다만 2015년 이후 해외 항구의 지분을 50% 이상 확보하기가 점차 어려워지고 있다. 특히 중국에 대한 경제 심리가 강화되면서 중국이 항구를 완전히 장악할 수 없어 적당한 비율의 지분 참여로 해외 거점을 늘려가는 방식을 취하고 있다. 동시에 국제적 해운·물류산업의 협력 강화를 통해 소프트웨어 방면에서 힘을 키우고 있다.

4. 중국·아세안 경제협력과 해상 물류 네트워크

아세안 노선은 거리와 경제교류 측면 그리고 지정학적 측면에서 '21세기 해상 실크로드' 건설의 핵심 지역이다. 아세안 10개국을 포함한 이 지역은 라오스를 제외하고 모두 해양 국가이고, 싱가포르·마닐라·자카르타·하이퐁 같은 대규모 항구도시를 포함하고 있다. 아세안 주요 항구는 중국의 무역상품이 집중되는 곳으로 중국·실크로드 연안국가 무역량의 51.8%가 이뤄지고 있다. 또한 아세안은 중국의 국가 안전과 직접 연관된 전략 지역이면서 무역 규모도 세 번째로 큰 협력 지역이다.

중국은 이러한 아세안과 1991년 협상을 시작한 이래, 2002년 '중국·아세안 포괄적 경제협력 기본협정' 체결을 바탕으로 2010년부터 FTA를 시행하고 있다. 또한 1997년 아시아 금융위기 이후 중국의 지원이 절실한 아세안은 2003년 '동남아시아 우호협력조약'을 체결했다. 중국과 아세안이 서로를 필요로 한다는 증거는, 아세안과 한중일이 협력하는 '10+3' 기제가 있음에도, 아세안과 중국이 단독으로 '10+1'을 가동하고 있는 것을 들 수 있다. 물론 '10+1'은 1991

년 아세안과 중국이 대화를 시작할 때 가동된 것이므로 '10+3'보다 시기적으로 빠른 것은 사실이다. 그렇다 하더라도 이 '대화 기제'는 중국이 아세안 지역을 얼마나 중시하고 있는가를 보여주는 상징임은 분명하다. 다만 '10+1'이 중국의 의지가 강하게 반영된 회의체라면, '10+3'은 금융위기에 대한 대응을 위해 아세안이 적극적으로 추진한 측면이 크다는 점이 다르다고 할 수 있다.

2016년은 중국·아세안이 대화를 시작한지 25주년이고, 2017년은 아세안 창립 50주년이었다. 중국은 이를 아세안과의 관계 심화 계기로 적극 활용하고 있다. 2017년 말 현재, 두 지역의 무역 규모가 5000억 달러를 초과했고 오랫동안 두 자릿수 무역 성장률을 유지하고 있다. 1991년 대화를 시작할 당시 80억 달러에 불과했던 무역 규모가 25년 동안 62.5배나 성장한 것이다. 그 결과 중국은 2009년 이후 아세안의 제1 무역 대상국 지위를 흔들림 없이 지키고 있고, 아세안은 2011년 이후 중국의 3대 무역 대상 지역으로 올라선 이후 그 지위를 계속 유지하고 있다. 이런 추세가 계속된다면 2020년 두 지역의 무역 거래량은 1조 달러를 돌파할 것으로 기대하고 있다.

한편 투자 방면에서도 두 지역은 서로 중요한 외자 수입원이 되고 있다. 2017년 5월 말까지 양국의 상호 누적 투자액은 1830억 달러에 달한다. 이는 1991년 5억 달러에 비해 366배나 증가한 액수이다. 이 중 화교 경제인이 중심이 된 아세안이 중국에 실제로 투자한 누적 총액은 1080억 달러에 이르고, 중국이 아세안에 투자한 총액도 750억 달러에 이른다. 중국은 이미 라오스, 캄보디아를 비롯한 아세안 회원국에게 가장 중요한 외자 투자국이고, 다른 회원국에게도 주요 외자수입 루트가 되고 있다. 이 밖에도 인적 교류도 대폭 증가하고 있다. 중국과 아세안의 2016년 말 인적 교류는 연인원 3800만 명을 넘어섰다. 2017년 해외여행을 나간 중국인은 연인원 1억 2200만 명에 달하는데, 이 가운데 1980만 명이 동남아시아로 여행해 중국이 이 지역의 첫 번째 여행 대국이 되고 있다.

이 외에도 인프라 시설에 대한 지원도 활발하게 진행되고 있다. 중국 기업이 아세안 각국의 도로·철도·항구·공항·전력·교량 등 인프라 시설 관련 계약을 체결한 금액이 2017년 5월 기준으로 2040억 달러에 이르고, 협약이 진행 중인 것을 포함하면 2962.9억 달러에 달한다. 이런 시설 투자는 앞으로도 더욱 많아질 것으로 예상되는데, 그 이유는 2017년 브루나이를 끝으로 아세안 10개국이 모두 AIIB에 가입했기 때문이다. 이렇게 하나의 지역공동체가 예외 없이 AIIB에 가입한 경우는 아세안이 유일하다. 중국과 아세안은 지역 경제 일체화 사업을 빠르게 추진하고 있다. 이미 2010년 아세안과 FTA를 시행했고, 2015년에는 자유무역지구 승격과 관련한 협상을 종결함으로써 지역 경제 일체화의 제도적 기틀을 갖췄다. 중국은 이를 통해 '역내 포괄적 경제 동반자 협정(RCEP)'을 추진할 강력한 후원 세력을 확보했으며, 아세안은 자신의 경제성장을 위한 외부 수혈 통로를 개척했다는 평가를 받는다.

해상 실크로드를 연결하는 구심점으로서 중국이 공들여 개발하거나 장기간 임대한 동남아시아 항구를 자세히 살펴보면, 중국의 해양전략을 보다 명확하게 알 수 있다. 중국은 자국의 동부 연안에서 출발해 인도차이나를 돌아 미얀마와 방글라데시 항구를 거쳐 인도를 지나 파키스탄이 거점에서 다시 홍해를 지나 그리스까지 이어지는 해상 운송 길을 개척하고 있다. 서구에서는 이 모양이 마치 목걸이를 닮았다고 해서 '진주 목걸이(string of pears)' 전략이라고 부르면서 중국의 영향력 확대를 경계하고 있다. 왜냐하면 중국이 임대하거나 운영을 위탁받은 항구들은 무역항이면서 동시에 중국의 군함 정박 기지로도 이용되기 때문이다. 그래서 지역 패권을 유지하고 있는 미국과 일본 그리고 인도가 특히 민감하게 반응하고 있다.

아세안에서 중국이 거점 확보로 심혈을 기울이는 곳 가운데 하나가 캄보디아의 시아누크빌 항구이다. 중국은 일대일로를 통해 이 항구를 '캄보디아의 선전(深圳)'으로 조성한다고 공언하고 있으나, 2017년에 이미 이 지역 호텔과 여행 시설의 절반을 중국인이 운영하고 있고, 여행객의 60% 이상이 중국인이어서 현지에서는 중국의 식민지화를 염려하는 목소리가 높다. 그렇지만 중국이

그림 8-2 해상 실크로드 연선 국가의 주요 협력 대상 항구

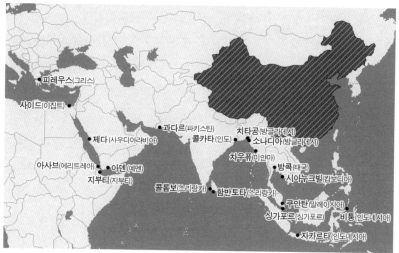

자료: 필자 작성.

대량의 자본을 투입해 도로를 개설하고 사회기반시설을 놓아주고 있어 캄보디아 정부는 이를 받아들일 수밖에 없는 상황이다. 시아누크빌 항구를 중국이 경영한다면 동남아시아에서 새로운 핵심 거점을 확보하는 것이기 때문에, 중국이 매우 적극적으로 접근하고 있다.

이와 함께 중국이 공을 들이는 또 다른 항구는 미얀마의 시트웨항과 그에 인접한 차우퓨항이다. 여기는 중국 쿤밍과 미얀마를 연결하는 송유관의 기착지일 뿐만 아니라 수심이 25m로 깊은 천혜의 항구로서 인도양으로 진출하는 전략적 요충지이다. 이에 중국은 20년간 이 항구를 사용하기로 협정을 맺어 개발에 박차를 가하고 있으나, 아웅 산 수 치가 집권하면서 자국의 이익을 극대화하기 위해 중국에 의존하던 기존의 정책을 바꾸면서 최근 개발에 제동이 걸린 상태이다. 미얀마는 미국과 관계가 개선되면서 중국 일변도에서 탈피할 수 있었고, 경제적으로도 서방 자본을 끌어들일 상황이 되자 중국과 재협상을 요구할 수 있는 지렛대를 갖게 된 것이다.

중국이 협력을 강화하고 있는 말레이시아는 양국의 이해가 일치하는 부분이 많다. 말레이시아는 싱가포르와 적도 경로에 위치하고 있어 지리적 환경이 매우 뛰어나지만, 해운·석유화학·물류·금융 부문에서 싱가포르의 압도적인 경쟁력에 밀려 오랫동안 눌려 지냈다. 말레이시아는 이를 타개하기 위해 중국과 전략적인 '항구 연맹'을 맺어 싱가포르에 대항하려고 한다. 중국의 10개 항구와 말레이시아의 6개 항구가 '항구 연맹'을 맺고 경제발전과 물류 교류를 추진하기로 한 것이다.[1] 이로써 중국은 인도양으로 향하는 길목에 강력한 항구를 두게 된 효과를 기대할 수 있어 해상 실크로드 전략 추진에 필요한 강력한 엔진을 얻게 되었다.

5. 남아시아의 지정학적 위치와 중국의 물류 네트워크

남아시아 노선은 해상 실크로드의 중간 지역으로 인도양으로 향하는 중요한 길목이다. 인도양은 세계 컨테이너화물의 절반이 통과하는 지역이고, 벌크선(bulk carrier)의 3분의 1과 원유 수송선의 3분의 2가 통과하는 지역이다. 또한 동아시아에서 유럽과 중동 및 아프리카로 가기 위해서는 반드시 통과해야 하는 바닷길이다. 그런데 남아시아는 몰디브를 제외하고는 인도, 파키스탄, 스리랑카 모두 개발도상국가로 경제 수준이 상당히 낮은 편이다. 하지만 이 지역 국가들은 모두 빠른 성장을 하고 있으며, 지정학적으로 중요한 항구를 보유한 해양 국가로 지정학적으로 중요한 곳이다.

그래서 남아시아 노선은 비록 4개 국가만 해당되지만, 경제대국 인도와의

---

1 중국의 10개 항구는 다롄(大連), 상하이, 닝보(寧波), 친저우(欽州), 광저우, 푸저우, 샤먼, 선전, 하이난, 타이창(太倉)이고, 말레이시아 6개 항구는 클랑(Klang), 믈라카, 페낭, 조호르(Johor), 쿠안탄, 빈툴루(Bintulu)이다.

협력이 절실하고 파키스탄과 스리랑카의 전략적 가치가 커서 중국이 중시하는 지역이다. 일대일로를 중국의 대외 팽창으로 보는 인도의 의혹을 해소하지 못한다면, 인도와 대규모 산업산지 공동 조성을 통해 발전을 추구하려는 새로운 출구전략이 성공할 수 없을 뿐만 아니라, 6대 경제회랑의 하나인 '방글라데시·인도·미얀마 경제회랑' 건설도 성공할 수 없기 때문이다. 일대일로 전략 추진을 가로막고 있는 여러 장벽 중에 하나는 인도의 중국 견제이고, 인도를 이용해 중국의 영향력을 차단하려는 미국의 전략이다. 이런 상황 때문에 인도양 지역은 중국의 노력에 비해 아직 그 성과가 미약하다고 볼 수 있다.

중국과 인도는 모두 경제대국이지만 그 규모에 비해 무역량은 많지 않은 편이다. 2017년 중국이 일대일로 연선 국가와 거래한 무역량은 총 1조 4403억 달러로 전체 무역량의 36.2% 정도이다. 이 가운데 중국은 인도에 683.8억 달러어치 물품을 수출했고, 163.4억 달러 상당의 제품을 수입했다. 인도는 일대일로 연선 국가 10대 무역국에서 한국, 베트남, 말레이시아에 이어 네 번째 수준이다. 무역량이 인도 뒤를 잇는 나라는 러시아, 태국, 싱가포르, 인도네시아, 필리핀, 사우디아라비아인데, 러시아를 제외하면 모두 아시아권 국가이다.

그런데 중국과 인도는 일대일로에 대한 이견이 큰 상황에서도 무역과 투자의 증가 속도는 빠르게 성장하고 있다. 특히 트럼프 정부가 2018년 중국 제품에 대해 관세 보복을 강화하자, 중국은 타개 전략의 하나로 3월 24일 대규모 경제사절단을 인도에 파견해, 23.6억 달러 규모의 통상 계약 101건을 체결하는 등 경제협력을 강화하고 있다. 이것은 또한 인도가 중국에 매년 500억 달러 이상의 무역적자를 기록하는 상황을 완화해, 인도의 협력을 구하려는 중국의 전략적 선택이라고 할 수 있다.

한편 인도가 중국을 견제하기 위해 미국이 주창한 '인도·태평양 전략' 구축에 적극적으로 호응한 것에 대응해, 중국은 파키스탄을 전략적으로 지원하고 있다. 이 협력의 핵심 사업으로 파키스탄 과다르항에서 신장 카스(新疆喀什)로 연결되는 송유관을 건설하면서 이 길 위에 도로도 신설하고 있다. 또한 카라치

(Karachi)항에는 군사시설을 설치해 두고 있다. 2012년 9월 중국 해군의 이양(益陽)함이 처음으로 카라치항에 정박해 보급품을 제공받고 파키스탄 군사 박물관과 기지를 참관하는 등 군사협력을 강화하고 있다. 그리고 중국은 2017년 7월 14척의 잠수함에 최초로 인도양에서 훈련을 실시했는데, 중국 해군의 인도양 진출에는 파키스탄과의 협력이 절대적인 역할을 하고 있다. 즉, 과다르항과 카라치항은 중국의 전략적 거점인 것이다. 하지만 파키스탄은 군사적 중요도에 비해 중국과 매우 비대칭적 무역구조를 가지고 있다. 2017년 파키스탄이 중국에 수출한 것은 겨우 14.68억 달러에 불과한 반면, 수입액은 141.3억 달러(총무역량 155.97억 달러)에 달해 수출량이 수입에 비해 10.4%밖에 되지 않는다. 이런 약점은 중국이 파키스탄에 지속적인 영향력을 행사하거나 친중 국가로 남게 할 유인책 가운데 지렛대의 하나가 상당히 취약하다는 것을 보여주고 있다.

이렇게 무역의존도가 크지는 않지만, 인도와 극심한 갈등을 겪고 있는 파키스탄이 중국과 '전천후 전략적 협력 동반자 관계(all-weather strategic cooperative partnership)'를 맺어 적극적인 친중 노선을 유지하고 있다. 따라서 중국에 입장에서 서아시아는 친중과 반중이 극단적으로 병립하는 지역이다. 즉, 인도는 중국의 일대일로에 대해서도 부정적인 입장을 견지하고 있으나, 파키스탄은 적극적인 협력을 추진하고 있다. 이러한 이유로 남아시아 지역은 직접적인 물류 네트워크 거점보다는 군사 안보상 중요성이 더욱 부각되고 있다. 그렇지만 과다르항은 중앙아시아 국가의 수출입 물류를 연계하는 중개무역 도시이기도 하다. 내륙 국가 중앙아시아는 항구가 없어 근본적으로 물류에 제한을 받기 때문에 우호적인 나라와 항구 사용권 협약을 체결하는 것이 매우 중요하다. 그래서 과다르항은 파키스탄과 중앙아시아 국가의 선린 우호 관계 이외에도 지리적인 이점이 많아 이들 국가의 수출입을 연계하는 항구로 활용될 것으로 예상된다.

'인도양의 명주'라 불리는 스리랑카도 중국이 해상 전략을 전개하는 데 핵심적인 위치에 있다. 스리랑카는 600여 년 전에 정화(鄭和)가 대항해 때 5차례나 들렀을 정도로 중요한 지점이었다. 현재 중국은 2016년부터 스리랑카 최대의 무역 대상국이자 수입 대상국이다. 2016년 양국의 교역량은 45.6억 달러이고 최대 투자국도 중국이다. 또한 2005년 5000명에 불과하던 중국인 여행객이 2016년에는 27만 명으로 급등해 인도에 이어 두 번째로 많기도 하다. 이렇게 일대일로가 추진되는 시기에 해외여행객과 직접투자가 급증해 스리랑카는 중국인이 점령해가고 있다.

이런 가운데 콜롬보 사우스포트 컨테이너터미널과 함반토타 항구 개발은 중국이 스리랑카에 투자한 최대 규모의 프로젝트이다. 이는 스리랑카가 외자를 도입한 사업 가운데서 가장 큰 규모로 2013년 6월부터 가동을 시작했다. 사업 규모는 14억 달러이지만, 2차 개발 사업 계획까지 계산하면 130억 달러에 이를 것으로 예상된다. 콜롬보 항구 개발은 중국이 바다를 메워 인공섬에 종합 레저시설을 건설하는 것으로, 개발 면적 110ha 가운데 20ha는 중국이 99년간 조차하는 것으로 협약을 맺었다. 2017년 4월 현재 시공률은 38%로 지금도 공사를 진행하고 있다. 또한 남부 해안에 있는 함반토타 항구에서는 운영권의 80%를 보유한 중국이 약 60km²를 개발하는 프로젝트를 진행 중인데, 99년간 조차하는 조건으로 성립되었다. 이 개발은 10만 톤급 정박 시설 8개와 2만 톤급 부두 2개를 만드는 것으로, 이것이 완성되면 스리랑카는 지리적 이점을 활용해 경쟁력 있는 중간무역항이 될 가능성이 크다고 평가된다.

이렇게 스리랑카의 최대 채권국인 중국이 토지를 장기간 임대를 통해 약 80억 달러의 채권을 상환받는 방식은 식민지 약탈과 유사하다는 비판을 받는다. 그래서 2015년 1월 새 정부는 중국이 자국의 항구를 통제할 위험이 크다고 판단해 기존 투자 방식에 제동을 걸었다. 그리고 2018년 5월 양국이 진행하던 FTA 협상을 중단한다고 일방적으로 선언하기도 했다. 이것은 현금을 투자하지 않고 채권을 토지 임대로 상환받는 중국의 사업 방식에 대한 불만이 쌓인 결과인 동시에, 일본과 인도가 스리랑카에 대한 지원을 강화하자 협상력이 높아진 신정부의 태도 변화였다. 일본은 2018년 1월 외무상이 방문해 "스리랑카는 일본의 '자유와 개방의 인도·태평양 전략'의 핵심 국가이자 일본이 인도양으로 진입하는 대문"이라는 입장을 밝혔고, 아시아개발은행을 통해 2021년까지 LNG공장을 지어준다는 등의 경제 지원을 부쩍 강화하고 있다. 바야흐로 중국의 일대일로에 맞서 일본과 인도의 적극적인 대응이 시작된 것으로 보인다.

6. 일대일로 핵심 사업 중·파키스탄 경제회랑

육상을 이용해 인도양과 물류 통로를 구축하려는 중국의 꿈을 실현하려면 파키스탄을 통과해야 한다. 그래서 일대일로에서 가장 먼저 착수한 사업이 바로 중국·파키스탄 경제회랑 건설이고 그 종착점이 바로 과다르항이다. 이 노선은 중국에게는 매우 중요한 정치·군사·경제적인 의미가 크다. 반대로 과다르 항구의 운영권이 중국에게 넘어가자 미국·인도·싱가포르는 매우 아파했다. 왜냐하면 과다르항은 호르무즈해협과 인접해 있는 파키스탄의 3대 항구로서 '인도양으로 나가는 목구멍'이라는 별칭이 있을 정도로 전략적으로 중요한 곳이고, 중국이 운영권을 확보하기 전에는 싱가포르가 운영권을 가지고 있었기 때문이다. 중국은 2002~2005년 과다르항 정비 공사를 진행하고도, 2007년 싱가포르가 40년 동안 이 항구의 운영권을 가져가는 것을 지켜봐야만 했다. 그러나 2013년 2월 마침내 이 항구 운영권을 43년간 확보해, '중국·파키스탄 경제회랑' 건설을 시작할 수 있었다. 이 항구는 중동과 서남아시아를 연결하는 전략적 요충지로 세계 원유 수송의 20%가 통과하는 호르무즈해협에서 멀지 않아, 중국이 인도양을 통제하려고 할 때 절대적인 전략 거점이기도 하다. 또 중국이 믈라카해협을 통과하지 않고도 일정량의 원유를 자국으로 들여올 수 있는 출발점이기도 하다.

1726km에 이르는 '중·파키스탄 경제회랑'은 고속도로와 철도, 송유관·가스관 및 광케이블 등 4개 분야를 동시에 건설하는 복합 경제회랑으로 2030년 완공을 목표로 하고 있다. 이 회랑이 완공되면 중국은 중동과 아프리카 석유를

신장 지역까지 직접 공급할 수 있고, 석유 수입 루트가 믈라카해협 통과에 비해 80%나 단축된다. 그리고 이 경제회랑은 중국의 서남 지구와 파키스탄을 연결하는 것 이외에도 동남아시아와 서남아시아 및 중앙아시아 그리고 중동을 아우르는 교차점 역할을 하게 된다. 또한 회랑의 종착역인 과다르항은 '세계의 석유 밸브'라는 호르무즈해협과 근접하기 때문에 페르시아만과 아프리카 동부 산유 국가에도 영향력을 가지는 중개항으로 기능할 것이다.

중국은 이 회랑 건설을 위해 파키스탄에 460억 달러를 투자하기로 협정을 체결했다가 2018년 이를 620억 달러로 수정했다. 또한 경제회랑 건설을 중심으로 과다르항, 에너지, 기초 시설 건설, 산업 협력을 중점 프로젝트로 삼는 이른바 '1+4' 구축을 제안하면서 파키스탄 끌어안기에 적극 나서고 있다. 이 행사의 일환으로 시진핑 주석은 2015년 4월 파키스탄을 방문해 51개 협력 사업에 서명했고, 1차로 280억 달러에 이르는 자금을 지원해 각종 발전소 등 에너지 프로젝트를 진행하고 있다. 이런 노력을 통해 과다르항 운영권을 취득한 중국은 에너지 안보를 크게 강화했고, 미국이 믈라카해협을 봉쇄할지도 모른다는 두려움을 상당 부분 해소했다.

그렇다면 중국이 과다르항 운영권을 확보함에 따라 가장 큰 손실을 본 나라는 어디일까? 우선 5년 동안 이 항구를 관리·운영해 온 싱가포르가 그 첫 번째이다. 싱가포르는 운영권을 상실한 손도도 크지만, 중국이 믈라카해협을 통해서 수입하는 석유의 양이 줄어들자 대중국 협상력이 상당히 줄어들었다. 싱가포르 다음으로 손해를 본 나라는 미국일 것이다. 과다르항은 호르무즈해협에서 400km밖에 떨어져 있지 않아 중동과 아프리카에 대해 중국이 영향력을 강화할 수 있고, 해적 소탕과 상선 보호라는 명분으로 이 지역에서 순시를 강화하면서 미국 제5함대 활동을 제약할 수 있기 때문이다. 세 번째로 좌절을 맛본 나라는 인도이다. 파키스탄과 끊임없이 분쟁을 겪고 있는 인도는 이 '회랑'이 영토분쟁을 겪고 있는 카슈미르 지역을 통과하면서 중국이 파키스탄을 지지하게 되어 영토분쟁에서 불리한 위치에 서게 되었다. 또한 경쟁국인 중국이 자신의 앞마당으로 여기는 인도양에 진출해 활보함으로써 인도의 발언권이 약화될 것이다. 이 밖에도 중앙아시아의 석유와 가스 수출 루트에서 독점적인 지위를 행사하던 이란은 중국이 과다르항을 운영하자 상당 부분 그 지위를 잃게 되었다. 두바이도 석유 거래 중심 항구로서의 지위가 흔들릴 가능성이 있어 매우 긴장하고 있다. 이렇게 과다르항 운영권이 중국으로 넘어오고 항구가 활성화되면서 각국에 미치는 영향력도 달라지고 있다.

그러나 '중·파키스탄 경제회랑' 건설에는 많은 난관이 놓여 있다. 경쟁 국가의 방해와 반대 이외에도 파키스탄 내부의 반대와 파괴 활동도 관리해야 한다. 파키스탄은 이미 회랑을 보호하기 위해 3만 2000여 명의 군인을 투입하는 막대한 대가를 치루고 있다. 따라서 이 '회랑'의 성공 여부와 효율에 따라 일대일로 전략에 대한 평가가 달라질 수 있을 만큼 하나의 시금석이 되고 있다.

7. 중국 해상 물류 네트워크 연계 특징

중국의 해상 실크로드 물류 네트워크 특징을 몇 가지로 정리하면 다음과 같다. 첫째, 국제 해운 연계 범위는 부단히 확대되지만, 해운 노선은 집중되는 경향을 띤다. 1995년에는 해상 실크로드 연선 국가의 57개 항구와 연결되었지만, 2005년에는 60개 항구, 2015년에는 77개 항구로 연계 범위가 확대되었다. 또한 중국과 이들 나라 항구와의 연계 노선은 1995년 264개에서 2005년 1255개로 늘어났고, 2015년에는 2579개로 대폭 증가되었다. 즉, 20년 동안 연계 노선이 10배로 늘어나 그만큼 연계 강도가 강화되었다. 수송 물량 비중 측면에서도 1995년에는 중국의 대외 해운 수송량의 19.4%였던 것이 2005년 29.3%, 2015년에는 36.3%로 증가했다. 이는 전반적인 중국 무역이 늘어남에 따라 이 지역 역시 대폭 증가했음을 알 수 있다.

그런데 이런 연계 범위 확대와는 반대로 수송 물량은 오히려 특정 국가와

표 8-5 해상 실크로드 통항 국가의 중국 해운 수송 비중 (단위: %)

구분	1995	2005	2015
중국 해운 물량 선두 10위 국가의 중국 국제 해운 운수 점유 비중	13.5	23.9	29.7
중국 해운 물량 선두 10위 국가의 중국·실크로드 연안 국가 해운 점유 비중	69.7	81.3	81.7
중국 해운 물량 선두 3위 국가의 중국·실크로드 연안 국가 해운 점유 비중	37.1	43.3	44.6

자료: 王列輝·朱艶(2017.12: 269).

항구로 집중되는 경향이 강화되고 있다. 1995~2015년 사이에 중국의 해운 물량 거래 선두 10위권 국가 비중은 중국 전체 해운의 13.5%에서 29.7%로 늘어났다. 그리고 이들 10개 국가가 실크로드 연선 국가의 해운 물동량에서 차지하는 비중은 69.7%(1995년)에서 81.7%(2015년)로 높아졌다. 특히 믈라카해협 주변의 말레이시아, 싱가포르와 수에즈 운하를 가지고 있는 이집트와의 수송량이 지속적으로 증가하고 있다.

둘째, 중국과 실크로드 연선 국가와의 해운 노선은 부단히 증가하고 있지만, 연계 밀집도는 거리에 반비례하는 일반 법칙의 적용을 받는다. 당연한 얘기로 들릴 수도 있지만, 동남아시아는 거리가 가깝기도 하지만 중국과 보완적인 무역구조여서 가장 많은 해운 노선을 차지하고 있다. 이 지역은 1995년 102개 노선으로 중국·실크로드 연안 국가 해운 노선의 38.6%를 차지했다. 2005년 573개로 45.7%, 2015년에는 1449개 노선으로 56.2%를 점해 여전히 중국·연안 국가 해운 노선의 절반 이상을 유지하고 있다. 특히 싱가포르항과 말레이시아 클랑(Klang)항은 중국과 유럽의 화물을 중개하면서 많은 이익을 얻고 있다. 그런데 중국의 입장에서는 물동량 대부분이 믈라카해협을 통과하기 때문에 언제나 치명적 약점을 가지고 있다는 의미로 여기를 '인후(咽喉)'라 부르며 지정학적인 약점에 민감하게 반응한다.

연선 국가 가운데 해운 노선이 동남아시아에 이어 두 번째로 많은 지역은 서아시아와 중동 지역이다. 그런데 이곳은 중국과 거리가 멀어서 연계 밀집도가 떨어진 것이 아니라 산업 생산력이 높지 않기 때문이다. 이곳과 연계된 중국 해운 노선은 1995년 연안 국가 노선의 36.0%였으나, 2005년에는 18.9%로 대폭 축소되었다가 2015년 20.2%로 약간 회복되기도 했다. 여기에서는 수에즈 운하를 보유한 이집트가 중국과 유럽의 중계무역으로 가장 중요한 역할을 한다. 문제는 수에즈 운하 수심이 깊지 않아 선박 흘수가 12.8m에 불과해 대형선박의 왕래가 어렵고, 폭도 넓지 않아 물동량 정체가 심하다는 점이다. 최근 수에즈 운하는 2023년까지 양방향 통행을 실현하고, 하루 49척만 이용할 수 있었던 것을 97척이 드나들 수 있도록 한다는 대대적인 확장공사 계획을 발표했다. 이렇게 되면 동아시아와 유럽을 연결하는 화물운송비는 상당히 절감될 것으로 기대된다.

연선 국가 물동량이 세 번째로 많은 지역은 남아시아와 대양주인데, 호주가 가장 중요한 국가이다. 이 지역은 해상 실크로드 계획에 나중에야 추가될 정도로 중요도가 높지 않았다. 그러나 호주의 철광석과 석탄 등 에너지 자연자원 수입이 중요하다는 사실을 인식하면서 뒤늦게 추가했다. 한편 아프리카 동부 지역은 노선과 물동량이 가장 적은 노선이다. 지부티, 탄자니아, 케냐 등 아프리카 동부 지역은 배후지(hinderland)형 무역을 하고 있기는 하지만, 아프리카 수요 시장이 크지 않아 아직은 해상 물류가 크게 성장하지 못하고 있다.

셋째, 중국·연선 국가 간의 해운 물류 선두 국가는 변동이 적지만, 물동량 선두 항구는 크게 바뀌었다. 〈표 8-6〉에서 보는 바와 같이, 지난 20년 동안 물동량이 선두를 지닌 국가는 싱가포르와 말레이시아가 역전된 것을 제외하고는 변화가 없었다. 그러나 선두 항구는 콜롬보를 제외하고는 모두 순위가 역전되었다. 국가 순위가 바뀌지 않는 것은 국가별 경제력 차이를 쉽게 바꿀 수 없지만, 항구 순위가 바뀌는 것은 지역 경쟁이 치열해지면서 항구도시의 경쟁력이 역전되는 현장이 잦기 때문이다.

그런데 이런 일반적 특성과 다르게 중국 물류를 취급하는 싱가포르항과 클랑항의 순위가 바뀌었다. 이는 두 나라의 국력 차이를 반영한 것이다. 싱가포

표 8-6 해상 실크로드 연안 지역의 해운 물량 수위 국가와 항구

	수위 연계 국가			수위 연계 항구		
	1995	2005	2015	1995	2005	2015
동남아시아	싱가포르	말레이시아	말레이시아	싱가포르	클랑	싱가포르
남아시아	인도	인도	인도	콜롬보	콜롬보	콜롬보
서남아시아·중동	이집트	이집트	이집트	사이드	다미에타	수에즈
대양주	호주	호주	호주	시드니	브리즈번	브리즈번
아프리카 동부	남아프리카공화국	남아프리카공화국	남아프리카공화국	더반	더반	케이프타운

자료: 1995, 2005, 2015년 中國航務週刊 정리.

르항은 동남아시아 최대의 항구이자 무역 허브로 확고부동한 위치를 차지하고 있다. 하지만 말레이시아가 자국 최대 항구인 클랑항을 육성하기 위해 정기선의 연안무역 제한 조치를 취소하면서 국제 중계무역항으로 육성했다. 그 결과 클랑항이 싱가포르항의 물동량을 상당 부분 흡수함으로써 마침내 중국의 해운 수송량을 가장 많이 처리하는 항구로 우뚝 서게 되었다. 이런 추세는 앞으로도 계속될 것으로 보이며 클랑항의 역할도 점점 강화될 것으로 전망된다.

8. 해양 물류 증가에 따른 중국의 항구 지위 변화

항구의 경쟁력은 항구 배후지 경쟁력과 화물 처리량을 종합해서 평가할 수 있다. 배후지는 산업 밀집도와 긴밀하게 연계되어 있고, 처리량은 화물의 종류와 상관도가 깊다. 중국에서 비교적 큰 항구는 60여 개로 볼 수 있는데, 이들 항구마다 경쟁이 날로 격화되고 있다. 산업 배후지가 튼튼한 상하이, 저우산, 닝보(寧波), 다롄(大連), 칭다오, 톈진항은 경쟁 압력도 크지만 경쟁력을 갖춘 항으로 볼 수 있고, 그다음 단계로는 잉커우(營口), 옌타이(煙臺), 롄윈강(連云港), 광저우항이 배치되어 있다.

항운 시장은 무역 상황에 크게 좌우되기 때문에 컨테이너 항구와 벌크선 위주의 항구는 경쟁과 부침이 더 심하고, 석유제품 수송을 위주로 하는 항구는 상대적으로 안정된 성장을 하는 경향이 있다. 그렇더라도 컨테이너 운송 위주의 대형 항구는 열한 곳 정도인데, 대부분 시설 규모가 크고 상당한 경쟁력을 가지고 있지만, 그 내부의 순위 변동도 빈번하게 발생된다. 예를 들면, 상하이항이 수년 동안 종합 경쟁력 1위를 차지하고 있지만, 시설 규모에서는 저우산항이 최근 상하이항을 추월했다. 이런 순위 변동은 해상 실크로드와 연계한 지방정부의 발전 전략에 따라 앞으로도 변동 가능성이 상존하고 있다고 볼 수 있다. 그래서 향후 중국의 해상 물류는 과잉 경쟁이라는 비판 속에서도 빠르게 성장할 것으로 보인다.

연선 국가와 연계된 중국의 무역항은 허브항과 준허브항 및 일반 항구로 대체로 피라미드 구조를 이루고 있다. 허브항은 실크로드 연선 국가와 연계하는 핵심 거점으로 중국 내에서 미치는 영향이 가장 큰 항구들이다. 〈그림 8-3〉에서 보는 바와 같이, 상하이항, 선전항, 닝보항, 홍콩항이 여기에 해당한다. 다음 단계로는 준허브항이라 부를 수 있는 5개의 항구인 칭다오, 샤먼, 가오슝(高雄), 톈진, 다롄이 그것이다. 이 항구들은 대체로 동남아시아, 남아시아, 중동 지역과 연계성이 비교적 강하고 중국 국내에 미치는 영향력도 상당하다. 마지막으로 일반 국제 컨테이너항이 있는데, 이는 국제 해운 연계성이 비교적 작고 주로 거리가 가까운 동남아시아와 무역하는 광저우 등 10개 항구를 가리킨다.

중국은 1995년 '하나의 핵심과 하나의 부심(一主一副)'으로 홍콩항과 상하이항이 있었으나, 선전항이 추가되고 다시 닝보항이 선정됨으로써 4개의 허브 항구가 구축되어 있다. 국제무역 컨테이너항으로서 연선 국가와 연계성과 영향력의 크기를 시기별로 보면, 1995년에는 홍콩항〉상하이항〉선전항의 순이었다. 그러나 2005년에는 상하이항〉홍콩항〉선전항〉닝보항으로 상하이와 홍콩의 순위가 바뀌었고, 2015년에는 상하이항〉선전항〉닝보항〉홍콩항으로 홍콩항의 지위 하락이 두드러졌다. 이렇게 대륙 항구의 성장이 빠르고, 특히 닝보의

그림 8-3 중국의 주요 항구 등급

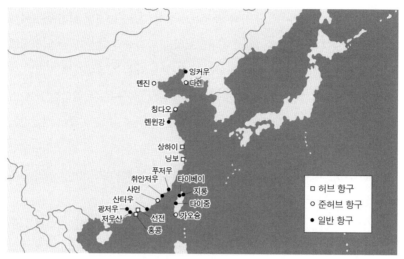

자료: 필자 작성.

성장 속도는 어떤 항구보다 빨라 앞으로도 그 역할이 강화될 것으로 예상된다.

선전항은 아직 거래 규모에서 홍콩항과 비교할 수는 없으나 성장 속도는 매우 빠르다. 2015년부터 해외 연계 항구 수가 홍콩항을 앞질렀고, 2005년 이후에는 홍콩항과 함께 화난(華南) 지역의 쌍두마차를 형성하고 있다. 특히 홍콩항이 서남아시아와 중동의 항구들과 연계성이 크게 하락함에 따라 선전항이 이 공백을 메꾸면서 대체 항구로 선명하게 부상했다. 닝보항은 비교적 늦은 1984년에 컨테이너를 수송하는 역할을 시작했고, 1996년에야 비로소 국제 컨테이너 무역항으로서 발돋움했으나, 그 뒤 눈부신 발전을 거듭해 마침내 중국의 4대 허브항으로 우뚝 섰다. 그런데 닝보항은 비록 빠른 성장을 이뤘으나 해외 연계 항구가 대부분 상하이항과 겹쳐 불필요한 경쟁을 해야 하는 어려운 상황을 겪고 있다.

한편 중국의 해운 네트워크이 공간적 범주 측면에서 보면, 동남 연안의 작은 항구는 몰락한 반면, 창장 유역의 항구들과 발해만의 각 항구들의 약진이

돋보인다. 즉, 해상 실크로드와 연계하려는 항구들이 부상하고 있다. 소규모로 남쪽에 위치한 베이하이(北海)항과 팡청(防城)항의 경우, 1995년 이전에는 아세안 국가들과 인접한 이점을 살려 싱가포르항과 방콕항과 해상 물류를 진행했으나, 2005년 이후에는 이 연계가 완전히 끊겼다. 대신 창장삼각주 지역의 여러 항구는 지리적 인접성과 인문 유대를 앞세워 동남아시아와 활발한 물류 거래를 하고 있다. 이들 항구는 1995년 이전에는 한국의 부산항 등을 경유하는 간접 물류를 했으나, 점차 직접 물류 조건을 완성해 나갔다. 그 결과 칭다오항과 톈진항 및 다롄항이 준허브항으로 당당히 올라서 발해만 지역의 해상 실크로드 물류를 주도하고 있다.

중국의 각 항구들은 이렇게 극심한 경쟁을 뚫기 위해 국제 해운 협력을 구축하고 있다. 선진 물류시스템과 시설을 갖춘 항구와 연계를 통해 발전을 추구하는 전략인 셈이다. 예를 들면, 상하이항은 싱가포르항과 클랑항 및 새롭게 급부상하고 있는 탄중 펠레파스(Tanjung Pelepas)항을 연계해 3각 구조를 이루면서 입체적인 운송 체계를 구축했다. 홍콩은 클랑항과 마닐라항과의 연계성을 비교적 중시한 반면, 선전항은 수에즈항과 클랑항과의 연계성에 비중을 두어 자연스런 분화 과정을 겪고 있다. 이렇게 중국 국제무역항들은 해상 실크로드 선상의 초일류 항구들과 거래를 집중하는 동안, 준허브 항구나 일반 항구도 직접 해외 항구와 물류 유통을 개척하면서 분화를 재촉하고 있다.

중국 정부는 물류산업의 중요성을 충분히 인식해 해외 항구 운영권 확보에 공격적인 전략을 취하고 있고, 국내 물류산업 선진화를 위한 제도개선에도 나서고 있다. 이 말은 여전히 국내 물류시스템이 선진국에 비해 취약하다는 것을 인정한다는 의미이기도 하다. 또한 물류체계 정비를 통해 각 항구의 역할 분담과 경쟁력을 유도하고 있다. 그런 의미에서 보면, 일대일로는 주변 국가의 사회기반시설을 확충하는 것보다 국내 시설 개조에 훨씬 집중하고 있다는 평가도 가능하다. 중국은 해양도시의 물류에 비해 내륙 도시의 물류 처리 능력이 많이 뒤떨어진 현실을 개선하는 데도 적극적이다. 그 일환으로 각 권역별 거점

도시를 선정하고 항공·철도·해운을 연계하는 방안을 강구하고 있다. 여기에
대응하는 지방정부의 전략과 의지에 따라 지역별 물류 경쟁력도 커다란 변동
을 가져올 것이다.

참고문헌

郭崔霄阳·崔铁宁. (2016). 「新常态下中国物流业发展浅析」. ≪物流工程与管理≫, 第4期.

董千里. (2017.2). 「"一带一路"背景下国际中转港战略优势, 条件及实现途径」. ≪中国流通经济≫.

罗明·张天勇. (2015.10). 「"一带一路"背景下我国物流业发展面临的机遇与挑战」. ≪物流技术≫.

刘宗义. (2014). 「21世纪海上丝绸之路建设与我国沿海城市和港口的发展」. ≪城市观察≫, 第6期.

陆建人. (2016.11). 「21世纪海上丝绸之路与中国和东盟的产业合作」. ≪广西大学学报≫.

樊秀峰·余姗. (2015.5). 「"海上丝绸之路"物流绩效及对中国进出口贸易影响实证」. ≪西安交通大学
学报≫.

谢斌. (2017). 「21世纪海上丝绸之路"建设背景下的中国」. ≪理论界≫, 第5期.

孙昶. (2017). 「孟中印缅经济走廊面临的主要挑战与应对措施」. ≪南方论刊≫, 第10期.

宋则. (2015). 「"十三五"期间促进我国现代物流健康发展若干要点」. ≪财贸经济≫, 第7期.

宋效峰·石彩霞. (2017). 「"一带一路"视角下中巴经济走廊建设的机遇与风险分析」. ≪特区经济≫,
Vol.346.

王列辉·朱艳. (2017.12). 「基于"21世纪海上丝绸之路"的中国国际航运网络演化」. ≪地理学报≫, 第
72卷, 第12期.

汪鸣. (2018). 「国家三大战略与物流发展机遇」. ≪中国流通经济≫, 第7期.

陈文玲·梅冠群. (2016). 「"一带一路"物流体系的整体架构与建设方案」. ≪经济纵横≫, 第10期.

陈恒 外. (2015). 「"一带一路"物流业发展驱动因素的动态轨迹演变 — 基于劳动力投入的视角」. ≪上
海财经大学学报≫, 第17卷, 第2期.

何丹·李文超. (2016.10). 「港口城市中欧班列可持续发展机制与对策」. ≪中国物流经济≫.

何黎明. (2014). 「"新常态"下的"及时雨"」. ≪中国物流与采购≫, 第20期.

_____. (2018). 「推动物流高质量发展努力建设"物流强国"」. ≪中国物流与购彩≫, 第4期.

许娇 外 3人. (2016). 「"一带一路"交通基础设施建设的国际经贸效应」. ≪亚太经济≫, 第3期.

黄茂兴·贾学凯. (2015). 「"21世纪海上丝绸之路"的空间范围, 战略特征与发展愿景」. ≪东南学术≫,
第4期.

國務院新聞辦公室網站. "中國與東盟經貿合作成果豐碩". http://www.scio.gov.cn.

新浪財經. "商務部: 2017年中印雙邊貿易額達844億美元 創曆史新高". http://finance.sina.com.cn/roll/
2018-04-26/doc-ifztkpin4472692.shtml.

財新網. "中國東盟貿易額 2020年或破萬億美元, 中國赴東盟投資加速". http://international.caixin.com/
2017-08-14/101130041.html.

"駐柬大使 : 中方不支持把西哈努克港打造成"中國城"". https://baijiahao.baidu.com/s?id=1591918395
604203761&wfr=spider&for=pc.

"海外港口背後的中國資本:一年投資超200億美元". https://www.sohu.com/a/196778323_759075.

≪파이낸셜 뉴스≫. "中 일대일로, 파산 임박한 파키스탄 때문에 좌초 위기". http://www.fnnews.com/
news/201807231557025569.

중·미얀마가 추진하는 일대일로 국제 협력의 전략적 기회, 건설 발전과 위험 평가*

장웨이위(張偉玉) ㅣ 베이징 대외경제무역대학 부교수

[옮긴이] 김동효 ㅣ 광둥기술사범대학교 교수

1. 들어가는 말

중국과 미얀마 양국은 산수(山水)가 연결되어 있고, 육지의 국경이 서로 맞닿아 있다. 미얀마는 동남아시아와 남아시아를 연결하는 육지 거점 국가이자 인도양과 중동으로 가는 중요한 통로다. 봉건왕조 시절부터 양국은 오랫동안 우호적으로 왕래해 왔다. 여러 차례 전쟁을 겪는 등 반목도 있었지만, 중국과 미얀마는 전반적으로 우호 관계를 유지하며 '동포'의 정을 맺어왔다. 양국은 평화공존 5원칙을 함께 제창하고, 우호적인 협상을 통해 역사적으로 남아 있는 국경 문제를 원만히 해결했으며 장기적인 우호 관계와 깊은 정치적 상호 신뢰를 구축했다. 중국은 미얀마의 가장 중요하고 큰 이웃 국가일 뿐만 아니라 오랫동안 미얀마의 최대 외국인 투자국이기도 하다. 지정학 이론에 따르면 국가 간 상호 영향력은 거리에 따라 달라진다. 통상적으로 국가 간 거리가 가까울수

* 이 글은 ≪한국동북아논총≫, 제26권, 제1호(2021, 통권 제98호), 153~169쪽에 발표된 「中缅开展"一带一路"国际合作的战略机遇, 建设进展与风险评估」을 수정·보완한 것이다. 对外经济贸易大学中央高校基本科研业务费专项资金资助项目(项目编号: 20JX03); 对外经济贸易大学优秀青年学者资助项目(项目编号: 20YQ17); 国家社科基金青年项目(项目编号: 20CGJ028).

록 상호 영향력은 크고 직접적이며, 거리가 멀수록 영향력은 감소한다(沈偉烈, 2005: 191~197). 중국과 미얀마 양국은 상호 의존적이며 국제 사회에서 서로를 지지하고 있다. 일대일로(一带一路) 이니셔티브로 중·미얀마 간의 경제 무역이 더욱 활발해지면서 미얀마의 참여는 미얀마 경제 진작에 큰 영향을 미칠 뿐만 아니라 국제 경제 체제로의 통합과 역내 협력 강화에도 도움이 될 것으로 보인다. 그러나 한편으로 중·미얀마 일대일로 협력은 까다로운 문제와 리스크에 직면해 있다. 따라서 미얀마 각 측의 일대일로에 대한 태도와 입장을 정리하고, 미얀마에서 직면한 전략적 기회와 리스크 측면에서 일대일로를 과학적으로 평가해 문제 해결의 구체적인 조치와 방법을 찾는 것이 중요하다. 이는 중·미얀마 일대일로 협력에서 서로 '윈윈'하는 데 도움이 될 것이다.

베이징대학 일대일로 오통(五通)지수 연구과제 팀은 일대일로 연선 국가와 일대일로 양해각서를 체결한 국가 들을 대상으로 일대일로 오통지수 정량 평가와 리스크 평가를 시행했다.[1] 그 결과에 따르면 미얀마는 '양호형 국가'에 속하며, 94개 국가 중 중위권인 40위를 기록했다. 그러나 동남아시아 국가 중에서는 뒤에서 세 번째인 하위권 국가로 동남아시아 다른 국가와 격차가 크다. 구체적으로 미얀마의 일대일로 오통지수는 정책 소통에서 12.57점, 인프라 연계 14.02점, 원활한 무역 11.61점, 자금 융통 6.33점, 민심 상통 12.85점[2](〈표 9-1〉)으로, 인프라 연계에서 비교적 높은 점수를 얻었지만, 자금 융통에서는 상대적으로 점수가 낮았다.

---

1   오통은 정책 소통(政策溝通), 인프라 연통(設施聯通), 무역 창통(貿易暢通), 자금 융통(資金融通), 민심 상통(民心相通)이다.
2   상호연결 수준은 '창통형(70점 이상), 연통형(60~70점), 양호형(50~60점), 잠재형(40~50점), 취약형(40점 이하)' 등 5등급으로 나눈다(北京大学"一带一路"五通指数研究课题组, 2018).

표 9-1 동남아시아 국가 일대일로 오통지수

유형	국가	정책 소통 (政策溝通)	인프라 연통 (設施聯通)	무역 창통 (貿易暢通)	자금 융통 (資金融通)	민심 상통 (民心相通)
원활형	싱가포르	13.18	11.72	19.83	18.86	16.33
	태국	13.74	10.30	14.57	16.63	18.31
	인도네시아	11.69	9.60	14.18	18.13	16.73
	말레이시아	12.02	11.57	18.4	16.28	16.31
연통형	캄보디아	17.97	8.62	14.32	13.39	14.73
	베트남	12.88	10.38	14.60	13.18	17.17
	필리핀	11.79	9.49	14.59	12.79	15.40
	라오스	16.32	7.83	13.02	11.49	14.31
양호형	미얀마	12.57	14.02	11.61	6.33	12.85
잠재형	브루나이	5.43	8.80	9.96	8.16	11.60
취약형	동티모르	8.83	6.28	10.19	5.57	6.87

자료: 北京大学 "一带一路" 五通指数研究课题组(2018).

2. 미얀마의 역사적 기회로서 일대일로 이니셔티브

(1) 유리한 정치적 조건

1950년 중·미얀마 수교 이후, 1962~1970년 관계가 악화되었으나, 1971~ 1988년 양국 관계는 점차 완화되기 시작했다. 이후 중국과 미얀마는 서방으로 부터 고립된 경험을 갖고 있어서 소 마웅(Saw Maung) 군사정부 때 '전략 동맹' 을 맺기 시작해 탄 슈웨(Than Shwe) 군사정부 시절에도 친밀한 우호 관계를 이 어왔다. 테인 세인(Thein Sein) 정부 시절 중·미얀마 관계는 전면적 전략적 동반 자 관계로 격상되었다(中国外交部, 2011.5.28). 아웅 산 수 치에 이르러 '가까운 이 웃(重隣友隣)' 전략을 채택하면서 일대일로 이니셔티브가 미얀마에서 순조롭게 추진될 수 있는 유리한 정치적 여건이 조성되었다.

2016년 3월 20일 틴 초(Htin Kyaw) 미얀마 대통령은 전국민주연맹(National

League for Democracy: NLD)이 이끄는 새 정부 취임 선서를 했다. 이로써 54년 동안 집권한 군인과 그 정당이 물러나고 미얀마 여야 구도에 역사적·전복적 변화가 나타났다. 외부에서는 이에 대해 전국민주연맹 정부가 외교적으로 중국과 멀어지고 서방에 '편향'되는 것 아니냐며 우려했다(宋清润, 2016.9.20). 그러나 아웅 산 수 치 집정 전후를 살펴보면, 전국민주연맹 신정부의 대중 외교는 상당히 실리적으로 바뀌었다. 아웅 산 수 치는 전국민주연맹 집권 전인 2015년 6월 11일 중국을 첫 방문 하고 중·미얀마 양당 대표는 각각 '가까운 이웃'이라는 외교적 입장을 밝혔다. 미얀마 전국민주연맹은 중국과의 우호를 중시하며 중국의 발전 성과를 높이 사고, 관계를 심화해 양국 국민 간 우호 관계를 발전시켜 나가길 희망했다(中新网, 2015.6.11).

전국민주연맹 집권 후 미얀마는 '가까운 이웃'을 대중국 외교 이념으로 확립했다. 아웅 산 수 치는 국가 고문 부임 후 동남아시아국가연합(ASEAN, 이하 아세안) 외 첫 방문국으로 2016년 8월 17일부터 21일까지 중국을 방문, '중화인민공화국과 미얀마연방공화국 공동 보도문(中華人民共和國和緬甸聯邦共和國聯合新聞稿)'을 발표했다. 양측은 중·미얀마 '동포의 정'을 높이 평가하며 선린 우호 정책을 이어가고 양자 관계를 우선 발전시키겠다는 뜻을 밝혔다. 양측은 양국 국민의 이익을 중시하고 전략적이고 장기적인 관점에서 중·미얀마의 전면적 전략적 동반자 관계를 계속 새롭게 발전시켜 나갈 것을 거듭 강조했다(中国外交部, 2016. 8.20).

2) 공동의 협력 의지

전국민주연맹 신정부는 중국이 제안한 일대일로 이니셔티브를 지지하고 높이 평가했다. 중국의 일대일로 제안을 높이 평가하며 일대일로 이니셔티브가 각 영역에서 성과를 거두길 희망했다(*ChinaDaily*, 2015.11.18; 缅华网, 2015.11.19). 2016년 8월 17일부터 21일간, 아웅 산 수 치는 중국을 방문해 공동 보도문에서

"미얀마는 중국의 일대일로와 몽골·중국·인도·미얀마 경제회랑 협력 이니셔 티브를 환영한다"라는 성명을 발표했다. 양측은 경제무역연합위원회, 농업협력위원회, 전력협력위원회 등 정부 간 협력 기제를 활용해 경제, 농업, 수리, 전력, 생산능력, 금융 등 각 영역에서 협력을 강화할 것이라고 밝혔다(中國外交部, 2016.8.20). 이는 미얀마 전국민주연맹 정부가 처음으로 공개석상에서 중국의 일대일로 이니셔티브를 지지한다고 밝힌 것이다. 2017년 4월 10일 틴 초 미얀마 대통령은 시진핑 국가주석과 만나 '중화인민공화국과 미얀마연방공화국 공동 보도문(中華人民共和國和緬甸聯邦共和國聯合新聞公報)'을 발표해 일대일로를 지지하며 중국이 일대일로 국제협력 정상 포럼을 성공적으로 개최하길 바란다고 밝혔다(人民网, 2017.4.11). 2017년 5월 14일부터 15일 이틀간 아웅 산 수 치는 제1회 일대일로 국제협력 정상 포럼에 참석해 시진핑과 만난 자리에서 일대일로 이니셔티브는 해당 지역과 세계에 평화, 화해와 번영을 가져올 것이라고 말했다(人民网, 2020.1.18). 미얀마 전국민주연맹 정부는 실제 행동과 정치적 태도로 일대일로 협력 추진을 지지하고 환영하면서 양국 고위층의 일대일로 협력 방면에서의 정책 소통은 더욱 원활해졌다. 미얀마 각 측은 중국의 일대일로 이니셔티브를 지지하면서 중·미얀마 일대일로 국제협력이 미얀마 경제발전과 국민 생활 개선, 우호 증진에 기여할 것이라고 밝히는 등 협력의 의지를 다졌다.

3) 발전 전망

소 마웅 정부에서 탄 슈웨 정부를 거쳐 테인 세인 정부에 이르기까지 중국은 미얀마의 중요한 무역 파트너였으며 중·미얀마 무역은 상호 의존의 역사가 깊다. 소 마웅 군사정권 시절, 중·미얀마 양국은 함께 서방 봉쇄에 맞서 '단결해 온기를 얻으면서(抱團取暖)' 전략적 동맹 정책을 착실히 다지면서 중국은 미얀마의 가장 중요한 무역 파트너가 되었다. 소 마웅 군사정부는 집권하자마자 개방정책을 시행해 국경 무역 합법화를 선포했고 중국과 미얀마의 무역은 해마다 증가하고 있다. 탄 슈웨 군사정부 시절 중·미얀마 관계는 우호적이고 친밀했다. 미얀마의 중국 일변도는 다소 약화했으나, 미얀마는 주변 이웃 국가와의 관계를 적극적으로 발전시키며 주변과 지역 외교에서 돌파구를 마련했다. 중국은 미얀마의 주요 무역 파트너였다. 테인 세인 정권 시기, 중·미얀마는 우호적 관계에 차질이 있었음에도 불구하고 2014년 하락세를 제외하면 양국 무역액은 강한 성장세를 유지하고 있다.

미얀마는 동남아시아에서 국토 면적이 두 번째로 큰 나라로 '보물 위에 앉아 있는 나라'로 불린다. 미얀마 입장에서는 지정학적 이점과 대국 자원을 활용해 여러 대국을 연결하고, 동남아시아와 남아시아를 연결하는 개방적이고 연계된 지역 생산, 물류와 무역의 중심이 되어야 한다. 한편 중국은 세계 2위의 경제 대국이자 세계 경제 성장의 엔진이다. 또한 미얀마 최대 외국인 투자국으로 중국과 미얀마 양국 경제는 상호 보완성이 크다. 이는 다음 세 가지 방면에서 나타난다. 첫째, 무역 분야에서 중국은 미얀마에 플랜트, 전력·기계 설비, 방직, 화공, 금속, 자동차 부품 등을 수출하고, 미얀마는 중국에 광물, 농산물, 목재, 수산물, 보석류 등을 수출하는 등 양국 무역은 상호 보완성이 높다. 둘째, 투자 분야에서 중국은 충분한 자금을 보유하고 있다. 중국은 세계 주요 대외 투자국 중 하나로 점차 부상하고 있다. 반면 미얀마는 경제기반이 취약하고 발전을 위해 해외투자 유치가 시급하다. 특히 미얀마의 외국인투자 유치 주력 분야로 인프라, 에너지, 전기·통신, 제조업 등인데 이는 중국 기업 '저우추취(走出去, 해외진출)'의 중요 분야이기도 하다. 셋째, 중국과 미얀마 모두 경제 성장 속도가 빠르다. 중국의 경제력이 커지면서 주변국 경제에 미치는 영향력 또한 높아지고 있다. 미얀마 경제 또한 급속히 성장하면서 점점 중국의 동남아시아 중요 시장과 투자국으로 부상하고 있다(李敦瑞, 2015.10.8).

일대일로 이니셔티브를 통해 중·미얀마 협력은 인프라, 에너지, 농업, 무역, 산업 등 많은 핵심 분야를 망라할 수 있다. 특히 중국은 서방이 투자를 꺼리는 미얀마 인프라에 투자하고자 한다. 이런 투자는 막대한 금액과 긴 투자 기간에

표 9-2 1988~2020년 중국·미얀마 무역액 (단위: 100만 달러)

연도	수출	수입	수출입 총액	무역 차액
1988	137.10	133.61	270.71	-3.49
1989	126.06	187.66	313.72	61.6
1990	104.08	223.54	327.62	119.46
1991	105.92	286.17	392.09	180.25
1992	131.27	259.04	390.31	127.77
1993	324.7	164.83	489.53	159.87
1994	369.11	143.34	512.45	225.77
1995	617.85	149.55	767.4	468.30
1996	521.12	137.41	658.53	383.71
1997	570.09	73.41	643.50	496.68
1998	518.86	62.04	580.9	456.82
1999	406.53	101.68	508.21	304.85
2000	496.44	124.82	621.26	371.62
2001	497.35	134.19	631.54	363.16
2002	724.75	136.89	861.64	587.86
2003	910.22	169.52	1,079.74	740.70
2004	938.85	206.94	1,145.38	731.50
2005	934.85	274.40	1,209.25	660.45
2006	1,207	253	1,460	954
2007	1,686	371	2,057	1,315
2008	1,978	648	2,626	1,330
2009	2,261	646	2,907	1,615
2010	3,480	964	4,444	2,516
2011	4,820	1,680	6,500	3,140
2012	5,670	1,300	6,970	4,370
2013	7,340	2,810	10,150	4,530
2014	9,370	15,600	24,970	-6,230
2015	9,650	5,630	15,280	4,020
2016	8,188	4,098	12,286	4,090
2017	8,949	4,526	13,475	4,423

연도	수출	수입	수출입 총액	무역 차액
2018	10,550	4,690	15,240	5,860
2019	12,310	6,390	18,700	5,920
2020	12,550	6,340	18,890	6,210

자료: 1988~1999년 데이터는 중국 각 연도별 통계연감(国家统计局)에서, 2000~2015년과 2018~2020년 데이터는 중국 상무부 아시아실국 홈페이지(中国商务部亚洲司), 2016~2017년 데이터는 UNCTAD.

도 불구하고 수익이 낮다. 그러나 낙후된 기초 인프라는 미얀마 발전을 제약하는 '병목'이다. 미얀마 기초 인프라에 대한 중국의 투자는 미얀마 경제발전에 중요한 역할을 할 것이다(张伟玉·宋清润, 2017). 따라서 중·미얀마는 일대일로 협력하에서, 지속해서 확대되고 있는 무역 협력 네트워크의 상호 보완적 발전에 힘입어 서로 윈윈하는 협력을 실현할 수 있을 것이다. 중·미얀마 일대일로 경제협력 발전은 확대될 것이다.

3. 중·미얀마 '인(人) 자형' 경제회랑 건설 현황 및 진전

2017년 11월 19일 중국 외교부장 왕이(王毅)는 네피도(Naypyidaw)에서 열린 아웅 산 수 치 미얀마 국가 고문 겸 외교부 장관과의 회담에서 "중국은 미얀마와 전면적 전략적 협력 동반자 관계를 더욱 공고히 하고 실무 협력을 심화하기 위해 미얀마 국가발전계획과 실제 필요에 따라 '인(人) 자형' 중·미얀마 경제회랑 건설을 검토하고 삼각 대협력 구도를 만들어 미얀마 각지의 균형발전을 추진하고자 한다"라고 밝혔다(中国外交部, 2017.11.20b). 이 회랑은 북쪽으로는 중국 윈난성에서 시작해 중·미얀마 국경을 거쳐 남쪽 만달레이(Mandalay)에서 동서로 각각 양곤 신도시와 차우퓨 경제특구로 이어지는 '인(人) 자형' 중·미얀마 경제회랑(China-Myanmar Economic Corridor: CMEC)이다(中国外交部, 2017.11.20a. 〈그림 9-1〉). 아웅 산 수 치는 "미얀마는 중국이 제안한 중·미얀마 경제회랑을 높이 평

그림 9-1 중·미얀마 '인(人) 자형' 경제회랑

자료: Chan Mya Htwe.

가한다. 이번 제안은 미얀마 국가발전계획과 여러 면에서 부합한다. 미얀마는 교통과 전력 낙후 문제 해결이 시급하다. 중·미얀마 경제회랑을 통해 이 분야에서 우선적으로 중국과 협력하길 바란다. 미얀마는 이니셔티브와 관련해 중국과의 조속한 만남을 제안한다"라고 말했는데(中国外交部, 2017.11.20a), 이는 곧 중·미얀마 '인(人) 자형' 경제회랑 건설 이니셔티브가 중·미얀마 일대일로 국제 협력을 상징하는 프로젝트로 개념적 계획 단계에 접어들었음을 의미한다.

양국 관리들은 수차례 상호 방문과 실무 협의를 거듭한 끝에 2018년 9월 9일 중국국가발전개혁위원회 주임 허리펑(何立峰)과 미얀마 계획 및 재정부 장관 우 서 윈(U Soe Win)은 각각 양국 정부를 대표해 '중화인민공화국정부와 미얀마 연방공화국정부의 중국·미얀마 경제회랑 공동 건설에 관한 양해각서(中華人民共和國政府與緬甸聯邦共和國政府關於共建中緬經濟走廊的諒解備忘錄)'(中国国家发展和改革委员会, 2018.9.10)를 체결하고 '중·미얀마 경제회랑'의 골격을 만들었다. 중·미얀마 일대일로 협력 계획을 구체화하기 위해 2018년 12월 7일 미얀마 대통령궁은

일대일로 지도위원회 구성을 선포하고 아웅 산 수 치를 위원회 주석으로 임명했다. 부주석은 제1 부대통령 우 민 쉐(U Myint Swe)이며, 내정부 장관, 국경사무부 장관, 국무재정부 장관, 종교문화부 장관, 정부사무실장, 네비도위원회 주석을 위원으로 하고, 외교부 상무 비서가 위원회 비서장을 맡았다. 위원회의 역할은 미얀마와 중국이 실시하는 일대일로 협력 사업을 각 정부 기관이 추진하도록 조정하는 것이다. 일대일로 협력 사업을 지도하고, 관련 사업 실시 방안을 제정하고 이를 연방정부에 상신해 비준한다. 또한 대통령에게 일대일로 사업에 필요한 논의 사항을 보고하고 전문가 그룹을 구성해 일대일로 프로젝트에 대해 연구한다(緬甸金鳳凰, 2018.12.9).

2019년 4월 24일, 아웅 산 수 치는 다시 중국을 방문해 베이징에서 열린 제2차 일대일로 협력 정상 포럼에 두 번째 참석했다. 회의 후 중국과 미얀마 양국은 국가 차원의 여러 중요한 협의를 체결했다. 미얀마 계획 및 재정부 차관 우 서 아웅(U Seo Aung)과 중국 국가발전개혁위원회 부부장 장융(張勇)은 '중·미얀마 경제회랑 협력계획(2019~2030) 양해각서(中緬經濟走廊合作計劃(2019~2030)諒解備忘錄)'를 체결했고, 미얀마 상무부 차관 우 앙 투(U Aung Htoo)와 중국 상무부 차관 위젠화(於建華)는 '경제협력 5개년 발전계획 제정에 관한 계획(關於制定經貿合作五年發展計劃)'를 체결했으며, 미얀마 주중국대사 우 디 린 옹(U Thit Lin Ohn)과 중국 주미얀마대사 홍량(洪亮)은 '미얀마와 중국 정부 경제기술 협력협정(緬甸與中國政府經濟技術合作協定)'을 체결하며(中国外交部, 2019.4.27) 중국·미얀마 일대일로 국제 협력의 틀을 다졌다. 미얀마 언론 이라와디(Irrawaddy)에 따르면 중국이 제시한 24개 1단계 사업은 양곤 도시 확장, 경제회랑 연선 지역의 수리 관개 사업, 미얀마 제2 도시 만달레이의 공업단지, 중·미얀마 국경의 무세(Muse) 지역 상업단지 등이 포함되었다(緬华网, 2018.12.7).

2019년 12월 7일 중국 국무위원 겸 외교부장 왕이는 미얀마 대통령 윈 민(Win Myint)과 네피도에서 회견을 가졌다. 왕이는 "중국과 미얀마의 전면적 전략적 협력 동반자 관계를 새로운 단계로 끌어올려 새로운 시대로 나아갈 것"

(中国外交部, 2019.12.8b)이라고 밝혔다. 윈 민 대통령 또한 양측이 정치적 신뢰를 굳건히 다져 일대일로 건설에 박차를 가하고 경제회랑 건설도 전면 추진해 무역, 교육, 보건 등 분야 협력을 확대하고 중·미얀마 전면적·전략적 협력 동반자 관계의 새로운 비전을 개척하겠다고 말했다(中国外交部, 2019.12.8b). 같은 날, 중국 국무위원 겸 외교부장 왕이는 네피도에서 아웅 산 수 치와 회담했다. 왕이는 "중국은 미얀마와 중·미얀마 경제회랑이 개념적 계획에서 실질적 건설 단계로 나아가 양국 일대일로 건설의 상징적 프로젝트가 되도록 할 것이다. 인프라 네트워크는 중·미얀마 경제회랑의 골조인 만큼 양측은 긴밀히 협력해야 한다. 양국은 차우퓨 경제특구, 중·미얀마 국경 경제협력 지구 등 사업에서 속도를 내야 한다"라고 말했으며(中国外交部, 2019.12.8c), 아웅 산 수 치도 고위층 교류를 강화하고 일대일로 건설과 경제회랑 발전을 통해 실무협력 분야에서 더 많은 성과를 거두도록 하겠다고 밝혔다(中国外交部, 2019.12.8c). 또한 같은 날 왕이 국무위원 겸 외무장관은 미얀마 국가고문부 장관 초 틴 쉐(Kyaw Tint Swe), 투자 및 대외경제관계 장관, 국가안보고문 탕 툰(Thaung Tun), 건설부 장관 한 조(Han Zaw), 국제협력부 장관 초 틴(Kyaw Tin) 등과 우호적으로 교류했다. 왕이와 미얀마 여러 장관 모두 중·미얀마 경제회랑 건설의 진전을 확신하고, 실질적으로 건설을 견인하는 국경 경제협력구와 전력, 교통 등 중요 분야 협력을 조속히 실현해 중·미얀마 일대일로 공동 건설의 표본이 되도록 하는 데 뜻을 모았다(中国外交部, 2019.12.8a).

4. 중·미얀마 일대일로 국제 협력의 리스크 및 평가

현재 중국과 미얀마는 순조롭게 일대일로 협력을 추진하고 있지만, 주목하고 경계해야 할 잠재적 리스크가 있다. 중국수출신용보험공사(中國出口信用保險公司)가 발표한 「국가위험보고서(國家風險報告)」(2018)에 따르면, 2018년 미얀마 국가신용등급(채무상환 능력과 재정능력)은 B(6/9)등급으로 중간보다 약간 높은 수준이다(中国出口信用保险公司, 2018). 중국사회과학원의 「중국해외투자국가위험 등급보고서(中國海外投資國家風險評級報告)」(2019)에 따르면 미얀마의 국가위험등 급은 (BBB)로 중등 위험 수준이다. 중·미얀마 일대일로 협력은 정치, 사회, 여론, 법률, 안보, 환경적 측면에서 비교적 큰 리스크를 안고 있다.

1) 정치적 리스크

중·미얀마 일대일로 협력은 정치적 리스크가 크다. 정치적 리스크의 대부분은 대국 경쟁 심화로 발생한다. 일대일로 건설에 참여할 때 연선 중소 국가는 현실적 이익, 특히 경제적 이익을 고려한다. 그러나 일부 연선 또는 비연선 대국은 보다 복잡한 이해관계를 갖고 있다(周方银, 2015). 2019년 6월 1일 미국 국방부가 공개한 「인도·태평양 전략보고서」는 미국은 국가안보 전략의 기본을 국가 간 전략 경쟁으로 규정하고, 미국이 주도하고 동맹국과 안보 파트너가 참여하는 인도·태평양 지역의 군사 협력과 훈련을 늘려야 한다는 내용을 담고 있다(Shanahan, 2019.6.1). 중·미 주도권 다툼이 심화하면서 미국, 일본, 인도, 호주 등은 '인도·태평양 4개국'을 구성해 태평양과 인도양 해역에서 일대일로를 봉쇄하고, 중·미얀마 일대일로 중요 프로젝트의 발목을 잡는다. 그들은 중국 모델이 세계 기준으로 인정받으면 과거 서방이 누렸던 국제적 발언권이 줄어들까 걱정한다. '인도·태평양 4개국'은 일대일로 영향력을 없애기 위해 지역 기초 인프라 발전 계획을 협의 중이다. 일대일로를 대체할 수 있는 선택지를 통해 중국 일대일로 이니셔티브와 경쟁하고 베이징의 영향력에 맞서고자 한다. 중·미얀마 일대일로 협력은 '제3자 방해'라는 위협과 도전에 직면해 있다. 예를 들어 미국, 일본 등 서방 국가는 미얀마에 '규칙성 장벽'을 강화하고, 서방 주도의 제도와 규칙으로 중국의 프로젝트를 방해하기 위해 안간힘을 쓰고 있다. 미국 등 서양 언론과 일부 비정부기구는 국제적으로 '채굴 산업 투명성 이

그림 9-2 중·미얀마 일대일로 국제 협력 위험 평가

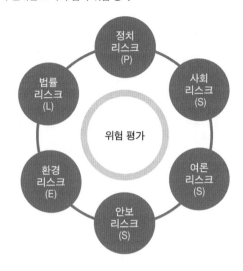

자료: 필자 작성.

니셔티브'와 세계은행의 '자연자본 비용 계산(투자 수익에 자원, 환경의 손실을 포함해 계산)' 등 서구 기준을 미얀마로 확대해 적용하고자 한다.

2) 안보 리스크

2016년 미얀마는 민주 선거를 통해 정치적 변화를 이루었다. 아웅 산 수 치 집권 이후 민족 화해, 종족 갈등, 종교 문제 등 미얀마의 오랜 문제들을 해결하려 애썼지만, 안타깝게 모두 효과를 거두지 못했다. 이는 중·미얀마 일대일로 국제 협력에 심각한 잠재적 위험을 초래한다. 한편으로 라카인(Rakhine)주의 주요 종족인 불교도와 소수계 무슬림(로힝야족 중심)은 최근 몇 년간 여러 차례 심각한 유혈 충돌로 서로에 대한 '원한'으로 가득 차 있다. 라카인주는 한때 비상사태가 선포되었으며, 불교도와 무슬림 간의 첨예한 갈등은 언제든 다시 폭발할 수 있다. 2019년 11월 11일 감비아는 라카인주 난민 문제로 57개 이슬람

협력기구(Organisation of Islamic Cooperation: OIC)를 대표해 유엔 주요 사법기관 국제사법재판소(International Court of Justice: ICJ)에 미얀마를 로힝야족에 대한 '집단학살죄'로 제소하며 로힝야 문제를 국제화했다. 다른 한편, 전국민주연맹 새 정부 집권 후 21세기 판롱협의(the Panglong Agreement)가 여러 차례 개최되었음에도 불구하고, 미얀마 내 여러 민족의 지방 무장단체와 미얀마 중앙정부 군은 여전히 장기화된 내전을 벌이고 있다. 2019년 8월 미얀마 정부군과 코강(Kokang) 지역, 라카인 지역의 민족 지방 무장 세력이 충돌하면서 수십 명이 사망하고 2000여 명의 난민이 발생했다. 코강 동맹군, 라카인 민족군, 카친(Kachin) 독립군 등 무장 세력은 오랫동안 정부와 싸우며 미얀마 중앙정부, 군부와 조정하기 어려운 정치적 갈등을 겪어왔고 미얀마 중앙과 지방은 이익 분배 문제에서 자주 이견을 보였다(苏晓辉, 2013). 소수민족 무장 세력은 중국과 미얀마 정부가 벌이는 일대일로 투자사업에서 이익을 얻지 못할 경우 환경, 종교 등 여러 가지 이유로 사업 추진을 거부하고 항의하는 등 잠재적 위험이 될 수 있다. 또한 미얀마는 심각한 테러 위협에 노출되어 있다. 2016년 10월과 2017년 8월, 라카인주에서 2차례에 걸쳐 테러 공격 사건이 발생했고 테러리스트가 현지 국경 수비 경찰서에 무장 공격을 가해 민간인 및 보안 요원 등 200명이 넘는 희생자가 발생한 사례도 있다.

3) 사회적 리스크

비록 미얀마 고위층이 긴밀한 소통과 우호 관계를 구축하고 정치적 신뢰의 기반을 다졌다고 하지만, 그것으로 사회적 위험을 완전히 피할 수는 없다. 미얀마 국민들은 일대일로 이니셔티브에 대해 의구심을 갖고 있다. 일반적으로 중국 기업과 투자에 대해 부정적 시각을 가진 사람이 많고, 일대일로 사업이 현지 이익을 가져올 수 있는지, 환경 보호가 제대로 이루어질 것인지 등에 대해 회의적이다. 미얀마 주민들은 여러 차례 미트소네(Myitsone) 수력발전소 사업, 렛반따웅(Letpadaung) 구리광산 사업 등 중국 기업이 투자에 참여한 대형 프로젝트(*Bloomberg*, 2018.5.11) 중단 시위행진을 벌였고, 미얀마의 중국 자본 봉제 공장에서는 빈번한 미얀마 노동자들의 파업이나 항의 등(新华国际, 2017.2.25)으로 막대한 경제적 손실을 보았다. 미얀마 대중은 중국 기업과 투자에 대한 부정적 시각과 불만을 갖고 있고, 대중국 이미지도 좋지 않다. 미얀마 사회는 중국이 기대하는 것처럼 우호적인 감정이 있지 않다. 중·미얀마 간의 민심 불통은 일대일로의 빠른 추진에 무형의 장애물이자 거대한 사회적 리스크라고 할 수 있다. 민심이 통한다는 것이 인프라 연계, 원활한 무역, 자금 융통만큼 절박하거나 직접적인 경제적 효익과 관련 없어 보이지만, 정책 소통만큼 중요한 협력의 전제이자 초석이다. 정책 소통에 정부 수뇌부나 부서 간의 조율이 중요하다면, 민심에서는 일반 국민들의 일상적 교류와 소통이 중요하다. 시진핑은 중국과 관련 국가들은 국가관계의 민간 기반을 다지고, 서로 다른 문명 간 교류와 대화를 촉진하고 각국 국민들 특히 기층민들의 우호적 교류를 강화해 상호 이해와 전통적 우의를 증진해야 한다고 강조했다(新华网, 2013.9.8). 중·미얀마 일대일로를 위해서는 고위층과 기층 '투 트랙'이 필요하다.

4) 여론 리스크

미국, 인도, 일본 등 주요국은 미얀마에 각자의 의도와 목적을 갖고 중국의 미얀마 일대일로 프로젝트를 '채무의 함정'으로 평가하고 있다. 미국 싱크탱크 전략국제연구센터(Center for Strategic and International Studies) 동남아시아 프로젝트 연구원 그레고리 폴링(Gregory Poling)은 "미얀마의 가장 큰 리스크는 이 같은 중국 사업에 따른 막대한 부채를 떠안는 것이며, 베이징은 이런 대규모 투자를 통해 어느 정도 정치적 영향력을 회복할 것으로 기대하고 있다"라고 말했다. 미얀마 정부와 민간도 거액의 중국 투자를 우려한다. 미얀마 재정부 관계자는 이라와디와의 인터뷰에서 "미얀마 정부는 현재 재무 상태를 잘 알고 있다. 정부는 가장 낮은 금리의 대출만을 선택해 채무 부담을 줄일 것"이라고 말했다. 미얀마 국회의 최근 보고서에 따르면 미얀마의 현재 외채는 102억 달러이며 그중 40%가 중국 부채이다(緬華网, 2018.12.7). 중국 기업이 투자에 참여한 차우퓨 심해 항구 사업도 언론이 미얀마의 '채무 함정'으로 인식되고 있다(*Bloomberg*, 2018.5.11). 그러나 안타깝게도 중국은 세계 2위 경제 대국이지만, 국제 언론과 여론 분야에서는 오랫동안 약세와 수동적인 불리한 위치에 있다. 서방이 지지하거나 서구를 배후에 둔 언론이 미얀마에서 막강한 영향력을 행사하는 반면, 중국 언론은 오랫동안 공석이었다. 미얀마 국민은 서방이 주도하는 곳에서 정보를 얻어 객관적인 정보 채널과 출처가 부족하다. 미얀마 대중은 서방이 지지하는 매체에 노출되는 경우가 많아[3] 일대일로 프로젝트에 대해 부정적인 여론이 더욱 거세질 리스크에 직면하고 있다.

5) 법적 리스크

2015년 국가발전개혁위원회, 외교부, 상무부가 공동 발표한 '실크로드 경제 벨트와 21세기 해상 실크로드 건설 추진 비전과 행동(推動共建絲綢之路經濟帶和21世紀海上絲綢之路的願景與行動)'에서 중국 정부는 "일대일로의 목적은 경제 요소의 질서 있고 자유로운 흐름과 자원의 효율적 배치, 시장 융합을 촉진하고 연선 국가의 경제 정책 조율 실현을 추진하는 것이다. 더 폭넓고 수준 높고 심도 있는 지역 협력을 추진해 개방, 포용, 균형, 혜택(普惠)의 지역 경제협력을 함께 만드는 것"이라고 명시하고 있다(中国共产党新闻网, 2015.3.28). 일대일로 이니셔티브의 핵심은 첫째, 대외 개방적 '지역 경제협력 구조'다. 다른 경제 프레임과 마찬가지로 추진 주체는 기업이며 기업의 우선 목표는 이윤추구이며 기업의 정상적 경영이 법치 환경에서 벗어나서는 안 된다. 2016년 아웅 산 수 치 집권

---

3   필자가 2015년 6월 10일 미얀마 양곤에서 진행한 인터뷰.

후 미얀마 의회는 지금까지 '미얀마투자법', '미얀마기업법' 등 수십 개의 법률을 개정하고 새롭게 제정했다(邹春萌, 2017). 미얀마 법률 체계에 장족의 발전이 있었지만, 신구(新舊) 변화와 교체 과정 속에서 정책적 불안정이 증가했다. 미얀마 국민의 낮은 법률 인지도와 희박한 법률 의식과 계약 정신, 부족한 시장 경제 개념 때문에 미얀마는 아직 법치국가와는 요원하며, 법치국가가 되기까지 긴 시간이 걸릴 것이다. 중·미얀마 일대일로 협력은 철교, 수력발전, 항만 등 대형 인프라 사업에 초점이 맞춰져 있기에 상호 인프라 연계는 중·미얀마 경제회랑의 골자다(中国外交部, 2019.12.8c). 인프라 건설은 장기적이고 투자 비용이 크며 이윤을 얻기 어려운데 미얀마에 법치 환경이 조성되기까지는 긴 시간이 필요하다. '미트소네 댐' 사건과 같이 손실을 가늠하기 어렵다는 점은 기업들이 감당하기 힘들다. 따라서 미얀마의 법률 보장 문제는 중·미얀마 일대일로 국제 협력 개진에 있어 피할 수 없는 중요한 문제다.

6) 환경보호 리스크

민주주의로 변모한 이래로 미얀마는 정부 수뇌에서 일반 국민에 이르기까지 모두 환경보호를 중시한다. 아웅 산 수 치 집권 이후 전국민주연맹 정부는 환경보호를 위해 많은 조치를 취하며 중앙에서 지방까지 환경 제도가 날로 성숙해졌다(Raitzer, Samson and Nam, 2015: 29). 2016년 제정된 '미얀마투자법' 제2장은 법의 취지와 목적 중 하나로 "국가와 국민의 이익을 위해 자연환경과 사회환경을 해치지 않는 책임감 있는 투자 사업을 발전시킨다"라고 명시하고 있다(吴迪·林诗婷, 2017). 그 밖에 미얀마는 환경영향평가 절차와 온실가스 배출 규정을 신설했다. 그 주요 내용은 사업 투명성, 이해관계자 수용도, 환경보호 등이며 사업 투자자는 관련 내용을 즉시 발표하고 관련 부처의 감독을 받도록 하고 있다(中国驻缅甸经商参处, 2016.8.5). 또 미얀마 국내 환경을 파괴하는 투자항목도 엄격히 금지하고 있다. 2016년 3월 22일 미얀마투자위원회는 외국 기업 투자 금지 항목 리스트를 발표했다. 여기에는 강변 댐(둑), 농경지와 수자원 파괴 사업, 자연림 관리, 옥석 채굴과 광물 생산업, 과도한 전력 소비 사업, 전력 탐사 사업, 금광을 포함한 광산 채굴 사업 등 환경 관련 사업들이 포함되었다(中国驻缅甸经商参处, 2016.4.1). 미얀마 정부는 환경에 영향을 미칠 수 있는 투자에 대해서도 엄격하게 검토하고 있다(吴迪·林诗婷, 2017). 미얀마 정부 외에도 미얀마 현지 일반 국민과 지방단체의 환경 의식이 빠르게 향상되며 미얀마 사회에 많은 환경 단체가 생겼다. 이들 환경 단체의 목표는 공익 관점에서의 환경 운동에서 점차 환경보호 운동과 정치 운동으로 분화되었으며 미얀마 정당과의 협력을 통해 점차 미얀마 환경 정치 체제의 일부로 자리 잡았다(罗圣荣·陈飞羽, 2018). 중·미얀마 일대일로 협력 사업은 인프라 건설과 광산 에너지 개발 등 고위험의 오염이 쉬운 업종에 집중되어 있다(李猛, 2018: 112). 따라서 미얀마에서 환경 문제가 심각하게 대두될 사안이 많은 만큼, 환경 파괴 문제에 예의주시하고 경계해야 한다.

5. 중·미얀마 일대일로 국제 협력에 대한 정책 제언

1) 우호와 상호 신뢰의 민의 구조 형성

미얀마에서 일대일로는 성공적으로 실행하기 위한 바탕은 민심 상통 강화를 통한 미얀마의 대중 우호도 향상이다. 민주화가 심화하면서 미얀마 사회는 빠르게 다원화되었다. 미얀마 정부는 대중국 관계를 절대적으로 주도하는 주체가 아니다. 언론, 비정부기구, 대중의 언행이 미얀마 정부의 대중국 정책에 미치는 영향이 매우 커졌다. 현재 중국의 대미얀마 민간외교가 그리 낙관적이지 않은 상황에서 민간외교 역량을 강화하는 것은 중국 대미얀마 외교의 중대 과업이다. 중국은 미얀마 공공외교를 주도하고 실시할 조직과 인원을 신속히 보완하고, 조사·연구, 여론 추적, 사업 선정 능력을 제고해 규범화되고 기제화된 중국 민간 조직과 미얀마 민간 조직, 언론의 공공외교 협력 채널을 구축해야 한다. '중국과 미얀마는 동고동락하는 운명 공동체'라는 이념을 심고, 중·미얀마 민간의 '동포의 정'을 키우고 미얀마 민간과 여론에 중국에 대한 긍정적 인식과 우호 감정 위주로 민의를 만들어가야 한다. 양국 우호 관계는 정권 교체와 역사적 시련을 굳건히 이겨낼 수 있게 한다. 기존의 중·미얀마 대형 프로젝트 협력을 차근차근 건고하게 진행하고 새로운 대형 협력 사업에 순조롭게 착수하도록 추진해야 한다. 미얀마가 일대일로 건설에서 선도적 역할을 발휘하게 하고, 미얀마 국민이 중·미얀마 경제협력의 혜택과 이익을 직접 느낄 수 있도록 해야 한다.

2) 중·미얀마 여론의 깊이 있는 협력 추진

오랜 여론 공방전에서 승리해 중·미얀마 언론 협력의 새로운 국면을 여는 것은 일대일로 협력 성공의 관건이다. 지금까지 중·미얀마 일대일로 협력 소통은 '정이경난, 상이하난'(政易經難, 上易下難: 정치에서는 쉽고 경제에서는 어렵고, 고위층 간에는 쉽고 기층에서는 어렵다)이었다. 일부 사업 연선 국민들은 대형 프로젝트가 생태환경에 미치는 부작용을 우려하고, 대규모 투자가 고유의 문화적 전통과 생활 방식을 바꿔놓을 수 있다고 염려한다(李猛, 2018: 112). 이런 우려를 해소하려면 규범적 행동과 현지 주민의 문제에 관심을 두는 것 외에도 홍보 역량을 강화해야 한다. 미얀마 국민이 받아들일 수 있는 방식으로 실크로드의 역사적 진실을 복원하고 일대일로의 평화적 본질(何茂春 等, 2015: 38)을 전파하는 것은 미얀마에서 일대일로의 성공적으로 이행하는 데 매우 중요하다. 일대일로 건설은 각국 인적자원, 기술 등 교류 강화와 더불어 언론 간의 교류, 발전과 협력을 촉진할 필요가 있다. 종이 매체, 방송, TV 언론 등을 포함한 협력 네트워크를 구축해 실크로드 연선 국가 언론 간 소통이 원활하게 이루어지도록 해야 한다(新闻部长论坛, 2016.9.21). 주미얀마 중국 대사관 뉴스처, 경상처, 문화처는 미얀마 중국기업상회, 주미얀마 기업공공부문·민간조직사무소 등과 함께 미얀마 정부, 상업계, 산업계, 학계, 언론계에 선린외교 정책을 홍보해야 한다. 중·미얀마 언론 협력과 홍보의 폭을 넓히고 역량을 강화해 미얀마 국민이 중국에 대한 소식을 얻을 수 있는 채널을 만들어 중국과 일대일로 이니셔티브에 대한 인식을 증진시켜야 한다. 중국에 대한 인식을 우호적으로 개선하고, 일대일로가 미얀마에 가져올 긍정적인 효과를 극대화할 방안이 시급하다.

3) 정부와 기업의 국제화 역량 강화

미얀마 정부는 급격한 전환기에 있다. 중국 정부와 기업은 미얀마 정치 변화 속도에 빠르게 적응하고 국제화 역량과 수준을 강화해 개방형, 토론형, 참여형, 상호작용형, 파급형 투자 공동 관리 및 혜택 모델을 구축해야 한다(周雷, 2016.8.28). 국제 비즈니스 규칙에 따라 더 많은 미얀마 기업, 국제기업과 협력 사업을 진행하고, 더 많은 이해관계자와 이익 관계를 형성할수록 미얀마 기업, 언론, 대중의 우려, 불만과 항의와 더불어 서방 기업, 언론, 비정부조직의 폄훼를 줄일 수 있다. 총체적으로 중·미얀마 경제협력 리스크를 낮춰 미얀마 발전에 있어 일대일로가 양국 모두에 이익이 되도록 해야 한다. 중·미얀마 일대일로 협력에서 투자의 투명성을 강화하고 미얀마 국민의 의구심과 비난을 줄이고 이성적이고 절제된 엄격한 위약 책임을 추궁해 긍정적인 상호 투자를 형성해야 한다. 일대일로 협력에서 중국 기업은 사회적 책임 이행 시 지원 구조를 최적화하고, 미얀마 국민의 요구에 맞고 가시적 효과와 폭넓은 이익을 얻을 수 있는 커버리지가 넓은 중소 민생 사업을 중점적으로 추진해야 한다. 중·미얀마 일대일로 협력에서 기업과 정부 부문의 정합성을 고려해야 한다. 공동 설립한 중국의 대미얀마 투자관리 플랫폼은 해외투자 데이터, 돌발 사건, 위기관리, 리스크 통제, 비전 평가, 정보 전환, 전략 시행 등을 체계적으로 연구한다.

해외투자 규칙 부합 여부, 최고 위험 평가관, 범집단 조정 기구, 해외 범문화 전파, 해외 현장 사업 조사, 비전통 외교 등 단위 체계에 따라 인력과 자원을 배치하고 전문적 권한을 부여하는 것이 중요하다(周雷, 2016.8.28).

4) 공동의 전략 이익 모색

2020년 중·미얀마는 수교 70주년을 맞아 고위층 교류를 강화하고 양측 정치관계를 지속적으로 격상하기로 했다. 일대일로 협력에서 양국은 전국민주연맹 신정부와의 소통을 강화하고 우려를 해소해 일대일로와 전국민주연맹 정부의 국가발전계획 간의 접점을 찾아 더 많은 공동의 전략 이익을 모색해야 한다. 한편 2020년 대선을 앞둔 미얀마에서 아웅 산 수 치 정부는 연임을 위해 경제발전 성과가 시급하기 때문에 중국과 계속 가까운 관계를 유지하고 일대일로 사업 협력에도 더욱 적극적일 것이다. 둘째, 로힝야족 문제에서 미얀마는 국제사회에서 정치적·여론적으로 막대한 압력을 받는 만큼 유엔 등 국제 무대에서 중국의 정치적 지원이 필요하다. 또한 미얀마 정부군과 소수민족 비정부 무장 세력과의 휴전 및 정치적 대화, 미얀마 국경 안보 문제 등에서도 중국은 적극적인 중재와 건설적 역할을 발휘할 수 있다. 셋째, 중국 또한 아세안 등 지역 조직에서 남중국해 문제에 대해 미얀마의 지지가 필요하다. 티베트, 홍콩, 대만 등 문제에서도 마찬가지다. 중국 역시 중국이 주변 환경을 안정시키고 평화를 유지하는 데 미얀마가 역할을 해주길 바란다. 2019년 12월 7일 중국 국무위원 겸 외교부장 왕이는 미얀마 대통령 윈 민을 만나 "국제 무대에서 미얀마가 정당한 권익과 국가 존엄을 수호하는 것과 안정적 정세를 위한 미얀마의 노력을 확고히 지지한다. 중국과 미얀마가 전면적 전략적 협력 동반자 관계를 새로운 단계로 도약시켜 새로운 시대로 진입하길 바란다"라고 말하는 등(中国外交部, 2019.12.8b) 양국은 많은 공통의 전략적 이익을 갖고 있다.

6. 결론

중국의 일대일로 이니셔티브는 미얀마의 환영과 찬사를 받았으나, 일각에서는 대형 프로젝트가 현지 이익과 생태환경, 전통 생활 방식, 국가 안보 등에 미치는 영향에 대해 우려를 제기한다. 전반적으로 일대일로 이니셔티브는 미얀마에서 긍정적 반응을 얻고 있다. 중·미얀마 일대일로 이니셔티브에는 양호한 정치적 기반, 공동의 협력 의지, 발전 전망, 원활한 소통 메커니즘이 깔려 있다. 문제점 측면에서 보자면, 미얀마는 대내적으로 민주정치로의 전환, 민족 충돌, 낙후된 경제 등 각종 갈등에 직면해 있으며 대외적으로는 대국 게임과 경쟁의 장이 되었다. 미얀마의 정치적 리스크는 중국 일대일로 이니셔티브 추진의 최대 위험이다. 특히 자원 보호, 문화적 차이, 비정부기구의 정치 참여 등은 점점 중요 위험 요소로 떠오르고 있다. 중국과 미얀마 양측은 민간 교류, 언론, 법률, 대국 경쟁 등 다방면에서 도전과 어려움을 겪고 있다. 일대일로 이니셔티브는 기회, 위험과 도전이 공존한다. 비록 많은 어려움에도 불구하고 양국 고위층은 일대일로 이니셔티브의 중요성과 필요성, 호혜성을 인식하고 있다. 중국 입장에서 미얀마는 지정학적으로 일대일로 전략의 중요 거점 역할을 한다(张洁, 2015: 110~118). 미얀마 입장에서는 막대한 경제적 효과 외에도 중국 굴기라는 급행열차에 올라타는 것은 지역적 영향력을 높이고 국가 전체에 이익이 된다. 중·미얀마 협력 강화는 곧 동남아시아·인도양의 가교 역할을 더 충실히 할 수 있다는 의미다. 중국은 중·미얀마 일대일로 협력의 리스크와 기회를 과학적이고 이성적으로 평가해야 한다. 우호적이고 상호 신뢰하는 민심을 형성하는 동시에 양국 관계 우호를 심화해야 한다. 중·미얀마 언론 협력을 촉진하고 정부와 기업의 국제화 역량을 강화해야 한다. 또한 중국 위협을 해소해 양국 국경을 안정시키고 정확한 시책으로 미얀마에서의 문제를 해결해 일대일로가 양국 공동 발전과 번영을 위한 운명 공동체의 연결고리가 되도록 해야 한다.

참고문헌

罗圣荣·陈飞羽. (2018). 「政治转型背景下的缅甸环境政治」. ≪东南亚研究≫, 第2期.

李猛. (2018). 「'一带一路'中我国企业海外投资风险的法律防范及争端解决」. ≪中国流通经济≫, 第8期.

北京大学"一带一路"五通指数研究课题组. (2018). 『"一带一路"沿线国家五通指数报告』. 经济日报出版社.

苏晓辉. (2013). 「缅甸'民地武'问题对中缅关系的影响」. ≪当代世界≫, 第4期.

吴迪·林诗婷. (2017). 「缅甸投资法」. ≪南洋资料译丛≫, 第3期.

张洁. (2015). 「海上通道安全与中国战略支点的构建」. ≪国际安全研究≫, 第2期.

张伟玉·宋清润. (2017). 「中缅开展'一带一路'合作的机遇与挑战」. ≪商务印书馆≫.

周方银. (2015). 「'一带一路'面临的风险挑战及其应对」. ≪国际观察≫, 第4期.

中国出口信用保险公司. (2018). 『2018年国家分线分析报告』. 北京: 中国金融出版社.

陳飛羽. (2018). 「政治轉型背景下的緬甸環境政治」. ≪東南亞研究≫, 第2期.

邹春萌. (2017). 「缅甸民盟政府: 面临经济下行的严峻挑战」. ≪世界知识≫, 4期.

沈伟烈主编. (2005). 『地缘政治学概论』. 国防大学出版社.

何茂春 等. (2015). 「'一带一路'战略面临的障碍与对策」. ≪新疆师范大学学报≫, 第3期.

李敦瑞. (2015.10.8). "中缅经贸合作前景及其战略价值". ≪学习时报≫.

宋清润. (2016.9.20). "中缅合作力争双赢". ≪学习时报≫.

緬甸金鳳凰. (2018.12.9). "大事件! 杜昂山素季親任主席 緬甸成立'壹帶壹路實施委員會".

缅华网. (2015.11.19). "胜选后昂山素季首次接受中國媒體專訪: 民盟新政府將奉行對華友好政策".

_____. (2018.12.7). "谨慎避免债务陷阱, 缅甸推进中缅经济走廊项目". https://www.voacantonese.com/a/china-burma-debt-20181206/4689552.html.

_____. (2019.4.28). "第二届'一带一路'国际合作高峰论坛成果清单". http://www.xinhuanet.com/world/2019-04/28/c_1124425293.htm(검색일: 2021.2.21).

_____. "胜选后昂山素季首次接受中国媒体专访: 民盟新政府将奉行对华友好政策". http://www.mhwmm.com/ch/NewsView.asp?ID=13872(검색일: 2021.2.18).

新闻部长论坛. (2016.9.21). "'一带一路'推动中缅媒体合作新格局". http://www.scio.gov.cn/ztk/dtzt/34102/35162/35167/Document/1491965/1491965.htm(검색일: 2021.3.2).

新华国际. (2017.2.25). "缅甸工人罢工还打砸抢,中资服装厂过去两个半月经历了什么". http://xhgj.api.zhongguowangshi.com/wap/share.aspx?clientApp=104&docid=127567(검색일: 2021.2.23).

新华网. (2013.9.8). "习近平在纳扎尔巴耶夫大学的演讲". http://www.xinhuanet.com//politics/2013-09/08/c_117273079_2.htm(검색일: 2021.2.17).

人民网. (2017.4.11). "中华人民共和国和缅甸联邦共和国联合新闻公报(二〇一七年四月十日, 北京)". http://world.people.com.cn/n1/2017/0411/c1002-29200722.html(검색일: 2021.2.19).

_____. (2020.1.18). "習近平會見緬甸國務資政昂山素季". http://cpc.people.com.cn/BIG5/n1/2020/0118/c64036-31554304.html.

周雷. (2016.8.28). "一带一路之缅甸——中国如何实践互联互通工程". 共識網. https://nanhai.nju.edu.

cn/5e/85/c5798a155269/page.htm.

中国共产党新闻网. (2015.3.28). "推動共建絲綢之路經濟帶和21世紀海上絲綢之路的願景與行動". http://cpc.people.com.cn/BIG5/n/2015/0328/c64387-26764810.html

中国国际发展和改革委员会. (2018.9.10). "何立峰主任和缅 甸计划与财 政部部长吴 梭温签 署政府 间共建中缅经济 走廊的谅 解备 忘录". https://www.ndrc.gov.cn/fzggw/wld/hlf/lddt/201809/t20180910_1166926.html(검색일: 2021.2.23).

中国网. (2015.9.15). "推动共建丝绸之路经济带和21世纪海上丝绸之路的愿景与行动". http://www.china.org.cn/chinese/2015-09/15/content_36591064.htm?f=pad&a=true(검색일: 2021.2.24).

中国外交部. (2011.5.28). "中緬發表關於建立全面戰略合作夥伴關係的聯合聲明)". https://www.fmprc.gov.cn/web/ziliao_674904/1179_674909/201105/t20110528_9868074.shtml.

_____. (2016.8.20). "中华人民共和国和缅甸联邦共和国联合新闻稿". https://www.mfa.gov.cn/web/zyxw/201608/t20160820_338865.shtml

_____. (2017.11.20a). "王毅: 中方提出建设中缅经济走廊设想". https://www.fmprc.gov.cn/wjbz_673089/zyhd_673091/201711/t20171120_7577954.shtml

_____. (2017.11.20b). "王毅与缅甸国务资政兼外长昂山素季举行会谈". http://mm.china-embassy.gov.cn/chn/xwdt/201711/t20171120_1378372.htm.

_____. (2019.4.27). "第二届"一带一路"国际合作高峰论坛成果清单". http://zw.china.com.cn/2019-04/28/content_74731620.htm.

_____. (2019.12.8a). "王毅与缅甸内阁部长觉丁瑞等交流". http://www.gov.cn/guowuyuan/2019-12/08/content_5459476.htm.

_____. (2019.12.8b). "缅甸总统温敏会见王毅". http://www.gov.cn/guowuyuan/2019-12/08/content_5459372.htm.

_____. (2019.12.8c). "王毅同缅甸国务资政兼外长昂山素季会谈". 中华人民共和国中央人民政府. http://www.gov.cn/guowuyuan/2019-12/08/content_5459474.htm.

中国驻缅甸经商参处. (2016.4.1). "缅甸发布禁止外企投资项目种类目录". https://www.mhwmm.com/miandianxinwen/15583.html

_____. (2016.8.5). "缅甸颁布新环境影响评估规定". http://www.chinep.net/news/show.php?itemid=2014.

中国中央人民政府. (2011.5.27). "中缅关于建立全面战略合作伙伴关系的联合声明". http://www.gov.cn/jrzg/2011-05/27/content_1872426.htm(검색일: 2021.2.17).

中新网. (2015.6.11). "習近平會見昂山素季率領的緬甸全國民主聯盟代表團" (中新社北京, 張朔). http://www.chinanews.com/gn/2015/06-11/7338495.shtml.

国家统计局. http://www.stats.gov.cn/tjsj/ndsj/.

中国商务部亚洲司. http://yzs.mofcom.gov.cn/article/t/.

Bloomberg. (2018.5.11). "The Fishing Port That May Become a $10 Billion Chinese Debt Bomb." https://www.bloomberg.com/news/articles/2018-05-10/the-fishing-port-that-may-become-a-

10-billion-chinese-debt-bomb.

Chan Mya Htwe. "Survey starts for major railway project." *Myanmar Times.* https://www.mmtimes. com/news/survey-starts-major-railway-project.html-0(검색일: 2021.2.19).

ChinaDaily. (2015.11.18). "Myanmar to continue friendly policy toward China: Aung San Suu Kyi." http://www.chinadaily.com.cn/world/2015-11/18/content_22479503.htm(검색일: 2021.2.18).

Myanmar President Office. (2019.12.8). "President U Win Myint receives Chinese Foreign Affairs Minister Mr Wang Yi." https://www.president-office.gov.mm/en/?q=briefing-room/news/2019/ 12/08/id-9766(검색일: 2021.2.21).

Raitzer, David A., JindraNuella G. Samson, and Kee-Yung Nam. (2015). "Achieving Environmental Sustainability in Myanmar." ADB Economics Working Paper Series. No. 467.

Shanahan, Patrick M. (2019.6.1). "INDO-PACIFIC STRATEGY REPORT: Preparedness, Partnerships, and Promoting a Networked Region." U.S. Department of Defense.

UNCTAD. https://unctadstat.unctad.org/wds/ReportFolders/reportFolders.aspx?sCS_ChosenLang=en.

지은이(수록순)

남대엽
계명대학교 중국어중국학과 조교수

박소희
산업연구원 산업통상연구본부 해외산업실 박사

쩐 티 퇴이(Tran Thi Thuy)
베트남사회과학원 중국문화역사연구실 주임연구원

정혜영
건국대학교 중국연구원 학술연구교수

김선진
동아대학교 중국학과 조교수

민귀식
한양대학교 국제학대학원 부교수

장웨이위(張偉玉)
베이징 대외경제무역대학 부교수

한울아카데미 2414

중국과 아세안 II: 상호 의존과 경제협력

ⓒ 남대엽·박소희·쩐 티 퇴이·정혜영·김선진·민귀식·장웨이위, 2022

엮은이 ┃ 민귀식
지은이 ┃ 남대엽·박소희·쩐 티 퇴이·정혜영·김선진·민귀식·장웨이위
펴낸이 ┃ 김종수
펴낸곳 ┃ 한울엠플러스(주)
편집책임 ┃ 조인순
편 집 ┃ 김우영

초판 1쇄 인쇄 ┃ 2022년 12월 6일
초판 1쇄 발행 ┃ 2022년 12월 30일

주소 ┃ 10881 경기도 파주시 광인사길 153 한울시소빌딩 3층
전화 ┃ 031-955-0655
팩스 ┃ 031-955-0656
홈페이지 ┃ www.hanulmplus.kr
등록번호 ┃ 제406-2015-000143호

Printed in Korea.
ISBN 978-89-460-7415-6 94910

※ 책값은 겉표지에 표시되어 있습니다.

※ 이 책은 2018년 대한민국 교육부와 한국연구재단의 지원을 받아 수행된 연구임
   (NRF-2018 S1A5A2A03037189).